実務の勘所をおさえる

景品表示法重要判例・命令

弁護士 | 光和総合法律事務所
渡辺大祐 編著

弁護士 | 石塚幸子／佐藤敬太
岡本健太／櫻井 駿
水村優太 著

中央経済社

はじめに

　令和5年5月10日に通常国会において成立した「不当景品類及び不当表示防止法を改正する法律（令和5年法律第29号）」は，令和6年10月1日に一部を除き施行された。また，「一般消費者が事業者の表示であることを判別することが困難である表示」（いわゆるステマ告示）は，令和5年3月28日に指定され，同告示の施行についても同年10月1日から始まっている。他にも，例えば令和6年9月26日には，「No. 1表示に関する実態調査報告書」が公表され，いわゆるNo. 1表示の中でも特に，主観的評価に関するものについての考え方が示されており，数年前（平成29年〜平成30年）に遡ってみても，いわゆる打消し表示に関する実態調査報告書が複数回にわたり公表され，景品表示法上の考え方等が示されている。このように，景品表示法に係る規制は近年大きな変化を見せていると言えるだろう。

　加えて，景品表示法における表示主体性に係る問題や不実証広告規制等，従前から重要とされている論点について近時重要な判決が下されている。

　さらに，景品表示法は景品規制と表示規制に分けられるが，表示規制に対して，景品規制は文献や行政処分の事案が少なく，実務においてその判断に迷うことも多いと思われる。

　このような状況も関係していると推測されるが，クライアントから「景品表示法は抽象的でその判断に迷うことが多い」，「実際の事案ではどのように判断されているか参照したいが，どのように確認すればよいか分からない。」といったご相談を受けることが多くあった。このような経験から，本書，すなわち「景品表示法の執行実務を理解するうえで有用と思われる判例や命令をピックアップし，それぞれについて解説を行う本」を執筆するに思い至った次第である。

　次に，本書の構成について説明したい。本書は二部構成である。

　第1章では，景品表示法の概要を解説している。景品表示法の全体像を手始めに俯瞰したい方はこの章を是非お読みいただきたい。また，景品表示法を短時間で復習するためにも適切な分量であると思う。

第2章では，近時の執行実務を理解するうえで重要な判例や命令について解説を行っている。各事案の冒頭には論点名を記載しており，アクセスのしやすさを心がけた。事案の選別には苦労したが，知っておくべき論点についてバランスよく盛り込むことができたと思う。

また，本書の特徴として「第1章と第2章をリンクさせている」との点を挙げさせていただきたい。すなわち，第1章の各記載において，第2章で掲載している判決や命令について ☞ *No.○○* との形でナンバーを付しており，第1章の記載に関連する判例や命令を参照できるように設計している。これにより，第1章・第2章についてそれぞれ読み進めるだけでなく，第1章において解説している内容の実例を直ちに参照することで，より理解を深めることができると思う。

最後になるが，本書は，当事務所の弁護士を中心に，消費者庁表示対策課における実務経験を有する者や，同課からの景品表示法違反被疑事件の調査や日常的に多く寄せられる景品表示法に関する法律相談等に対応している者が，どのような書籍であれば使い勝手の良いものになるかを意識しながら執筆した。実務担当者の皆様にとって，本書が役立つことがあればこれ以上ない喜びである。

本書を刊行するにあたっては，中央経済社編集部・編集長の和田豊氏には，本書の企画から完成に至るまで懇切丁寧なご提案・ご調整をいただいた。ここに記して，厚く御礼申し上げる。

令和6年12月

著者一同を代表して
光和総合法律事務所
弁護士　**渡辺　大祐**

目　次

はじめに ／I

凡例 ／xi

第1章　景品表示法とは ————————1

第1　不当表示の規制／1

  1　表示規制の概要／1

  2　「表示」（2条4項）／2

    (1)　総　説／2

    (2)　「顧客を誘引するための手段として」／3

    (3)　「事業者」／3

    (4)　「自己の供給する商品又は役務の内容又は取引条件その他これらの取引に関する事項について行う」／3

    (5)　「広告その他の表示であつて，内閣総理大臣が指定するもの」／4

  3　5条柱書（不当表示）／4

    (1)　「事業者」／5

    (2)　「自己の供給する商品又は役務の取引について」（供給主体性）／5

    (3)　「表示をし」（表示主体性）／5

  4　5条1号（優良誤認表示）／6

    (1)　商品又は役務の品質，規格その他の内容について／6

    (2)　「一般消費者に対し，実際のものよりも著しく優良であると示し，又は事実に相違して当該事業者と同種若しくは類似の商品若しくは役務を供給している他の事業者に係るものよりも著しく優良であると示す表示であつて」／6

    (3)　不当に顧客を誘引し，一般消費者による自主的かつ合理的な選択を阻害するおそれがあると認められるもの／9

    (4)　強調表示と打消し表示／9

    (5)　不実証広告規制（7条2項）／10

    (6)　No.1表示／13

    (7)　アフィリエイト広告／14

    (8)　比較広告／15

    (9)　健食留意事項／16

5　5条2号（有利誤認表示）／16
　　(1)　商品又は役務の価格その他の取引条件／16
　　(2)　「実際のもの又は当該事業者と同種若しくは類似の商品若しくは役務を供給している他の事業者に係るものよりも取引の相手方に著しく有利であると一般消費者に誤認される表示であつて」／17
　　(3)　不当に顧客を誘引し，一般消費者による自主的かつ合理的な選択を阻害するおそれがあると認められるもの／18
　　(4)　価格に関する表示／18
　　(5)　期間限定表示／26
6　5条3号（指定告示に係る不当表示）／26
　　(1)　指定告示とは／26
　　(2)　原産国告示／27
　　(3)　おとり広告告示／28
　　(4)　ステマ告示／29

第2　不当景品類の規制／32

1　景品規制の概要／32
　　(1)　趣　旨／32
　　(2)　景品規制の構造／32
2　景品類の定義及び要件／33
　　(1)　景品表示法及び定義告示の規定／33
　　(2)　「顧客を誘引するための手段として」（定義告示運用基準1）／34
　　(3)　「事業者」（定義告示運用基準2）／34
　　(4)　「自己の供給する商品又は役務の取引」（定義告示運用基準3）／35
　　(5)　「取引に附随して」（定義告示運用基準4）／35
　　(6)　「物品，金銭その他の経済上の利益」（定義告示運用基準5）／36
　　(7)　「正常な商習慣に照らして値引と認められる経済上の利益」（定義告示運用基準6）／36
　　(8)　「正常な商習慣に照らしてアフターサービスと認められる経済上の利益」（定義告示運用基準7）／37
　　(9)　「正常な商慣習に照らして当該取引に係る商品又は役務に附属すると認められる経済上の利益」（定義告示運用基準8）／37
3　景品類の価額／37
4　懸　賞／38
　　(1)　「懸賞」とは（懸賞制限告示1，懸賞運用基準1及び2）／38
　　(2)　懸賞による景品類の最高額及び総額の制限／38
　　(3)　全面禁止される懸賞方法（カード合わせ）（懸賞制限告示5，懸賞運用

　　　　基準4）／40

　　(4)　共同懸賞（懸賞制限告示4，懸賞運用基準8〜12）／41

　5　総　付／41

　　(1)　「総付景品」とは（総付制限告示1，総付運用基準1(1)〜(3)，懸賞運
　　　　用基準3）／41

　　(2)　総付景品の最高額（総付制限告示1，総付運用基準1）／42

　　(3)　総付景品規制の適用除外（総付制限告示2）／43

　6　業種別告示／43

第3　事業者が講ずべき景品類の提供及び表示の管理上の措置／45

　1　景品表示法第二章第四節（22条〜24条）の概要／45

　2　管理措置指針／45

　　(1)　基本的な考え方（管理措置指針第2）／45

　　(2)　用語の説明（管理措置指針第3）／46

　　(3)　事業者が講ずべき表示等の管理上の措置の内容（管理措置指針第4及
　　　　び別添）／47

第4　公正競争規約／53

　1　公正競争規約とは／53

　　(1)　公正競争規約の目的・趣旨／53

　　(2)　公正競争規約の内容／53

　2　公正競争規約の設定等／54

　3　公正競争規約の効果／54

　　(1)　景品表示法上の効果／54

　　(2)　公正競争規約に基づく行為の独占禁止法の適用除外／55

　　(3)　その他／55

第5　規制手続等／56

　1　景品表示法違反事件の処理手続きの流れ／56

　　(1)　消費者庁等における景品表示法違反事件の処理手続きの流れ／56

　　(2)　不服申立て／57

　2　措置命令／58

　3　課徴金納付命令／59

(1)　課徴金納付命令の内容・要件／59
　　(2)　自主報告による減額（9条）／63
　　(3)　返金措置（10条及び11条）／63
　　(4)　課徴金納付命令の納付義務等（12条）／64
　4　確約手続（26条〜33条）／64
　5　罰　則／65
　6　適格消費者団体による差止請求／66

第2章　景品表示法　重要判例・命令 —— 67

No.1　供給主体性
　株式会社日本航空ジャパンに対する排除命令（平成18年（排）第13号（平成18
年3月24日））／67

No.2　供給主体性
　株式会社エー・ピーカンパニーに対する措置命令（消表対第557号（平成30年
5月22日））／72

No.3　表示主体性，措置命令と故意・過失，措置命令の必要性
　東京高判平成20年5月23日（平成19年（行ケ）第5号）　審決取消請求事件
[ベイクルーズ事件]／75

No.4　表示主体性
　東京高判平成19年10月12日（平成19年（行ケ）第4号）　審決取消請求事件
[ビームス事件]／79

No.5　表示主体性
　東京高判令和2年12月3日（令和元年（行コ）第330号）　措置命令取消請求
控訴事件[アマゾン事件]／82

No.6　表示主体性
　東京瓦斯株式会社，東京ガスライフバル文京株式会社及び東京ガスイズミエナジ
ー株式会社に対する措置命令（消表対第971号〜第973号（平成29年7月11
日））／86

No. 7 商品の客観的品質とは関係のない事項に関する誤認

株式会社リソウに対する措置命令（消表対第68号（平成24年3月8日））／90

No. 8 原材料についての不当表示，著しい優良性

林兼産業株式会社に対する排除命令（平成14年（排）第26号（平成14年10月25日））／93

No. 9 「一般消費者」の解釈，景品表示法違反と不法行為との関係

東京高判平成16年10月19日（平成16年（ネ）第3324号）　損害賠償等請求控訴事件[ヤマダ対コジマ事件]／96

No.10 優良誤認表示の各要件該当性

東京地判平成29年6月27日（平成28年（行ウ）第135号）　措置命令処分取消請求事件[村田園事件]／100

No.11 一般消費者の認識とアンケート調査，7条2項の審査対象

東京高判令和2年10月28日（令和3年（行ツ）第33号）　措置命令処分取消請求事件[だいにち堂事件]／104

No.12 「著しく」の解釈

東京高判平成14年6月7日（平成13年（行ケ）第454号）　審決取消請求事件[カンキョー事件]／108

No.13 強調表示と打消し表示（表示方法について）

株式会社TSUTAYAに対する措置命令(消表対第604号(平成30年5月30日))／112

No.14 強調表示と打消し表示（表示内容について）

振袖に係るセット商品のレンタル業者3社に対する措置命令（消表対第37号〜第39号（平成25年2月8日））／118

No.15 強調表示と打消し表示（体験談を用いる場合の打消し表示について）

株式会社あすなろわかさに対する措置命令（消表対第454号（令和2年3月17日））／122

No.16　7条2項の要件，解釈

東京高判平成22年10月29日（平成21年（行ケ）第44号）　審決取消請求事件[オーシロ事件] ／ 126

No.17　合理的根拠資料の該当性，提出期限後に提出された資料の取扱いと措置命令の撤回義務

東京地判平成28年11月10日（平成27年（行ウ）第161号）　措置命令取消等請求事件 [翠光トップライン事件] ／ 130

No.18　7条2項の合憲性

最高裁令和4年3月8日（令和3年（行ツ）第33号）　措置命令処分取消請求事件[だいにち堂事件] ／ 134

No.19　消費者庁が実施する試験と合理的根拠となる資料の考え方

冷却ベルト販売業者3社 に対する措置命令（消表対第358号〜第360号（平成24年9月6日）） ／ 137

No.20　No.1表示

株式会社PMKメディカルラボに対する措置命令（消表対第799号（令和4年6月15日）） ／ 142

No.21　No.1表示

フロンティアジャパン株式会社に対する措置命令（消表対第171号（令和6年2月29日）） ／ 146

No.22　アフィリエイト広告における表示主体性，ステルスマーケティング

株式会社アクガレージ及びアシスト株式会社に対する措置命令（消表対第1794号〜第1797号（令和3年11月9日）） ／ 150

No.23　機能性表示食品と不実証広告規制

葛の花由来イソフラボンを機能性関与成分とする機能性表示食品の販売事業者16社に対する措置命令（消表対第1524号〜第1539号（平成29年11月7日）） ／ 154

No.24　有利誤認表示の各要件該当性

大阪地判令和3年4月22日（令和元年（行ウ）第73号）　措置命令取消請求事件[ライフサポート事件] ／ 158

No.25　インターネット通販における定期購入に関する表示の有利誤認表示該当性
　名古屋高判令和3年9月29日（令2（ネ）74号）不当表示等差止請求控訴事件
　［ファビウス事件］／163

No.26　オンラインゲームにおける不当表示
　アワ・パーム・カンパニー・リミテッドに対する措置命令（消表対第54号（平成30年1月26日））／169

No.27　懸賞企画と有利誤認表示，顧客誘引性の要件
　株式会社秋田書店に対する措置命令（消表対第370号（平成25年8月20日））／173

No.28　過去の販売価格を比較対照価格とする二重価格表示，表示主体性
　株式会社イエローハットに対する措置命令（消表対第1669号（平成29年12月1日））／177

No.29　将来の販売価格を比較対照価格とする二重価格表示，競争事業者の取引条件に関する表示
　ジュピターショップチャンネル株式会社に対する措置命令（消表対第236号（平成30年3月16日））／181

No.30　期間限定表示
　株式会社セドナエンタープライズに対する措置命令（消表対第362号（令和4年3月15日））／186

No.31　実質的な変更をもたらす行為
　株式会社ウルシハラに対する排除命令（平成15年（排）第17号（平成15年11月10日））／190

No.32　不動産おとり広告告示
　株式会社エイブルに対する排除命令（平成20年（排）第41号（平成20年6月18日））／193

No.33　おとり広告告示
　株式会社あきんどスシローに対する措置命令（消表対第744号（令和4年6月9日））／196

No.34　景品類の該当性（供給主体性），景品類の限度額（一般懸賞における景品類の総額）

日本ペプシコーラ株式会社及び北海道飲料株式会社対する排除命令（昭和 46 年（排）第 36 号（昭和 47 年 7 月 29 日））／201

No.35　景品類の限度額（一般懸賞における景品類の最高額及び総額）

呉羽化学工業株式会社に対する措置命令（平成 2 年（排）第 3 号（平成 2 年 3 月 12 日））／205

No.36　共同懸賞の該当性

株式会社イワセエンタープライゼズほか 17 名に対する排除命令（昭和 52 年（排）第 18 号（昭和 52 年 12 月 7 日））／209

No.37　総付景品の該当性

株式会社フレンズオブフリージアに対する排除命令（昭和 57 年（排）第 5 号（昭和 57 年 3 月 30 日））／212

No.38　業種別告示，景品類の価額制限

株式会社産業経済新聞社に対する措置命令（令和 5 年 3 月 30 日）／215

No.39　公正競争規約の認定に対する不服申立ての不服申立適格

最判昭和 53 年 3 月 14 日（昭和 49 年（行ツ）第 99 号）審決取消請求事件［主婦連ジュース事件］／218

No.40　景品表示法違反に対する措置の適法性

金沢地判昭和 53 年 8 月 2 日（昭和 50 年（ワ）第 278 号）　損害賠償請求事件［中日新聞事件］／222

No.41　執行停止の各要件

東京地決平成 27 年 4 月 20 日（平成 27 年（行ク）第 70 号）　執行停止の申立て事件［翠光トップライン事件］／226

No.42 「償うことのできない損害」の解釈, 表示から一般消費者が受ける印象・認識と打消し表示

東京地判令和4年4月13日（令和4年（行ス）第8号） 不当景品類及び不当表示防止法に基づく措置命令処分仮の差止め申立一部却下決定に対する抗告事件［大幸薬品事件］／231

No.43 裁量権と先例拘束の法理, 法の選択的執行と平等原則

東京高判平成8年3月29日（平成6年（行ケ）第232号）審決取消請求事件［東京もち事件］／235

No.44 「課徴金対象行為に係る商品」（8条1項）の対象

株式会社はぴねすくらぶに対する課徴金納付命令（消表対第264号（令和元年6月26日））／239

No.45 規模基準,「課徴金対象行為に係る商品…の…売上額」（8条1項）の対象

株式会社エー・ピーカンパニー対する課徴金納付命令（消表対第241号及び第242号（平成31年3月1日））／243

No.46 「相当の注意を怠つた者でないと認められる」の解釈

消費者庁平成30年12月21日（消総総第710号） 日産自動車景表法課徴金取消裁決／248

No.47 排除命令違反に対する罰則の適用

東京高判昭和46年1月29日（昭和45年（の）第1号） 独占禁止法違反, 宅地建物取引業法違反各被告事件［三愛土地告発事件］／254

No.48 適格消費者団体による差止請求と立証責任

広島高判令和5年12月7日（令和4年（ネ）第191号） 広告表示差止請求控訴事件［インシップ事件］／258

No.49 事業者団体による景品表示法違反に基づく損害賠償請求

東京高判平成19年3月30日（平成17年（ワ）第2号） 損害賠償請求事件［高山茶筌事件］／261

No.50　景品表示法違反の調査の結果に関する情報の不開示情報該当性

　最高裁令和4年5月17日（令和2年（行ヒ）第340号）　行政文書不開示処分取消請求事件[安愚楽牧場事件] ／265

No.51　ステマ告示の要件該当性

　医療法人社団祐真会に対する措置命令（消表対第523号（令和6年6月6日）） ／269

凡　例

1．法令名等

　本文中で略記した法令名等は下記のとおり。それ以外の法令の略記については，大方の慣例による。

略称	法令名
景品表示法（景表法）	不当景品類及び不当表示防止法（昭和 37 年法律第 134 号） ※本書において特段の法律名表記がない場合，主に本法の条項を指す。
施行令	不当景品類及び不当表示防止法施行令（平成 21 年政令第 218 号）
施行規則	不当景品類及び不当表示防止法施行規則（平成 28 年内閣府令第 6 号）
行審法	行政不服審査法（平成 26 年法律第 68 号）
資金決済法	資金決済に関する法律（平成 21 年法律第 59 号）
消費者裁判手続特例法	消費者の財産的被害等の集団的な回復のための民事の裁判手続の特例に関する法律（平成 25 年法律第 96 号）
情報公開法	行政機関の保有する情報の公開に関する法律（平成 11 年法律第 42 号）
独占禁止法（独禁法）	私的独占の禁止及び公正取引の確保に関する法律（昭和 22 年法律第 54 号）
平成 21 年改正法	消費者庁及び消費者委員会設置法の施行に伴う関係法律の整備に関する法律（平成 21 年法律第 49 号）
預託法	預託等取引に関する法律（昭和 61 年法律第 62 号）

2．告示・通達・ガイドライン等

略称	告示名，通達名，ガイドライン名等
不実証広告ガイドライン	「不当景品類及び不当表示防止法第 7 条第 2 項の運用指針―不実証広告規制に関する指針―」（平成 15 年 10 月 28 日公正取引委員会）
No.1 表示報告書	「No.1 表示に関する実態調査報告書」（平成 20 年 6 月 13 日公正取引委員会事務総局）
新報告書	「No.1 表示に関する実態調査報告書」（令和 6 年 9 月 26 日消費者庁表示対策課）
比較広告ガイドライン	「比較広告に関する景品表示法上の考え方」（昭和 62 年 4 月 21 日公正取引委員会事務局）
健食留意事項	「健康食品に関する景品表示法及び健康増進法上の留意事項について」（平成 25 年 12 月 24 日消費者庁）
価格表示ガイドライン	「不当な価格表示についての景品表示法上の考え方」（平成 12 年 6 月 30 日公正取引委員会）

執行方針	「将来の販売価格を比較対照価格とする二重価格表示に対する執行方針」（令和2年12月25日消費者庁）
課徴金ガイドライン	「不当景品類及び不当表示防止法第8条（課徴金納付命令の基本的要件）に関する考え方」（平成28年1月29日消費者庁）
原産国告示	「商品の原産国に関する不当な表示」（昭和48年10月16日公正取引委員会告示第34号）
原産国運用細則	「商品の原産国に関する不当な表示」の原産国の定義に関する運用細則」（昭和48年12月5日事務局長通達第14号）
不動産おとり広告告示	「不動産のおとり広告に関する表示」（昭和55年4月12日公正取引委員会告示第14号）
おとり広告告示	「おとり広告に関する表示」（平成5年4月28日公正取引委員会告示第17号）
ステマ告示	「一般消費者が事業者の表示であることを判別することが困難である表示」（令和5年3月28日内閣府告示第19号）
ステマ告示運用基準	「『一般消費者が事業者の表示であることを判別することが困難である表示』の運用基準」（令和5年3月28日消費者庁長官決定）
定義告示	「不当景品類及び不当表示防止法第二条の規定により景品類及び表示を指定する件」（昭和37年6月30日公正取引委員会告示第3号）
定義告示運用基準	「景品類等の指定の告示の運用基準について」（昭和52年4月1日事務局長通達第7号）
価額算定基準	「景品類の価額の算定基準について」（昭和53年11月30日事務局長通達第9号）
懸賞制限告示	「懸賞による景品類の提供に関する事項の制限」（昭和52年3月1日公正取引委員会告示第3号）
懸賞運用基準	「『懸賞による景品類の提供に関する事項の制限』の運用基準」（平成24年6月28日消費者庁長官通達第1号）
総付制限告示	「一般消費者に対する景品類の提供に関する事項の制限」（昭和52年3月1日公正取引委員会告示第5号）
総付運用基準	「『一般消費者に対する景品類の提供に関する事項の制限』の運用基準について」（昭和52年4月1日事務局長通達第6号）
管理措置指針	「事業者が講ずべき景品類の提供及び表示の管理上の措置についての指針」（平成26年11月14日内閣府告示第276号）

3．文　献

略称	文献名
高居	高居良平編『景品表示法[第7版]』（商事法務，2024）
渡辺	渡辺大祐『法律要件から導く論点整理　景品表示法の実務』（第一法規，2023）

■第1章

景品表示法とは

景品表示法の概要を図にすると，次頁の図のとおりとなる[1]。

第1 不当表示の規制

1 表示規制の概要

景品表示法は5条において不当な表示を禁止している。具体的には，商品又は役務[2]の品質，規格，その他の内容についての不当表示（優良誤認表示，1号），商品等の価格，その他の取引条件についての不当表示（有利誤認表示，2号），一般消費者に誤認されるおそれがあるとして内閣総理大臣が指定する不当表示（指定告示，3号）に分けられる。

一般消費者は，品質や価格などの要素を考慮して商品等を選択するから，これらの要素は正しく伝わるようにする必要がある。そこで，一般消費者の適正な消費選択が妨げられないよう，不当表示が禁止されている。

---

[1] パンフレット「事例でわかる景品表示法」2頁
[2] 以下，基本的に「商品又は役務」や「商品等」というが，文脈上，「商品」や「役務」の用語を単独で用いることもある。もっとも，これらの用語を単独で用いたときも，特に断りのないかぎり，もう一方についても同様に当てはまるものであることに留意されたい。

2 「表示」（2条4項）

(1) 総　説

　2条4項は,「表示」について以下のとおり規定する。

> **2条4項**
> 　この法律で「表示」とは，顧客を誘引するための手段として，事業者が自己の供給する商品又は役務の内容又は取引条件その他これらの取引に関する事項について行う広告その他の表示であつて，内閣総理大臣が指定するものをいう。

　以下，各要件についてそれぞれ説明する。

(2)　「顧客を誘引するための手段として」

　「顧客を誘引するための手段として」については，提供者の主観的意図やその企画の名目のいかんを問わず，客観的に顧客誘引のための手段になっているかどうかによって判断する。また，新たな顧客の誘引に限らず，取引の継続または取引量の増大を誘引するための手段も，「顧客を誘引するための手段」に含まれるものである（「景品類等の指定の告示の運用基準について」（昭和52年4月1日事務局長通達第7号。以下「定義告示運用基準」という）1)。☞ *No.27*

(3)　「事業者」

　「事業者」とは，商業，工業，金融業その他の事業を行う者をいう（2条1項）。営利を目的としない協同組合，共済組合等であっても，商品等を供給する事業については，事業者に当たる（定義告示運用基準2(1)）。

(4)　「自己の供給する商品又は役務の内容又は取引条件その他これらの取引に関する事項について行う」

　この要件は，いわゆる供給主体性の問題（商品又は役務が「自己の供給する」商品又は役務であるか）や表示主体性の問題（当該表示を「行う」事業者であるか）等に関するものであるが，これについては後記3(2)(3)を参照されたい[3]。

---

[3] なお，「自己の供給する商品又は役務の取引」について，いわゆる買取りサービスもこれに含まれ得ることが，令和6年4月18日に行われた定義告示運用基準の改定により明確化された（定義告示運用基準3(4)。後記第2，2(4)参照）。

(5) 「広告その他の表示であつて，内閣総理大臣が指定するもの」

「不当景品類及び不当表示防止法第二条の規定により景品類及び表示を指定する件」（昭和37年6月30日公正取引委員会告示第3号。以下「定義告示」という）2項は，広告その他の表示について以下の①〜⑤を定めている。

① 商品，容器又は包装による広告その他の表示及びこれらに添付した物による広告その他の表示
② 見本，チラシ，パンフレット，説明書面その他これらに類似する物による広告その他の表示（ダイレクトメール，ファクシミリ等によるものを含む。）及び口頭による広告その他の表示（電話によるものを含む。）
③ ポスター，看板（プラカード及び建物又は電車，自動車等に記載されたものを含む。），ネオン・サイン，アドバルーン，その他これらに類似する物による広告及び陳列物又は実演による広告
④ 新聞紙，雑誌その他の出版物，放送（有線電気通信設備又は拡声機による放送を含む。），映写，演劇又は電光による広告
⑤ 情報処理の用に供する機器による広告その他の表示（インターネット，パソコン通信等によるものを含む。）

このように，「広告その他の表示」の内容は広範であって，およそ事業者が顧客を誘引する際に利用する媒体は含まれると考えて差し支えない。

3 5条柱書（不当表示）

5条柱書の条文は以下のとおりである。

5条（不当な表示の禁止）
事業者は，自己の供給する商品又は役務の取引について，次の各号のいずれかに該当する表示をしてはならない。

(1) 「事業者」

「事業者」については前記2(3)において述べたとおりである[4]。

(2) 「自己の供給する商品又は役務の取引について」（供給主体性）

不当表示となるのは事業者が「自己の供給する商品又は役務について」表示を行う場合に限られる。これがいわゆる「供給主体性」の要件である。

供給主体性は，当該商品等の提供や流通の実態をみて実質的に判断される要件である（高居46頁）。したがって，具体的な事案ごとに，当該表示が宣伝・広告している商品等の販売形態や実態等を総合的に見て，どの事業者が当該商品等を供給している（どの事業者に供給主体性が認められる）と考えるのが妥当かを検討・判断する必要がある。☞ *No. 1, 2*

(3) 「表示をし」（表示主体性）

不当表示の対象となる事業者は，自己の供給する商品等の取引について「表示をし」た者である。これがいわゆる「表示主体性」の要件である。

この点，表示主体性の要件を満たすか否かの判断基準についてはベイクルーズ判決（東京高判平成20年5月23日審決集55巻842頁）において以下のとおり示されており，実務上もそのように解釈・運用されている。

☞ *No. 3, 4, 5, 6, 28*

> ・表示主体性＝「表示内容の決定に関与した事業者」に認められる。
> ・「表示内容の決定に関与した事業者」は以下の3つの場合に分けられる。
> ① 自ら若しくは他の者と共同して積極的に表示の内容を決定した事業者
> ② 他の者の表示内容に関する説明に基づきその内容を定めた事業者
> →他の事業者が決定したあるいは決定する表示内容についてその事業者から説明を受けてこれを了承しその表示を自己の表示とすることを了承した事業者のことをいう。
> ③ 他の事業者にその決定を委ねた事業者
> →自己が表示内容を決定することができるにもかかわらず他の事業者に表示内容の決定を任せた事業者のことをいう。

---

[4] 「表示」（2条4項）の要件と不当表示（5条）の要件は共通するところも多く，重複感は否めないが，ここでは深くは立ち入らない（5条柱書に文言として登場する「表示」に2条4項の定義を代入すればお分かりいただけるかと思う）。渡辺15～19頁参照。

なお，アフィリエイト広告の場合の表示主体性の考え方については，後記4(7)も参照されたい。☞ *No.22*

4　5条1号（優良誤認表示）

5条1号の条文は以下のとおりである。

5条1号

一　商品又は役務の品質，規格その他の内容について，一般消費者に対し，実際のものよりも著しく優良であると示し，又は事実に相違して当該事業者と同種若しくは類似の商品若しくは役務を供給している他の事業者に係るものよりも著しく優良であると示す表示であつて，不当に顧客を誘引し，一般消費者による自主的かつ合理的な選択を阻害するおそれがあると認められるもの

---

(1)　商品又は役務の品質，規格その他の内容について

優良誤認表示の対象は，商品等の「品質，規格その他の内容」である。「品質」及び「規格」は例示であり，商品等の「内容」に関するものが対象となる。

「品質」とは成分及び属性のことをいう。このうち，成分とは，原材料，純度，濃度，混用率，添加物などが，属性とは，性能，効能，安全性，耐久性，鮮度，味などが含まれる。「規格」とは，公的又は私的機関が定めた各種の規格，等級，基準などを意味する。

また，商品等の「内容」には，品質，規格のように商品等に直接かかわるものに限られず，原産地，製造方法，考案者，受賞の有無など，品質，規格に間接的に影響を及ぼすものも含まれる（高居84頁）。☞ *No.7, 8*

(2)　「一般消費者に対し，実際のものよりも著しく優良であると示し，又は事実に相違して当該事業者と同種若しくは類似の商品若しくは役務を供給している他の事業者に係るものよりも著しく優良であると示す表示であつて」

ア　「一般消費者」

誤認の主体となる「一般消費者」はどの程度の知識レベルのものを指すかで

あるが，これについては，実務上，「当該商品または役務についてさほど詳しい情報・知識などを有していない，通常レベルの消費者，一般レベルの常識のみを有している消費者が基準となる」と解されている（高居67頁）[5]。☞ *No. 9*

イ 「一般消費者に対し，実際のものよりも著しく優良であると示…す表示」

（ア）5条1号「示す」と同条2号「誤認される」の文言の違いについて

5条1号は「一般消費者に…著しく優良であると示す」と規定する一方で，同条2号は「著しく有利であると一般消費者に誤認される」と規定している。このように，同条1号では「示す」となっている一方で，同条2号では「誤認される」となっているが，この違いはいかなる理由によるものか。

これについて，同条1号は元々「著しく優良であると一般消費者に誤認される」と規定されていたのだが，平成15年改正において不実証広告規制（旧4条2項，現7条2項）の規定を導入した際に，法文上の技術的な理由により現在の「示す」との文言に改正されたという経緯がある[6]。しかしながら，この文言の変更によって解釈が変更されたということはなく，同条1号の「示す」と同条2号の「誤認される」との文言の違いによる，解釈上の差異はない（したがって，以降，同条1号の解説においても適宜「示す」でなく「誤認される」や「誤認」といった表現も用いるものとする）。

（イ）「示す」（誤認される）

示す，すなわち，「誤認される」とは，実際のものと一般消費者が当該表示から受ける印象との間に差が生じることをいい，例えば，実際には表示されたとおりの内容・取引条件が「ない」にもかかわらず「ある」と誤って認識することをいう[7]。また，現実に多数の一般消費者が誤認したことや，その表示に基づ

---

[5] ただし，これと同様の解釈を示す判決がある（大阪地判令和3年4月22日（ライフサポート事件 ☞*No.24*）等）一方で，名古屋高判令和3年9月29日（ファビウス事件 ☞*No.25*）等では，「健全な常識を備えた一般消費者の認識を基準とすることが，景表法1条の趣旨に合致するものであり，通常の社会通念にも沿う」とするなど，これとはやや異なる解釈を示すものもある。もっとも，このような解釈（文言）の違いが，具体的場面における結論を左右するものであるかは別途検討の余地があるだろう。

[6] 詳しくは南部利之『改正景品表示法と運用指針』（商事法務，2004）11頁を参照されたい。

[7] 高居64頁

いて当該商品等を実際に購入した者が存在する必要もない[8]。☞ *No.10,11*

（ウ）「著しく」優良であると誤認される（示す）

「著しく」とは，判例上「誇張・誇大の程度が社会一般に許容されている程度を超えていることを指しているものであり，誇張・誇大が社会一般に許容される程度を超えるものであるかどうかは，当該表示を誤認して顧客が誘引されるかどうかで判断され，その誤認がなければ顧客が誘引されることは通常ないであろうと認められる程度に達する誇大表示であれば『著しく優良であると一般消費者に誤認される』表示にあたる」と解され（東京高判平成14年6月7日（カンキョー事件）☞ *No.12* ），実務上もそのように運用されている。

なお，一般消費者に著しく優良であると誤認される表示か否かの判断に当たっては，表示上の特定の文章，図表，写真等から一般消費者が受ける印象・認識ではなく，表示内容全体から一般消費者が受ける印象・認識が基準となる[9]。

ウ　「一般消費者に対し，…事実に相違して当該事業者と同種若しくは類似の商品若しくは役務を供給している他の事業者に係るものよりも著しく優良であると示す表示」

事業者は，自己の供給する商品等について，他の事業者のものよりも優れていることを強調する表示を行うことがあるが，このような表示は，表示どおり真実であれば問題はない。しかしながら，競合他社の商品等との比較における優良性が誤認されるような表示がなされると，一般消費者による自主的かつ合理的な選択が阻害されるおそれがあるため，「事実に相違して当該事業者と同種又は類似の商品等を供給している他の事業者に係るものよりも著しく優良であると誤認される（示す）表示」は不当表示として違反となる。

---

[8] 株式会社宇多商会に対する審決（平成9年（判）第4号（平成11年10月1日））
[9] 「不当景品類及び不当表示防止法第7条第2項の運用指針―不実証広告規制に関する指針―」（平成15年10月28日公正取引委員会。以下「不実証広告ガイドライン」という）第1,2(2)

(3) 不当に顧客を誘引し，一般消費者による自主的かつ合理的な選択を阻害するおそれがあると認められるもの

(2)において示した要件を満たせば(3)の要件も満たされると解されており，(3)の要件が実務上問題となることは基本的にはない ☞ *No.24* 。この点，一般消費者に対し（著しく優良であると）誤認される表示であれば，その表示は不当に顧客を誘引し，一般消費者による自主的かつ合理的な選択を阻害するおそれがあるのは，自明のことと言えるだろう。

(4) 強調表示と打消し表示

近年，消費者庁は強調表示と打消し表示の問題に積極的に取り組んでいる[10]。

強調表示とは，事業者が，自己の販売する商品等を一般消費者に訴求する方法として，断定的な表現や目立つ表現などを使って，品質等の内容や価格等の取引条件を強調した表示をいう。一方，打消し表示とは，強調表示からは一般消費者が通常は予期できない事項であって，一般消費者が商品等を選択するに当たって，重要な考慮要素となるものに関する表示をいう（報告書まとめ　注釈1及び2）。

強調表示は，当該商品等について，無条件・無制約に当てはまるものと受け止められてしまうため，仮に例外などがあるときは，打消し表示を適切に行わなければならない。また，強調表示と打消し表示が矛盾するような場合も，一般消費者に誤認され，景品表示法上違法となる可能性がある。

報告書のまとめにおいては，①打消し表示の表示方法，②打消し表示の表示内容及び③体験談を用いる場合の打消し表示の3つに分けて，打消し表示に係る景品表示法上の基本的な考え方等について示している。☞ *No.13, 14, 15*

---

[10] まず平成29年7月14日に「打消し表示に関する実態調査報告書」を，その後，平成30年5月16日に「スマートフォンにおける打消し表示に関する実態調査報告書」，同年6月7日に「広告表示に接する消費者の視線に関する実態調査報告書」を，さらに，同日にはこれらの報告書を基に，打消し表示に関する景品表示法上の考え方まとめた「打消し表示に関する表示方法及び表示内容に関する留意点(実態調査報告書のまとめ)」(以下，単に「報告書のまとめ」という)を公表している。

(5) 不実証広告規制（7条2項）

ア 不実証広告規制総説

平成15年に景品表示法が改正されるまでは，商品等の効果，性能に関する表示について，公正取引委員会が不当表示として規制するためには，専門機関を利用して調査・鑑定等を行い，表示どおりの効果，性能がないことを立証する必要があった。そのため，事業者が当該表示の裏付けとなる合理的な根拠を全く有していない場合でも，行政処分を行うまでに多大な時間を要し，その間に不当表示の疑いのある商品等が販売され続け，その結果として，消費者被害が拡大するおそれがあった。このような状況を踏まえ，平成15年の改正により，不実証広告規制の規定（旧4条2項（現7条2項））が新設された（不実証広告ガイドライン　はじめに）。

すなわち，内閣総理大臣は，措置命令に関して，表示をした事業者に対し，期間を定めて当該表示の裏付けとなる合理的な根拠を示す資料の提出を求めることができ，当該事業者が当該資料を提出しないときは，内閣総理大臣が当該表示について実際のものとは異なるものであること等の具体的な立証を行うまでもなく，当該表示は5条1号に該当する表示とみなされることとなる。

消費者庁における不実証広告規制の運用の透明性及び事業者の予見可能性を確保するため，その運用について一定の指針を示すことを目的として不実証広告ガイドラインが制定されている。以下，イにおいてその概要を解説していく。

なお，課徴金納付命令との関係においても不実証広告規制が導入されているが（8条3項），措置命令との関係における不実証広告規制の法的効果は，不当表示と「みなす」ものであるのに対し，課徴金納付命令との関係における不実証広告規制の法的効果は，不当表示と「推定する」ものであるとの違いはある。もっとも，法的効果に差異はあるものの，不実証広告ガイドラインに規定されている内容（合理的な根拠の判断基準や手続等）は，8条3項との関係においても基本的にはあてはまる。

イ　不実証広告規制の運用－「合理的な根拠」の判断基準－

（ア）総　則

　消費者庁長官が事業者に対し，商品等の効果，性能に関する表示について，5条1号違反に該当する表示か否か判断するために必要があると認めて，当該表示の裏付けとなる合理的な根拠を示す資料の提出を求めた場合に，当該事業者から提出された資料（以下「提出資料」という）が当該表示の裏付けとなる合理的な根拠を示すものであると認められるためには，次の2つの要件を満たす必要がある（不実証広告ガイドライン第3,1）。

> ①　提出資料が客観的に実証された内容のものであること
> ②　表示された効果, 性能と提出資料によって実証された内容が適切に対応していること

（イ）①提出資料が客観的に実証された内容のものであること

　客観的に実証された内容のものであるとは，次のいずれかに該当するものである（不実証広告ガイドライン第3,2）。

> ①　試験・調査によって得られた結果
> ②　専門家，専門家団体若しくは専門機関の見解又は学術文献

a　試験・調査によって得られた結果

　試験・調査によって得られた結果を表示の裏付けとなる根拠資料として提出する場合，当該試験・調査の方法は，表示された商品等の効果，性能に関連する学術界又は産業界において一般的に認められた方法又は関連分野の専門家多数が認める方法によって実施する必要がある。

　一方，学術界又は産業界において一般的に認められた方法又は関連分野の専門家多数が認める方法が存在しない場合には，当該試験・調査は，社会通念上及び経験則上妥当と認められる方法で実施する必要がある。

　試験・調査を行う機関が商品等の効果，性能に関する表示を行った事業者とは関係のない第三者である場合，一般的にその試験・調査は客観的なものであると考えられる。ただし，当該事業者（その関係機関を含む）が行った試験・調査であっても，上記方法で実施されている限り，当該表示の裏付けとなる根

拠として提出することは可能である（不実証広告ガイドライン第3, 2(1)）。

　　　b　専門家，専門家団体若しくは専門機関の見解又は学術文献

　当該商品等又は表示された効果，性能に関連する分野を専門として実務，研究，調査等を行う専門家，専門家団体又は専門機関（以下「専門家等」という）による見解又は学術文献を表示の裏付けとなる根拠として提出する場合，その見解又は学術文献は，次のいずれかであれば，客観的に実証されたものと認められる（不実証広告ガイドライン第3, 2(2)）。

> ①　専門家等が，専門的知見に基づいて当該商品等の表示された効果，性能について客観的に評価した見解又は学術文献であって，当該専門分野において一般的に認められているもの
> ②　専門家等が，当該商品等とは関わりなく，表示された効果，性能について客観的に評価した見解又は学術文献であって，当該専門分野において一般的に認められているもの

　したがって，特定の専門家等による特異な見解である場合や，新しい分野であって専門家等が存在しない場合等，当該商品等又は表示された効果，性能に関連する専門分野において一般的には認められていない場合には，その専門家等の見解又は学術文献は，客観的に実証されたものとは認められない。

　なお，生薬の効果等，試験・調査によっては表示された効果，性能を客観的に実証することは困難であるが，古来からの言い伝え等，長期に亘る多数の人々の経験則によって効果，性能の存在が一般的に認められているものがあるが，このような経験則を表示の裏付けとなる根拠として提出する場合も，専門家等の見解又は学術文献によってその存在が確認されている必要がある。

（ウ）②表示された効果，性能と提出資料によって実証された内容が適切に対応していること

　提出資料が表示の裏付けとなる合理的な根拠を示すものであると認められるためには，提出資料が客観的に実証された内容のものであることに加え，表示された効果，性能が提出資料によって実証された内容と適切に対応していなければならない。なお，表示された効果，性能とは，文章，写真，試験結果等から引用された数値，イメージ図，消費者の体験談等を含めた表示全体から一

般消費者が認識する効果，性能である（不実証広告ガイドライン第3,3）。
☞ *No.16,17,18,19*

(6) No.1 表示

ア 概 要

　事業者は，自ら供給する商品等について，他の競争事業者との比較において優良性・有利性を示すために「No.1」，「第1位」，「トップ」，「日本一」などと表示することがあるが，このような表示を No.1 表示という。公正取引委員会は平成 20 年 6 月 13 日に「No.1 表示に関する実態調査報告書」を公表しており（以下「No.1 表示報告書」という），No.1 表示に関する景品表示法上の考え方を整理している。

　すなわち，商品等の内容の優良性又は取引条件の有利性を示す No.1 表示が合理的な根拠に基づかず，事実と異なる場合には，実際のもの又は競争事業者のものよりも著しく優良又は有利であると一般消費者に誤認され，不当表示として景品表示法上問題となる[11]。

イ 適正な No.1 表示のための要件

　No.1 表示が不当表示とならないためには，①No.1 表示の内容が客観的な調査に基づいていること，及び，②調査結果を正確かつ適正に引用していること，の要件を満たす必要がある。☞ *No.20,21*

　ここで，①に関して，客観的な調査といえるためには，ａ当該調査が関連する学術界又は産業界において一般的に認められた方法又は関連分野の専門家多数が認める方法によって実施されていること，又は，ｂ社会通念上及び経験則上妥当と認められる方法で実施されていること，が必要である。なお，ｂ社会通念上及び経験則上妥当と認められる方法が具体的にどのようなものであるかについては，表示の内容，商品等の特性，関連分野の専門家が妥当と判断するか否かなどを総合的に勘案して判断することとなる（No.1 表示報告書第4,3(1)）。

---

[11] No.1 表示報告書第4,2(3)。なお，この報告書とは別に，消費者庁は「顧客満足度」等，第三者の主観的評価を指標とする No.1 表示を中心に実態調査を行い，その結果を取りまとめた実態調査報告書についても令和6年9月26日に公表している。

次に，②について，No.1表示を行うに当たって客観的な調査を実施していても，実際の表示物における No.1表示が示す内容と根拠となる調査結果との間に乖離がある場合には，景品表示法上問題となる。そこで，a商品等の範囲，b地理的範囲，c調査期間・時点，d調査の出典等の事項について，明瞭に表示する必要がある（No.1表示報告書第4,3(2)，第5）。

(7) アフィリエイト広告

消費者庁は，令和4年2月15日に「アフィリエイト広告等に関する検討会報告書」を公表し，アフィリエイト広告に対する景品表示法上の考え方や，事業者として留意すべき事項等を示している。

この点，同報告書Ⅲ1(2)アにおいては，広告主は自らの判断でアフィリエイト広告を利用し宣伝を行うことを選択しており，ASPやアフィリエイターは広告主の提示条件の下でアフィリエイト広告を提供しているに過ぎず，広告主がアフィリエイト広告の基本的な表示内容を決定しているといった実態が認められるとして，アフィリエイト広告の表示内容については「表示内容の決定に関与した事業者」とされる広告主が責任を負うべき主体である（広告主に表示主体性が認められる）との考え方を示している。かかる記載からも，消費者庁はアフィリエイト広告について原則として広告主が責任を負うべきであるとの厳しい立場を取っていることが推察されるため，十分に留意する必要があるだろう。☞ *No.22*

一方，ASPやアフィリエイターは，商品等を供給する主体ではない（供給主体性の要件を満たさない）ため，基本的には景品表示法上の不当表示の問題が生じることはない[12]。

---

[12] もっとも，ASPやアフィリエイターが，広告主と共同して自己の商品等を供給していると認められるような場合には，不当表示が成立し得る。また，広告の対象が健康食品や化粧品等である場合には，「何人も」と規制対象を限定していない健康増進法（平成14年法律第103号）65条や医薬品，医療機器等の品質，有効性及び安全性の確保等に関する法律（昭和35年法律第145号）66条の適用対象となることはあり得る。

(8) 比較広告

　比較広告とは，自己の供給する商品等について，これと競争関係にある特定の商品等を比較対象商品等として示し（暗示的に示す場合を含む），商品等の内容又は取引条件に関して，客観的に測定又は評価することによって比較する広告をいう[13]。比較広告については，その基本的な考え方を明確にするために比較広告ガイドラインが制定されているところ，同ガイドラインにおいては，適正な比較広告であるためには，以下の3つの要件をすべて満たす必要があるとしている。

---

① 　比較広告で主張する内容が客観的に実証されていること
② 　実証されている数値や事実を正確かつ適正に引用すること
③ 　比較の方法が公正であること

---

　①について，「客観的に実証されている」というためには，比較広告を行うに当たって実証が必要となる事項（範囲）が何であるかを検討する必要がある。また，実証は，比較する商品等の特性について確立された方法がある場合は当該方法で，それがない場合は社会通念上及び経験則上妥当と考えられる方法で，主張しようとする事実が存在すると認識できる程度まで行われている必要がある。なお，調査機関は広告主とは関係のない第三者であることが望ましいが，広告主と関係のない第三者の行ったものでなくとも，その実証方法等が妥当なものである限り，比較広告の根拠として用いることはできる。

　②について，「正確かつ適正に引用する」というためには，実証されている事実の範囲で引用する必要がある等，調査結果の引用の方法について留意する必要があり，また，調査結果を引用して比較する場合には，一般消費者が調査結果を正確に認識できるようにするため，調査機関，調査時点，調査場所等の調査方法に関するデータを広告中に表示することが適当である。

　③について，「比較の方法が公正である」というためには，表示事項（比較項目）を選択する基準や比較の対象となる商品等を選択する基準は適当か，主張

---

[13] 「比較広告に関する景品表示法上の考え方」（昭和62年4月21日公正取引委員会事務局。以下「比較広告ガイドライン」という）1

16 第1章 景品表示法とは

する長所と不離一体の関係にある短所を明瞭に表示しているかといった事項について考慮する必要がある。

(9) 健食留意事項

消費者庁は，健康食品[14]の広告その他の表示について，どのようなものが虚偽誇大表示等[15]として問題となるおそれがあるかを明らかにするため，景品表示法及び健康増進法の基本的な考え方を示すとともに，具体的な表示例や，これまでに景品表示法及び健康増進法において問題となった違反事例等を用いて，健食留意事項を取りまとめている。☞ *No.23*

5 5条2号（有利誤認表示）

5条2号の条文は以下のとおりである。

5条2号

二 商品又は役務の価格その他の取引条件について，実際のもの又は当該事業者と同種若しくは類似の商品若しくは役務を供給している他の事業者に係るものよりも取引の相手方に著しく有利であると一般消費者に誤認される表示であつて，不当に顧客を誘引し，一般消費者による自主的かつ合理的な選択を阻害するおそれがあると認められるもの

優良誤認表示と有利誤認表示は多くの部分で要件が共通していることから，内容が共通する箇所については適宜省略する。

(1) 商品又は役務の価格その他の取引条件

有利誤認表示の対象は，商品等の「価格その他の取引条件」である。「価格」

---

[14] 「健康食品に関する景品表示法及び健康増進法上の留意事項について」（平成25年12月24日消費者庁。以下「健食留意事項」という）では，健康増進法に定める健康保持増進効果等を表示して食品として販売に供する物を「健康食品」と定義している。

[15] 健食留意事項では，健康の保持増進の効果等が必ずしも実証されていないにもかかわらず，当該効果等を期待させるような健康増進法上の虚偽誇大表示や，景品表示法上の不当表示（優良誤認表示）を併せて「虚偽誇大表示等」と定義している。

は例示であり，商品等の「取引条件」に関するものが対象となるが，「取引条件」とは，商品等の「内容」そのものを除いた取引に係る条件のことをいう。

「価格」には商品の価格，役務の料金のほか，割引率など間接的なものや安さの理由・程度を説明するために使われるその他の文言も含まれ，「価格」以外の取引条件とは，数量，景品類，各種のサービス，支払条件などが含まれる。

(2) 「実際のもの又は当該事業者と同種若しくは類似の商品若しくは役務を供給している他の事業者に係るものよりも取引の相手方に著しく有利であると一般消費者に誤認される表示であつて」

ア 「取引の相手方」

「取引の相手方」は，実際に取引をする一般消費者だけでなく，取引の相手方となるべき一般消費者も含まれる。

イ 「一般消費者」

優良誤認表示と共通する要件であり，前記4(2)アを参照されたい。

ウ 著しく有利であると一般消費者に誤認される

優良誤認表示における「一般消費者に…示す」と有利誤認表示における「一般消費者に誤認される」の解釈は実質的に同一であることは前記4(2)イ(ア)を，また，「著しく」の解釈については前記4(2)イ(ウ)を参照されたい。

☞ *No.24,25,26,27*

エ 「実際のもの又は当該事業者と同種若しくは類似の商品若しくは役務を供給している他の事業者に係るものよりも（取引の相手方に著しく有利であると一般消費者に誤認される）」

「実際のもの…よりも取引の相手方に著しく有利であると一般消費者に誤認される」とは，事実に反して，又は，事実に反していなくても，誇張して，実際のものよりも取引の相手方に有利な事項を表示する場合である。「当該事業者と同種若しくは類似の商品若しくは役務を供給している他の事業者に係るものよりも取引の相手方に著しく有利であると一般消費者に誤認される」とは，

自己の供給する商品等の取引条件が他の事業者のそれよりも著しく有利である
と誤認される場合のみならず，他の事業者の供給する商品等の取引条件が，自己
の供給するものよりも著しく劣ると誤認される場合もこれに当たる。☞ *No.29*

(3) 不当に顧客を誘引し，一般消費者による自主的かつ合理的な選択を阻害するおそれがあると認められるもの

優良誤認表示と共通する要件であり，前記4(3)を参照されたい。

(4) 価格に関する表示

「価格」に関する表示について，以下，「不当な価格表示についての景品表示
法上の考え方」（平成12年6月30日公正取引委員会。以下「価格表示ガイドライン」
という）を参照しながら説明する。

ア 販売価格に関する表示について（販売価格を単体で示す場合）（価格表示ガイドライン第3）

販売価格に関する表示を行う場合には，①販売価格，②当該価格が適用され
る商品の範囲，③当該価格が適用される顧客の条件について正確に表示する必
要があり，これらの事項について実際と異なる表示を行ったり，あいまいな表
示を行う場合には，一般消費者に販売価格が安いとの誤認を与え，不当表示に
該当するおそれがある。なお，この考え方は，販売価格を単体で表示する場合
だけではなく，イ以下で示す二重価格表示等における販売価格の表示について
も同様に当てはまる。

イ 二重価格表示について（価格表示ガイドライン第4）

（ア）基本的な考え方（価格表示ガイドライン第4, 1）

二重価格表示とは，事業者が自己の販売価格に当該販売価格よりも高い他の
価格（以下「比較対照価格」という）を併記して表示するものをいう。

二重価格表示において，比較対照価格の内容について適正な表示が行われて
いない場合（以下の①や②の場合）には，一般消費者に販売価格が安いとの誤
認を与えることとなるため，不当表示に該当するおそれがある。

まず，①同一ではない商品等の価格を比較対照価格に用いて表示を行う場合

には，販売価格と比較対照価格との価格差については，商品の品質等の違いも反映されているため，二重価格表示で示された価格差のみをもって販売価格の安さを評価することが難しく，一般消費者に販売価格が安いとの誤認を与え，不当表示に該当するおそれがある[16]。また，②比較対照価格に用いる価格について実際と異なる表示やあいまいな表示を行う場合も，一般消費者に販売価格が安いとの誤認を与え，不当表示に該当するおそれがある。

（イ）過去の販売価格を比較対照価格とする二重価格表示について（価格表示ガイドライン第4，2）

a　基本的な考え方（価格表示ガイドライン第4，2(1)ア（ア））

過去の販売価格を比較対照価格とする二重価格表示が行われる場合に，比較対照価格がどのような価格であるか具体的に表示されていないときは，一般消費者は，通常，同一の商品が当該価格でセール前の相当期間販売されており，セール期間中において販売価格が当該値下げ分だけ安くなっていると認識するものと考えられる。

このため，過去の販売価格を比較対照価格とする二重価格表示を行う場合に，同一の商品について最近相当期間にわたって販売されていた価格（最近相当期間価格）とはいえない価格を比較対照価格に用いるときは，当該価格がいつの時点でどの程度の期間販売されていた価格であるのか等，その内容を正確に表示しない限り，一般消費者に販売価格が安いとの誤認を与え，不当表示に該当するおそれがある。

b　最近相当期間にわたって販売されていた価格（最近相当期間価格）の考え方について（価格表示ガイドライン第4，2(1)ア（イ））

「相当期間」については，必ずしも連続した期間に限定されるものではなく，断続的にセールが実施される場合であれば，比較対照価格で販売されていた期間を全体としてみて評価することとなる。また，「販売されていた」とは，事業者が通常の販売活動において当該商品を販売していたことをいい，実際に消費者に購入された実績のあることまでは必要ではない。

---

[16] 同一ではない商品との二重価格表示であっても，一の事業者が実際に販売している二つの異なる商品について現在の販売価格を比較することは，通常，問題とはならない。

他方，形式的に一定の期間にわたって販売されていたとしても，通常の販売場所とは異なる場所に陳列してあるなど販売形態が通常と異なっている場合や，単に比較対照価格とするための実績作りとして一時的に当該価格で販売していたとみられるような場合には，「販売されていた」とはみられない。

　　　c　「最近相当期間にわたって販売されていた価格」か否かの判断基準
　　　　　―いわゆる「８週間ルール」―（価格表示ガイドライン第４,２(1)ア（ウ））
　比較対照価格が「最近相当期間にわたって販売されていた価格」に当たるか否かについては，一般的には，二重価格表示を行う最近時（最近時については，セール開始時点からさかのぼる８週間について検討されるが，当該商品が販売されていた期間が８週間未満の場合には，当該期間について検討される）において，当該比較対照価格で販売されていた期間が，当該商品が販売されていた期間の過半を占めているときには，当該比較対照価格は，「最近相当期間にわたって販売されていた価格」に当たると考えてよい（いわゆる「８週間ルール」))。

　ただし，①当該価格で販売されていた期間が通算して２週間未満の場合，又は②当該価格で販売された最後の日から２週間以上経過している場合は，「最近相当期間にわたって販売されていた価格」とはいえない[17]。☞ *No.28*

（ウ）将来の販売価格を比較対照価格とする二重価格表示について

　将来の販売価格を比較対照価格とする二重価格表示については，価格表示ガイドラインを補完するものとして，「将来の販売価格を比較対照価格とする二重価格表示に対する執行方針」（令和２年12月25日消費者庁。以下「執行方針」という）が策定されている。

　　　a　過去の販売価格を比較対照価格とする二重価格表示との相違等に関
　　　　　する基本的な考え方（執行方針第１）
　過去の販売価格が，過去における販売実績に基づく確定した事実として存在

---

[17] 最近相当期間価格の判断基準は上記に示したとおりであるが，８週間ルール及び②当該価格で販売された最後の日から２週間以上経過していないこと，については，時間の経過とともに基準の判断要素が変化するようにも見えるため，「二重価格表示が行われるセールの開始時点において」基準を満たせばよいか，それとも，「当該セールが終わるまでに常に」基準を満たしている必要があるのか，問題となり得る。これについては，８週間ルールについては，セールが終わるまで常に成立している必要があるが，②当該価格で販売された最後の日から２週間以上経過していないこと，については，セールの開始時点で成立していればよいと解されている（高居121～124頁，渡辺143～145頁参照）。

するのに対し，将来の販売価格は，これを比較対照価格とする二重価格表示を行っている時点においては，未だ現実のものとなっていない価格であり，将来における需給状況等の不確定な事情に応じて変動し得る。すなわち，将来の販売価格を比較対照価格とする二重価格表示は，その表示方法自体に，表示と実際の販売価格が異なることにつながるおそれが内在されたものであり，比較対照価格とされた将来の販売価格で販売することが確かな場合（需給状況等が変化しても当該将来の販売価格で販売することとしている場合など）以外においては，基本的には行うべきではないものとされている。

　　b　景品表示法上の考え方（執行方針第2，1）

　事業者が自己の供給する商品等について，将来の販売価格を比較対照価格とする二重価格表示を行うと，当該表示を見た一般消費者は，通常，比較対照価格とされた将来の販売価格に十分な根拠がある，すなわち，セール期間経過後に，当該商品等が比較対照価格とされた価格で販売されることが予定されており，かつ，その予定のとおり販売されることが確実であると認識すると考えられる。したがって，事業者が，比較対照価格とされた将来の販売価格で販売する確実な予定を有していないにもかかわらず，当該価格を比較対照価格とする二重価格表示を行うと，このような一般消費者の認識と齟齬が生じ，景品表示法に違反する有利誤認表示となるおそれがある。

　　c　消費者庁が景品表示法を適用する際の考慮事項（執行方針第2，2(1)
　　　　(2)）

　事業者が，将来の販売価格を比較対照価格とする二重価格表示の対象となっている商品等を，セール期間経過後に，比較対照価格とされた将来の販売価格で実際に販売している場合は，比較対照価格の根拠を形式的に整える手段として当該価格で販売しているものであるとみられるような場合を除き，通常，事業者が将来の販売価格を比較対照価格とする二重価格表示を行う際に有していた合理的かつ確実に実施される販売計画に基づいて販売しているものであると推測される。

　しかしながら，事業者が，将来の販売価格で販売できない特段の事情が存在しないにもかかわらず，当該将来の販売価格で販売していない場合には，通常，合理的かつ確実に実施される販売計画を有していなかったことが推認される。

消費者庁は，このような場合における将来の販売価格を比較対照価格とする二重価格表示を，原則として，その表示開始時点から，景品表示法に違反する有利誤認表示であるものとして取り扱うこととしている。

　一方，事業者がセール期間経過後に比較対照価格とされた将来の販売価格で販売していない場合であっても，事業者が，合理的かつ確実に実施される販売計画を有していたことを示す資料やデータを有しており，かつ，将来の販売価格で販売できない特段の事情が存在する場合は，少なくとも，当該特段の事情が発生する以前において，合理的かつ確実に実施される販売計画を有していなかったことは推認されない。したがって，将来の販売価格を比較対照価格とする二重価格表示について，事業者から，合理的かつ確実に実施される販売計画を有していたことを示す資料やデータ及び将来の販売価格で販売できない特段の事情が存在することを示す資料の提出があり，かつ，当該特段の事情の発生後遅滞なく当該表示を取りやめ，顧客に対し，比較対照価格とされた将来の販売価格で販売することができなくなったことを告知している場合等においては，消費者庁は，原則として，これを景品表示法に違反する有利誤認表示であるものとして取り扱うことはない。☞ *No.29*

　　d　将来の販売価格での販売期間（執行方針第2,2(3)）

　事業者が将来の販売価格を比較対照価格とする二重価格表示を行った場合において，セール期間経過後に比較対照価格とされた将来の販売価格で販売したのがごく短期間であったことがやむを得ないと評価できる特段の事情が存在していないにもかかわらず，ごく短期間しか比較対照価格とされた将来の販売価格で販売しなかった場合は，通常，合理的かつ確実に実施される販売計画を有していなかったことが推認される。したがって，事業者が，比較対照価格とされた将来の販売価格で販売する期間がいつであるかなど比較対照価格の内容を正確に表示しない限り，消費者庁は，このような場合における将来の販売価格を比較対照価格に用いた二重価格表示を，原則として，その表示開始時点から，景品表示法に違反する有利誤認表示であるものとして取り扱うこととしている。

　また，消費者庁は，比較対照価格とされた将来の販売価格で販売する期間がごく短期間であったか否かを，具体的な事例に照らして個別に判断するが，一

般的には，事業者が，セール期間経過後直ちに比較対照価格とされた将来の販売価格で販売を開始し，当該販売価格での販売を2週間以上継続した場合には，ごく短期間であったとは考えない。このような場合，当該販売価格での販売が，比較対照価格の根拠を形式的に整える手段として行われていたものであるとみられるような場合を除き，将来の販売価格での販売期間が短いという理由で有利誤認表示として取り扱うことはない。

(エ) タイムサービスを行う場合の二重価格表示について（価格表示ガイドライン第4，2 (1) ウ）

特定の商品について一定の営業時間に限り価格の引下げを行ったり，又は生鮮食料品等について売れ残りを回避するために一定の営業時間経過後に価格の引下げを行ったりする場合に，当初の表示価格を比較対照価格とする二重価格表示が行われることがあるが，このような二重価格表示は，通常は，不当表示に該当するおそれはないと考えられる。

(オ) 希望小売価格を比較対照価格とする二重価格表示について（価格表示ガイドライン第4，3）

製造業者，卸売業者，輸入総代理店等，小売業者以外の者（以下「製造業者等」という）が希望小売価格を設定している場合，小売業者は，この希望小売価格を比較対照価格とする二重価格表示を行うことがある。

一般消費者は，通常，希望小売価格については，製造業者等により小売業者の価格設定の参考となるものとして設定され，あらかじめ，新聞広告，カタログ，商品本体への印字等により公表されているものであって，小売業者の販売価格を判断する際の参考情報の一つとなり得るものと認識していると考えられる。このため，希望小売価格を比較対照価格とする二重価格表示を行う場合に，製造業者等により設定され，あらかじめ公表されているとはいえない価格を，希望小売価格と称して比較対照価格に用いるときには，一般消費者に販売価格が安いとの誤認を与え，不当表示に該当するおそれがある[18]。

---

[18] 希望小売価格に類似するものとして，製造業者等が参考小売価格や参考上代等の名称で小売業者に対してのみ呈示している価格がある。これらの価格が，小売業者の小売価格設定の参考となるものとして，製造業者等が設定したものをカタログ等に記載するなどして当該商品を取り扱う小売業者に広く呈示されている場合には，小売業者が当該価格を比較対照価格に用いて二重価格表示を行うこと自体は可能であるが，希望

24　第1章　景品表示法とは

（カ）競争事業者の販売価格を比較対照価格とする二重価格表示について（価格表示ガイドライン第4,4）

　自己の販売価格の安さを強調するために，市価や特定の競争事業者の販売価格を比較対照価格とする二重価格表示が行われることがあるが，このような場合，一般消費者は，通常，同一の商品について，代替的に購入し得る事業者の最近時の販売価格との比較が行われていると認識するものと考えられる。

　このため，競争事業者の販売価格を比較対照価格とする二重価格表示を行う場合に，同一の商品について代替的に購入し得る事業者の最近時の販売価格とはいえない価格を比較対照価格に用いるときには，一般消費者に販売価格が安いとの誤認を与え，不当表示に該当するおそれがある。

　このように，市価や特定の競争事業者の販売価格を比較対照価格とする二重価格表示を行う場合には，競争事業者の最近時の販売価格を正確に調査するとともに，特定の競争事業者の販売価格と比較する場合には，当該競争事業者の名称を明示する必要がある。

（キ）他の顧客向けの販売価格を比較対照価格とする二重価格表示について（価格表示ガイドライン第4,5）

　同一の商品であっても，顧客の条件に応じて販売価格に差が設けられている場合に，特定の条件を満たす顧客向けの販売価格について，その安さを強調するために，他の顧客向けの販売価格を比較対照価格とする二重価格表示が行われることがあるが，それぞれの販売価格が適用される顧客の条件の内容等について，実際と異なる表示を行ったり，あいまいな表示を行うときには，一般消費者に販売価格が安いとの誤認を与え，不当表示に該当するおそれがある。

（ク）割引率又は割引額の表示について（価格表示ガイドライン第5）

a　割引率又は割引額の表示

　二重価格表示と類似した表示方法として，「当店通常価格」や表示価格等からの割引率又は割引額を用いた価格表示が行われることがある。これは，二重価

小売価格以外の名称を用いるなど，一般消費者が誤認しないように表示する必要がある。

　また，参考小売価格等を比較対照価格とする二重価格表示を行う場合に，製造業者等が当該商品を取り扱う小売業者に小売業者向けのカタログ等により広く呈示しているとはいえない価格を，小売業者が参考小売価格等と称して比較対照価格に用いるときには，一般消費者に販売価格が安いとの誤認を与え，不当表示に該当するおそれがある。

格表示における比較対照価格と販売価格の差を割引率又は割引額で表示したものであるから，景品表示法上の考え方については，基本的にはこれまでに述べてきた二重価格表示の考え方と同じである。

　　　b　一括的な割引率又は割引額の表示

　割引率又は割引額の表示の中には，小売業者の取り扱う全商品又は特定の商品群を対象として一括して割引率又は割引額を表示する場合があるが，このような表示を行う場合には，算出の基礎となる価格，適用される商品の範囲及び適用されるための条件について明示することにより，一般消費者が誤認しないようにする必要がある。

（ケ）販売価格の安さを強調するその他の表示について（価格表示ガイドライン　　第6）

　商品の販売価格の安さを強調するために，販売価格の安さの理由や安さの程度を説明する用語（「倒産品処分」や「大幅値下げ」等）を用いた表示が行われることがある。これらの表示は，販売価格が通常時等の価格と比較してほとんど差がなかったり，適用対象となる商品が一部に限定されているにもかかわらず，表示された商品の全体について大幅に値引きされているような表示を行うなど，実際と異なって安さを強調するものである場合には，不当表示に該当するおそれがある。また，競争事業者の店舗の販売価格よりも自店の販売価格を安くする等の広告表示において，限定条件を明示せず，価格の有利性を殊更強調する表示を行うことは，一般消費者に自己の販売価格が競争事業者のものよりも著しく有利であるとの誤認を与え，不当表示に該当するおそれがある。

　このため，安さの理由や安さの程度を説明する用語等を用いて，販売価格の安さを強調する表示を行う場合には，①適用対象となる商品の範囲及び条件を明示するとともに，②安さの理由や安さの程度について具体的に明示することにより，一般消費者が誤認しないようにする必要がある。

(5) 期間限定表示

　期間限定表示とは，表示されたキャンペーン等の期間内又は期限までに限定して値引き等の利益が受けられる旨の表示をいう[19]。期間限定表示に接した一般消費者は，キャンペーン期間中に申し込めば（期間中に限り）利益を受けられるものと認識すると考えられるため，当該キャンペーンが実際には期間が限定されたものではなく，同一条件（同一内容）のキャンペーンが繰り返し行われるような場合には，表示と実際が乖離することとなる。

　このように，期間限定表示が実際と異なる場合には，一般消費者の自主的かつ合理的な選択を阻害するおそれがあり，有利誤認表示として違法となる。

☞ *No.30*

6　5条3号（指定告示に係る不当表示）

(1) 指定告示とは

　景品表示法5条では，優良誤認表示（同条1号），有利誤認表示（同条2号）のほかに，内閣総理大臣が指定する不当表示について規定している（同条3号。なお，指定は告示により行われることから，「指定告示」と呼ばれている）。

　優良誤認表示や有利誤認表示による規制のみでは，複雑な経済社会において，一般消費者の自主的かつ合理的な商品等の選択を妨げる表示に十分に対応することができない場合もあると考えられることから，同条3号において，指定告示が規定されている。

　同条3号の条文は次のとおりである。

5条3号

三　前二号に掲げるもののほか，商品又は役務の取引に関する事項について一般消費者に誤認されるおそれがある表示であつて，不当に顧客を誘引し，一般消費者による自主的かつ合理的な選択を阻害するおそれがあると認めて内閣総理大臣が指定するもの

---

[19] 渡辺 174 頁

このように，同条3号において不当な表示として指定する表示は，優良誤認表示や有利誤認表示とは異なり，誤認される「おそれ」がある表示であれば足りる。また，「著しい優良性」や「著しい有利性」の要件もない。

5条3号の規定に基づく不当表示の指定告示は，現在以下の7つがある。

・無果汁の清涼飲料水等についての表示（昭和48年3月20日公正取引委員会告示第4号）
・商品の原産国に関する不当な表示（昭和48年10月16日公正取引委員会告示第34号。以下「原産国告示」という）☞ *No.31*
・消費者信用の融資費用に関する不当な表示（昭和55年4月12日公正取引委員会告示第13号）
・不動産のおとり広告に関する表示（昭和55年4月12日公正取引委員会告示第14号。以下「不動産おとり広告告示」という）☞ *No.32*
・おとり広告に関する表示（平成5年4月28日公正取引委員会告示第17号。以下「おとり広告告示」という）☞ *No.33*
・有料老人ホームに関する不当な表示（平成16年4月2日公正取引委員会告示第3号）
・一般消費者が事業者の表示であることを判別することが困難である表示（令和5年3月28日内閣府告示第19号。以下「ステマ告示」という）☞ *No.22,51*

以下，これらの中でも実務上比較的重要と考えられる原産国告示，おとり広告告示及びステマ告示について概要を説明する。

(2) 原産国告示

原産国告示の対象は，国産品と外国産品に分けられる。

ア 国産品についての不当表示

国産品は，次の①ないし③の各号のいずれかに該当する表示であって，その商品が国産品であることを一般消費者が判別することが困難であると認められるものが，不当表示となる（原産国告示1）。

---

① 外国の国名，地名，国旗，紋章その他これらに類するものの表示
② 外国の事業者又はデザイナーの氏名，名称又は商標の表示
③ 文字による表示の全部又は主要部分が外国の文字で示されている表示

イ　外国産品についての不当表示

外国産品は，次の①ないし③の各号のいずれかに該当する表示であって，その商品がその原産国で生産されたものであることを一般消費者が判別することが困難であると認められるものが，不当表示となる（原産国告示2）。

> ①　その商品の原産国以外の国の国名，地名，国旗，紋章その他これらに類するものの表示
> ②　その商品の原産国以外の国の事業者又はデザイナーの氏名，名称又は商標の表示
> ③　文字による表示の全部又は主要部分が和文で示されている表示

ウ　「原産国」とは

原産国告示において，「原産国」とは，その「商品の内容について実質的な変更をもたらす行為」が行なわれた国のことをいう（原産国告示備考1[20]）。この点，①商品にラベルを付け，その他標示を施すこと，②商品を容器に詰め，または包装をすること，③商品を単に詰合せ，または組み合わせること，④簡単な部品の組立をすることは，「商品の内容について実質的な変更をもたらす行為」には該当しない（「『商品の原産国に関する不当な表示』の運用基準について」（昭和48年10月16日事務局長通達第12号）10）。

また，商品の原産地が一般に国名よりも地名で知られており，その商品の原産地を国名で表示することが適切でない場合は，その原産地が原産国とみなされ，原産国告示が適用される（原産国告示備考2）。

原産国告示違反の事例としては，例えば，株式会社髙島屋に対する措置命令（消表対第189号（令和元年6月13日））や，株式会社ウルシハラに対する排除命令（平成15年（排）第17号（平成15年11月10日））☞ *No.31* 等が挙げられる。

(3)　おとり広告告示

おとり広告告示の対象は，不動産に関する取引を除く，すべての商品等の取

---

[20] 具体的にどのような行為が「商品の内容について実質的な変更をもたらす行為」に該当するかについては，「『商品の原産国に関する不当な表示』の原産国の定義に関する運用細則」（昭和48年12月5日事務局長通達第14号。以下「原産国運用細則」という）においていくつか例示されている。

引である（不動産の取引に関しておとり広告が行われた場合は，不動産おとり広告告示が適用される）。一般消費者に商品を販売し，または役務を提供することを業とする者が，自己の供給する商品等の取引（不動産に関する取引を除く）に顧客を誘引する手段として行う，次の①～④の各号のいずれかに該当する表示が，不当表示となる（おとり広告告示）。

> ① 取引の申出に係る商品等について，取引を行うための準備がなされていない場合その他実際には取引に応じることができない場合のその商品等についての表示
> ② 取引の申出に係る商品等の供給量が著しく限定されているにもかかわらず，その限定の内容が明瞭に記載されていない場合のその商品等についての表示
> ③ 取引の申出に係る商品等の供給期間，供給の相手方又は顧客一人当たりの供給量が限定されているにもかかわらず，その限定の内容が明瞭に記載されていない場合のその商品等についての表示
> ④ 取引の申出に係る商品等について，合理的理由がないのに取引の成立を妨げる行為が行われる場合その他実際には取引する意思がない場合のその商品等についての表示

　おとり広告告示違反の事例としては，例えば，株式会社あきんどスシローに対する措置命令（消表対第744号（令和4年6月9日))☞ **No.33** や，クリエイト株式会社に対する措置命令（消表対第915号（令和3年6月2日))等が挙げられる。

(4) ステマ告示

ア　ステマ告示の内容・趣旨

　「一般消費者が事業者の表示であることを判別することが困難である表示は」は，ステマ告示によって以下のとおり指定されている。かかる表示が，不当表示となる（番号は著者が付したもの）。

> ① 事業者が自己の供給する商品又は役務の取引について行う表示であって
> ② 一般消費者が当該表示であることを判別することが困難であると認められるもの

　一般消費者は，事業者が自己の供給する商品又は役務の取引について行う表示（以下「事業者の表示」という）であると認識すれば，表示内容に，ある程度の誇張・誇大が含まれることはあり得るものと考え，商品選択の上でそのことを考慮に入れるものである。しかし，実際には事業者の表示であるにもかかわらず，第三者の表示であると誤認する場合，その表示内容にある程度の誇張・誇大が含まれているとは考えないため，この点において，一般消費者の商品選択における自主的かつ合理的な選択が阻害されるおそれがある。そこでステマ告示はそのような表示を不当表示として規制している（「『一般消費者が事業者の表示であることを判別することが困難である表示』の運用基準」（令和5年3月28日消費者庁長官決定。以下「ステマ告示運用基準」という）1）。

　要するに，ステマ告示の規制対象は，事業者の表示であるにもかかわらずそうであること（事業者の表示であること）が分からないような表示である。そして，そのような表示について，事業者の表示であることが分かるようにしなければならない，というのがステマ告示の主眼である。

　なお，前記3(2)のとおり，不当表示は供給主体性の要件を満たす必要がある。したがって，いわゆるインフルエンサーやアフィリエイター等は，基本的には供給主体性が認められないことから，ステマ告示による規制の対象外となる[21]。

イ　「事業者が自己の供給する商品等の取引について行う表示（事業者の表示）である」こと

　ステマ告示の対象となるのは，外形上第三者の表示のように見えるものが事業者の表示に該当することが前提となる。

　景品表示法は，5条において，事業者の表示の内容について，一般消費者に誤認を与える表示を不当表示として規制するものであるところ，外形上第三者

---

[21] 渡辺218頁。

の表示のように見えるものが，事業者の表示に該当するとされるのは，事業者が表示内容の決定に関与したと認められる，つまり，客観的な状況に基づき，第三者の自主的な意思による表示内容と認められない場合である（ステマ告示運用基準第2柱書）。☞ *No.51*

ウ　「一般消費者が当該表示であることを判別することが困難である」こと

一般消費者が当該表示であることを判別することが困難であるかどうかは，一般消費者にとって事業者の表示であることが明瞭となっているかどうか，逆に言えば，第三者の表示であると一般消費者に誤認されないかどうかを，表示内容全体から判断する（ステマ告示運用基準第3柱書）。

「一般消費者にとって事業者の表示であることが明瞭となっていない」場合とは，例えば，事業者の表示である旨を周囲の文字と比較して小さく表示した結果，一般消費者が認識しにくい表示となった場合や，事業者の表示であることを他の情報に紛れ込ませる場合（例：SNSの投稿において，大量のハッシュタグ（＃）を付した文章の記載の中に当該事業者の表示である旨の表示を埋もれさせる場合）等である（ステマ告示運用基準第3,1）。

一方，「一般消費者にとって事業者の表示であることが明瞭となっている」と認められるためには，一般消費者にとって，表示内容全体から，事業者の表示であることが分かりやすい表示となっている必要がある。例えば，「広告」，「宣伝」，「プロモーション」，「PR」といった文言による表示を行う場合[22]や，「A社から商品の提供を受けて投稿している」といったような文章による表示を行う場合等である（ステマ告示運用基準第3,2(1)）。

なお，ステマ告示違反の事例ではないが，関連する事例として，株式会社アクガレージ及びアシスト株式会社に対する措置命令（消表対第1794号～1797号（令和3年11月9日））☞ *No.22* が挙げられる。

---

[22] ただし，これらの文言を使用していたとしても，表示内容全体から一般消費者にとって事業者の表示であることが明瞭となっていない場合も考えられるため，留意されたい（ステマ告示運用基準第3,2(1)ア(注)）。

第2 | 不当景品類の規制

1 景品規制の概要

(1) 趣 旨

　景品表示法は，2条3項において「景品類」の定義について規定しており，また，4条において，内閣総理大臣が，景品類の価額の最高額若しくは総額，種類若しくは提供の方法その他景品類の提供に関する事項を制限し，又は景品類の提供を禁止することができる旨を規定している。

　事業者が商品等の品質や価格面で競争することは，一般消費者にとって有益なものである。しかし，事業者が過大な景品類（以下「過大景品類」という）を提供することで，一般消費者が過大景品類に惑わされて質の良くないものや割高なものを買わされてしまうことは，一般消費者にとって不利益である。また，過大景品類による競争がエスカレートすると，事業者は商品等の価格の引き下げや品質の向上などの努力を怠るようになってしまうおそれがあり，これがまた一般消費者の不利益につながっていくという悪循環を生むおそれがある。

　そこで，景品表示法では，景品類の最高額，総額等を規制することにより，一般消費者の利益を保護するとともに，過大景品類による不健全な競争を防止している。

(2) 景品規制の構造

　景品規制を理解するうえでは，大まかには，2段階の構造に分けられることを理解すべきである。

　すなわち，提供する物品等（経済上の利益）を提供する行為が景品規制に抵触するものであるか否かを判断するためには，まず，①提供する物品等（経済上の利益）が，「景品類」に該当するか否かを検討する。ここで，当該物品等が「景品類」に該当しないのであれば，そもそも当該提供行為は，景品規制に服するものではない。①に関しては，定義告示及び定義告示運用基準を主にみていくこととなる。

そして，「景品類」に該当するのであれば，次に，②当該「景品類」をどのように提供しているか，すなわち当該提供行為の方法（態様）を確認する。ここで，「懸賞」の方法により景品類を提供しているのであれば懸賞規制に服することとなり，それ以外の方法により景品類を提供しているのであれば総付景品規制に服することとなる[23]。②に関しては，懸賞規制であれば「懸賞による景品類の提供に関する事項の制限」（昭和52年3月1日公正取引委員会告示第3号。以下「懸賞制限告示」という）及び「『懸賞による景品類の提供に関する事項の制限』の運用基準」（平成24年6月28日消費者庁長官通達第1号。以下「懸賞運用基準」という）を，総付景品規制であれば「一般消費者に対する景品類の提供に関する事項の制限」（昭和52年3月1日公正取引委員会告示第5号。以下「総付制限告示」という）及び「『一般消費者に対する景品類の提供に関する事項の制限』の運用基準について」（昭和52年4月1日事務局長通達第6号。以下「総付運用基準」という）を主にみていくこととなる。

2　景品類の定義及び要件

(1)　景品表示法及び定義告示の規定

景品表示法は，2条3項において，景品類の定義について以下のとおり規定している。

> **2条3項**
> この法律で「景品類」とは，顧客を誘引するための手段として，その方法が直接的であるか間接的であるかを問わず，くじの方法によるかどうかを問わず，事業者が自己の供給する商品又は役務の取引（不動産に関する取引を含む。以下同じ。）に付随して相手方に提供する物品，金銭その他の経済上の利益であつて，内閣総理大臣が指定するものをいう。

そして，定義告示1項で具体的に以下のように定めている。

---

[23] 渡辺232〜233頁。

> **第1項**
>
> 　不当景品類及び不当表示防止法（以下「法」という。）第二条第三項に規定する景品類とは，顧客を誘引するための手段として，方法のいかんを問わず，事業者が自己の供給する商品又は役務の取引に附随して相手方に提供する物品，金銭その他の経済上の利益であつて，次に掲げるものをいう。ただし，正常な商慣習に照らして値引又はアフターサービスと認められる経済上の利益及び正常な商慣習に照らして当該取引に係る商品又は役務に附属すると認められる経済上の利益は，含まない。
>
> 　一　物品及び土地，建物その他の工作物
>
> 　二　金銭，金券，預金証書，当せん金附証票及び公社債，株券，商品券その他の有価証券
>
> 　三　きよう応（映画，演劇，スポーツ，旅行その他の催物等への招待又は優待を含む。）
>
> 　四　便益，労務その他の役務

　この点，定義運用告示基準において，各要件について考え方が示されており，以下解説していく。

(2)　「顧客を誘引するための手段として」（定義告示運用基準1）

　経済上の利益の提供が「顧客を誘引するための手段として」行われたか否かについては，提供者の主観的意図やその企画の名目のいかんを問わず，客観的に顧客誘引のための手段になっているかどうかによって判断する。また，「顧客を誘引する」とは，新たな顧客の誘引に限らず，取引の継続や取引量の増大を誘引することも含まれる。

(3)　「事業者」（定義告示運用基準2）

　「事業者」とは，営利を目的としているか否かにかかわらず，経済活動を行っている者はすべて該当する。したがって，営利を目的としない協同組合，共済組合等であっても，商品等を供給する事業については，事業者に当たる。

　また，学校法人，宗教法人等であっても，商品等を供給する事業については，事業者に当たる。学校法人，宗教法人等又は地方公共団体その他の公的機関等が，一般の事業者の私的な経済活動に類似する事業を行う場合は，その事業に

ついては，一般の事業者に準じて扱うこととなる。

　なお，事業者団体が構成事業者の供給する商品等の取引に附随して過大景品類の提供を企画し，実施させた場合には，その景品類の提供を行った構成事業者に対して，景品表示法が適用される。

(4)　「自己の供給する商品又は役務の取引」（定義告示運用基準３）

　「自己の供給する商品又は役務の取引」には，自己が製造し，または販売する商品についての，最終需要者に至るまでのすべての流通段階における取引が含まれる。また，自己が一般消費者から物品等を買い取る取引も，当該取引が，当該物品等を査定する等して当該物品等を金銭と引き換えるという役務を提供していると認められる場合には，「自己の供給する商品又は役務の取引」に当たる[24]。

　なお，商品（甲）を原材料として製造された商品（乙）の取引は，商品（甲）がその製造工程において変質し，商品（甲）と商品（乙）とが別種の商品と認められるようになった場合は，商品（甲）の供給業者にとって，「自己の供給する商品又は役務の取引」に当たらない。ただし，商品（乙）の原材料として商品（甲）が用いられていることが，商品（乙）の需要者に明らかである場合には，商品（乙）の取引は，商品（甲）の供給業者にとっても，「自己の供給する商品の取引」に当たる。☞ *No.34*

　また，「取引」には販売の他にも，賃貸や交換等も含まれ，銀行と預金者との関係，クレジット会社とカードを利用する消費者との関係等も含まれる。

(5)　「取引に附随して」（定義告示運用基準４）

　取引を条件として他の経済上の利益を提供する場合は，「取引に附随」する提供に当たるが，取引を条件とはしない場合であっても，経済上の利益の提供が，取引の相手方を主たる対象として行われるときは，「取引に附随」する提供に当たる。これは，取引に附随しない提供方法を併用していても同様である。また，取引の勧誘に際して，相手方に金品等を供与するような場合も，「取引に附随」

---

[24] 定義告示運用基準３(4)。同項目は，令和６年４月18日に改定がなされたものである。

する提供に当たる。

　一方，喫茶店のコーヒーに添えられる砂糖やクリーム等，正常な商慣習に照らして取引の本来の内容をなすと認められる経済上の利益の提供は，「取引に附随」する提供には当たらない。また，ある取引において，例えば「ハンバーガーとドリンクをセットで〇〇円」というように，商品等を二つ以上組み合わせて販売していることが明らかな場合等は，原則として，「取引に附随」する提供に当たらない。

　また，広告において一般消費者に対し経済上の利益の提供を申し出る企画が取引に附随するものと認められない場合（オープン懸賞）は，応募者の中にたまたま当該事業者の供給する商品等の購入者が含まれるときであっても，その者に対する提供は，「取引に附随」する提供に当たらない。

(6)　「物品，金銭その他の経済上の利益」（定義告示運用基準５）

　事業者が特段の出費を要しないで提供できる物品等であっても，提供を受ける者が，通常，経済的対価を支払って取得すると認められるものは，「経済上の利益」に含まれる。商品等を通常の価格よりも安く購入できる利益も，「経済上の利益」に含まれる。

　なお，取引の相手方に提供する「経済上の利益」であっても，仕事の報酬等と認められる金品の提供は，景品類の提供に当たらない。

(7)　「正常な商習慣に照らして値引と認められる経済上の利益」（定義告示運用基準６）

　「値引と認められる経済上の利益」に当たるか否かは，当該取引の内容，その経済上の利益の内容及び提供の方法等を勘案し，公正な競争秩序の観点から判断する。なお，公正競争規約が設定されている業種については，当該公正競争規約の定めるところを斟酌する。

　また，例えば「×個以上買う方には，〇〇円引き」というように，取引通念上妥当と認められる基準に従い，取引の相手方に対し，支払うべき対価を減額する場合等は，原則として，「正常な商慣習に照らして値引と認められる経済上の利益」に当たる。ただし，対価の減額であっても，それが懸賞による場合等

は，これに当たらない。

(8) 「正常な商習慣に照らしてアフターサービスと認められる経済上の利益」（定義告示運用基準7）

「アフターサービスと認められる経済上の利益」に当たるか否かは，当該商品等の特徴，そのサービスの内容，必要性，当該取引の約定の内容等を勘案し，公正な競争秩序の観点から判断する。なお，公正競争規約が設定されている業種については，当該公正競争規約の定めるところを参酌する。

(9) 「正常な商慣習に照らして当該取引に係る商品又は役務に附属すると認められる経済上の利益」（定義告示運用基準8）

「商品又は役務に附属すると認められる経済上の利益」に当たるか否かは，当該商品等の特徴，その経済上の利益の内容等を勘案し，公正な競争秩序の観点から判断する。なお，公正競争規約が設定されている業種については，当該公正競争規約の定めるところを参酌する。

3 景品類の価額

景品類の価額については，「景品類の価額の算定基準について」（昭和53年11月30日事務局長通達第9号。以下「価額算定基準」という）において考え方が示されている。

すなわち，景品類と同じものが市販されている場合は，景品類の提供を受ける者が，それを通常購入するときの価格による。一方，景品類と同じものが市販されていない場合は，景品類を提供する者がそれを入手した価格，類似品の市価等を勘案して，景品類の提供を受ける者が，それを通常購入することとしたときの価格を算定し，その価格による[25]。

---

[25] 景品類と同じもののみならず，当該景品類の類似品も市販されていない場合は，当該景品類を提供する者がそれを入手した価格，当該景品類の製造コスト，当該景品類を販売することとした場合に想定される利益率などから，当該景品類の提供を受ける者が，それを通常購入することとしたときの価格を算定し，その価格を景品類の価額とみることとなる。消費者庁HP「景品に関するQ&A」Q76。

4 懸 賞

(1) 「懸賞」とは（懸賞制限告示１，懸賞運用基準１及び２）

「懸賞」とは，

- くじその他偶然性を利用して定める方法（例えば，抽選券を用いる方法や，レシート，商品の容器包装等を抽選券として用いる方法等）
- 特定の行為の優劣又は正誤によって定める方法（例えば，応募の際一般に明らかでない事項（例：その年の十大ニュース）について予想を募集し，その回答の優劣又は正誤によって定める方法や，クイズ等の解答を募集し，その正誤によって定める方法等）

により，景品類の提供の相手方又は提供する景品類の価額を定めることをいう。

(2) 懸賞による景品類の最高額及び総額の制限

懸賞による景品類の最高額及び総額の制限は，以下のとおりである。

	取引の価額	景品類の限度額	
		景品類の最高額	景品類の総額
一般懸賞	5,000 円未満	取引価額の 20 倍	懸賞に係る取引の売上予定総額の２％
	5,000 円以上	10 万円	
共同懸賞	－	30 万円（取引の価額にかかわらず）	懸賞に係る取引の売上予定総額の３％

ア 景品類の最高額（懸賞制限告示２，懸賞運用基準５及び６）

懸賞により提供する景品類の最高額は，懸賞に係る取引の価額の 20 倍の金額（当該金額が 10 万円を超える場合は，10 万円）を超えてはならない。

☞ *No.35*

「懸賞に係る取引の価額」の解釈については，懸賞運用基準５(1)において総付運用基準１(1)ないし(4)を準用しており，その内容は以下のとおりである。

① 購入者を対象とし，購入額に応じて景品類を提供する場合は，当該購入額を「取引の価額」とする。
② 購入者を対象とするが購入額の多少を問わないで景品類を提供する場合の「取引の価額」は，原則として，100円とする。ただし，当該景品類提供の対象商品等の取引の価額のうちの最低のものが明らかに100円を下回っていると認められるときは，当該最低のものを「取引の価額」とし，当該景品類提供の対象商品等について通常行われる取引の価額のうちの最低のものが100円を超えると認められるときは，当該最低のものを「取引の価額」とすることができる。
③ 購入を条件とせずに，店舗への入店者に対して景品類を提供する場合の「取引の価額」は，原則として，100円とする。ただし，当該店舗において通常行われる取引の価額のうち最低のものが100円を超えると認められるときは，当該最低のものを「取引の価額」とすることができる。この場合において，特定の種類の商品等についてダイレクトメールを送り，それに応じて来店した顧客に対して懸賞により景品類を提供する等の方法によるため，懸賞により景品類を提供する対象をその特定の種類の商品等に限定していると認められるときは，当該商品等の価額を「取引の価額」として取り扱う。
④ 「取引の価額」は，景品類の提供者が小売業者又はサービス業者である場合は，対象商品等の実際の取引価格を，製造業者または卸売業者である場合は，懸賞による景品類提供の実施地域における対象商品等の通常の取引価格を基準とする。

　また，同一の取引に附随して2以上の懸賞による景品類の提供が行われる場合の景品類の価額についての考え方は，以下のとおりである。

① 同一の事業者が行う場合は，別々の企画によるときであっても，これらを合算した額の景品類を提供したことになる。
② 他の事業者と共同して行う場合は，別々の企画によるときであっても，それぞれ，共同した事業者がこれらの額を合算した額の景品類を提供したことになる。
③ 他の事業者と共同しないで，その懸賞の当選者に対して更に懸賞によって景品類を追加した場合は，追加した事業者がこれらを合算した額の景品類を提供したことになる。

イ　景品類の総額（懸賞制限告示３，懸賞運用基準７）

懸賞により提供する景品類の総額は，当該懸賞に係る取引の予定総額の100分の２を超えてはならない。ここで，「懸賞に係る取引の予定総額」とは，懸賞販売実施期間中における対象商品の売上予定総額のことである。

☞ **No. 34,35**

(3)　全面禁止される懸賞方法（カード合わせ）（懸賞制限告示５，懸賞運用基準４）

２以上の種類の文字，絵，符号等を表示した符票のうち，異なる種類の符票の特定の組合せを提示させる方法を用いた懸賞による景品類の提供（カード合わせ）は，景品類の最高額や総額にかかわらず，全面的に禁止されている。

ア　カード合わせの方法に該当する場合（コンプガチャ）

携帯電話端末やパソコン端末などを通じてインターネット上で提供されるゲームの中で，ゲームの利用者に対し，ゲーム上で使用することができるアイテム等を，偶然性を利用して提供するアイテム等の種類が決まる方法によって有料で提供する場合であって，特定の２以上の異なる種類のアイテム等を揃えた利用者に対し，例えばゲーム上で敵と戦うキャラクターや，プレーヤーの分身となるキャラクター（いわゆる「アバター」と呼ばれるもの）が仮想空間上で住む部屋を飾るためのアイテムなど，ゲーム上で使用することができるアイテム等その他の経済上の利益を提供するとき（いわゆる「コンプガチャ」）は，カード合わせに該当することとなる[26]。

イ　カード合わせの方法に該当しない場合

一方，以下のような場合は，カード合わせの方法に該当しない。

- 異なる種類の符票の特定の組合せの提示を求めるが，取引の相手方が商品を購入する際の選択によりその組合せを完成できる場合

---

[26] 消費者庁は，平成24年５月18日，「オンラインゲームの『コンプガチャ』と景品表示法の景品規制について」を公表し，コンプガチャに関する景品表示法上の考え方を整理している（これに基づき，懸賞運用基準４(1)において，コンプガチャはカード合わせに該当することが明確化されている）。

- 1点券，2点券，5点券というように，異なる点数の表示されている符票を与え，合計が一定の点数に達すると，点数に応じて景品類を提供する場合
- 符票の種類は2以上であるが，異種類の符票の組合せではなく，同種類の符票を一定個数提示すれば景品類を提供する場合

(4) 共同懸賞（懸賞制限告示4，懸賞運用基準8〜12）

　共同懸賞により景品類を提供するときは，景品類の最高額は，取引の価額にかかわらず30万円であり，景品類の総額は，懸賞に係る取引の予定総額の3％以内とされている。ただし，他の事業者の参加を不当に制限する場合は，この限りでない。共同懸賞と認められるのは，以下の場合である。☞ *No.36*
- 一定の地域における小売業者又はサービス業者の相当多数が共同して行う場合
- 一の商店街に属する小売業者又はサービス業者の相当多数が共同して行う場合。ただし，中元，年末等の時期において，年3回を限度とし，かつ，年間通算して70日の期間内で行う場合に限る。
- 一定の地域において一定の種類の事業を行う事業者の相当多数が共同して行う場合

5　総　付

(1)　「総付景品」とは（総付制限告示1，総付運用基準1 (1)〜(3)，懸賞運用基準3）

　事業者が，一般消費者に対して懸賞によらないで提供する景品類のことを，「総付景品」という。具体的には以下の場合である。
- 購入者を対象とし，購入額に応じて景品類を提供する場合
- 購入者を対象とするが購入額の多少を問わないで景品類を提供する場合
- 購入を条件とせずに，店舗への入店者に対して景品類を提供する場合
- 来店又は申込みの先着順により景品類を提供する場合

（2） 総付景品の最高額（総付制限告示1，総付運用基準1）

　総付景品の最高額は，以下のとおりである（なお，懸賞の場合とは異なり，景品類の総額は特に規定されていない）。☞ **No.37**

取引の価額	景品類の最高額※
1,000 円未満	200 円
1,000 円以上	取引価額の 20%

※ただし，正常な商習慣に照らして適当と認められる限度を超えてはならない。

　また，「取引の価額」の考え方については，以下のとおりである[27]。

①　購入者を対象とし，購入額に応じて景品類を提供する場合は，当該購入額を「取引の価額」とする。

②　購入者を対象とするが購入額の多少を問わないで景品類を提供する場合の「取引の価額」は，原則として，100 円とする。ただし，当該景品類提供の対象商品等の取引の価額のうちの最低のものが明らかに 100 円を下回っていると認められるときは，当該最低のものを「取引の価額」とすることとし，当該景品類提供の対象商品等について通常行われる取引の価額のうちの最低のものが 100 円を超えると認められるときは，当該最低のものを「取引の価額」とすることができる。

③　購入を条件とせずに，店舗への入店者に対して景品類を提供する場合の「取引の価額」は，原則として，100 円とする。ただし，当該店舗において通常行われる取引の価額のうち最低のものが 100 円を超えると認められるときは，当該最低のものを「取引の価額」とすることができる。この場合において，特定の種類の商品等についてダイレクトメールを送り，それに応じて来店した顧客に対して景品類を提供する等の方法によるため，景品類提供に係る対象商品をその特定の種類の商品等に限定していると認められるときはその商品等の価額を「取引の価額」として取り扱う。

④　景品類の限度額の算定に係る「取引の価額」は，景品類の提供者が小売業者又はサービス業者である場合は対象商品等の実際の取引価格を，製造業者又は卸売業者である場合は景品類提供の実施地域における対象商品等の通常の取引価格を基準とする。

---

[27] 懸賞運用基準5(1)は総付運用基準1(1)ないし(4)を準用しており，また，懸賞運用基準5(2)の内容も，総付運用基準 1(5)とほぼ同内容であるから，基本的には前記4(2)アにおいて説明した内容と変わりはない。

⑤　同一の取引に附随して２以上の景品類提供が行われる場合については，次による。
　　ア　同一の事業者が行う場合は，別々の企画によるときであっても，これらを合算した額の景品類を提供したことになる。
　　イ　他の事業者と共同して行う場合は，別々の企画によるときであっても，共同した事業者が，それぞれ，これらを合算した額の景品類を提供したことになる。
　　ウ　他の事業者と共同しないで景品類を追加した場合は，追加した事業者が，これらを合算した額の景品類を提供したことになる。

(3)　総付景品規制の適用除外（総付制限告示２）

　次の①ないし④に掲げる経済上の利益については，景品類に該当する場合であっても，総付景品に係る規定（景品類の最高額の規制）を適用しない。

①　商品の販売若しくは使用のため又は役務の提供のため必要な物品又はサービスであって，正常な商慣習に照らして適当と認められるもの
②　見本その他宣伝用の物品またはサービスであって，正常な商慣習に照らして適当と認められるもの
③　自己の供給する商品又は役務の取引において用いられる割引券その他割引を約する証票であって，正常な商慣習に照らして適当と認められるもの
④　開店披露，創業記念等の行事に際して提供する物品又はサービスであって，正常な商慣習に照らして適当と認められるもの

6　業種別告示

　これまで説明してきた一般的な景品規制の他にも，特定の業種にのみ適用される告示（業種別告示）がある。現在，具体的には以下のものがある。
・新聞業における景品類の提供に関する事項の制限（平成10年4月10日公正取引委員会告示第5号）（新聞業告示）☞ *No.38*
・雑誌業における景品類の提供に関する事項の制限（平成4年2月12日公正取引委員会告示第3号）（雑誌業告示）
・不動産業における一般消費者に対する景品類の提供に関する事項の制限（平

成9年4月25日公正取引委員会告示第37号）（不動産業告示）

・医療用医薬品業，医療機器業及び衛生検査所業における景品類の提供に関する事項の制限（平成9年8月11日公正取引委員会告示第54号）（医療用医薬品業等告示）

　これらの業種別告示は，一般的な景品規制より制限的な内容や，一般的な景品規制が対象としていない事項に関し規定している。

第3	事業者が講ずべき景品類の提供及び表示の管理上の措置

1 景品表示法第二章第四節（22条～24条）の概要

事業者は，自己の供給する商品等の取引について，景品類の提供又は表示により不当に顧客を誘引し，一般消費者による自主的かつ合理的な選択を阻害することのないよう，必要な体制の整備その他の必要な措置を講じなければならない（22条1項）。そして，内閣総理大臣は，同項の規定に基づき，事業者が講ずべき措置に関して，その適切かつ有効な実施を図るために必要な指針を定めている（「事業者が講ずべき景品類の提供及び表示の管理上の措置についての指針」（平成26年11月14日内閣府告示第276号。以下「管理措置指針」という），22条2項）。

また，内閣総理大臣は，事業者が講ずべき措置に関して，その適切かつ有効な実施を図るため必要があると認めるときは，当該事業者に対し，必要な指導および助言をすることができ（23条），事業者が，正当な理由がないにもかかわらず事業者が講ずべき措置を講じていないと認めるときは，当該事業者に対し，必要な措置を講ずべき旨の勧告をすることができ，さらに，同勧告に従わない時は，その旨の公表をすることができる（24条1項及び2項）。

2 管理措置指針

管理措置指針は，22条1項に規定する事業者が，景品表示法で規制される不当な景品類及び表示による顧客の誘引を防止するために講ずべき措置に関して，同条2項の規定に基づき，事業者が適切かつ有効な実施を図るために必要な事項について定めるものである。なお，管理措置指針は，デジタル広告への対応等を図るため，令和4年6月に改正がなされている。

(1) 基本的な考え方（管理措置指針第2）

ア 必要な措置が求められる事業者（管理措置指針第2,1）

22条1項は，景品類の提供又は自己の供給する商品等についての一般消費者

向けの表示（以下本節において「表示等」という）をする事業者に対し，必要な措置を講じることを求めている。

したがって，当該事業者と取引関係はあるが，表示等を行っていない事業者（以下本節において「取引関係事業者」という）に対して措置を求めるものではない。もっとも，取引関係事業者が，当該表示等を行う事業者から当該表示等の作成を委ねられる場合には，当該表示等を行う事業者は，自らの措置の実効性が確保できるよう，取引関係事業者に対し，自らの措置についての理解を求め，取引関係事業者が作成する表示等が不当表示等に該当することのないよう指示をすることが求められる。

イ　事業者が講ずべき措置の規模や業態等による相違（管理措置指針第2,2）

各事業者は，その規模や業態，取り扱う商品等の内容，取引の態様等に応じて，4条の規定に基づく告示に違反する景品類の提供及び5条に違反する表示（以下本節において「不当表示等」という）を未然に防止するために必要な措置を講じることとなるが，各事業者によって必要な措置の内容は異なる。

事業者の組織が大規模かつ複雑になれば，不当表示等を未然に防止するために，例えば，表示等に関する情報の共有において，より多くの措置が必要となり得る。他方，小規模企業者やその他の中小企業者においては，その規模や業態等に応じて，不当表示等を未然に防止するために十分な措置を講じていれば，必ずしも大企業と同等の措置が求められる訳ではない。

なお，従来から景品表示法や公正競争規約を遵守するために必要な措置を講じている事業者にとっては，本指針によって，新たに特段の措置を講じることが求められるものではない。

(2)　用語の説明（管理措置指針第3）

ア　22条1項「必要な措置」（管理措置指針第3,1）

22条1項に規定する「必要な措置」とは，例えば，景品類の提供について，それが違法とならないかどうかを判断する上で必要な事項を確認することや，商品等の提供について，実際のもの又は事実に相違して当該事業者と同種若し

くは類似の商品等を供給している他の事業者に係るものよりも著しく優良又は有利であると示す表示等に当たらないかどうかを確認することのほか，確認した事項を適正に管理するための措置を講じることである。

イ　24条1項「正当な理由」（管理措置指針第3,2）

24条1項に規定する「正当な理由」とは，専ら一般消費者の利益の保護の見地から判断されるものであって，単に一般消費者の利益の保護とは直接関係しない事業経営上又は取引上の観点だけからみて合理性又は必要性があるに過ぎない場合などは，正当な理由があるとはいえない。「正当な理由」がある場合とは，例えば，事業者が表示等の管理上の措置として表示等の根拠となる資料等を保管していたが，災害等の不可抗力によってそれらが失われた場合などである。

(3)　事業者が講ずべき表示等の管理上の措置の内容（管理措置指針第4及び別添）

管理措置指針においては，表示等の管理上の措置の内容として以下の7項目を挙げている。なお，これら以外にも，事業者がそれぞれの業務内容や社内体制に応じて必要と考える措置を講じることも重要である。

---

① 景品表示法の考え方の周知・啓発
② 法令遵守の方針等の明確化
③ 表示等に関する情報の確認
④ 表示等に関する情報の共有
⑤ 表示等を管理するための担当者等を定めること
⑥ 表示等の根拠となる情報を事後的に確認するために必要な措置を採ること
⑦ 不当な表示等が明らかになった場合における迅速かつ適切な対応

以下，それぞれの内容について説明する。

ア ①景品表示法の考え方の周知・啓発（管理措置指針第4,1）

①は，事業者が不当表示等の防止のため，景品表示法の考え方について，表示等に関係している自社の役員及び従業員（以下本節において「関係従業員等」という）にその職務に応じた周知・啓発を行うことを内容とする。また，一般的に，事業者が行う表示等の作成に当該事業者以外の複数の事業者が関係する場合，景品表示法の考え方を関係者間で共有することが困難になり，不当表示等が生じる可能性が高くなる。そこで，事業者が表示等の作成を他の事業者に委ねる場合，当該他の事業者に対しても，その業務に応じた周知・啓発を行うことが求められる。

具体的な措置としては，例えば，関係従業員等に対し，景品表示法に関して一定の知識等を獲得することができるよう構成した社内の教育・研修等を行うことや，景品表示法に関する勉強会を定期的に開催すること等が挙げられる（管理措置指針別添1）。

イ ②法令遵守の方針等の明確化（管理措置指針第4,2）

②は，事業者が，不当表示等の防止のため，自社の景品表示法を含む法令遵守の方針や法令遵守のためにとるべき手順等を明確化することを内容とする。

また，一般的に，事業者が行う表示等の作成に当該事業者以外の複数の事業者が関係する場合，法令遵守の方針等を関係者間で共有することが困難になり，不当表示等が生じる可能性が高くなる。そこで，事業者が表示等の作成を他の事業者に委ねる場合，当該他の事業者に対しても，その業務に応じて法令遵守の方針や法令遵守のためにとるべき手順等を明確化することが求められる。

具体的な措置としては，例えば，法令遵守の方針等を社内規程，行動規範等として定めることや，自社の表示の作成をアフィリエイター等に委ねる場合，自ら又はASP等を通じて，あらかじめこれらのアフィリエイター等との間で，不当表示等を行わないよう確認するなど，法令遵守の方針等を明確にしておくこと等が挙げられる（管理措置指針別添2）。

ウ ③表示等に関する情報の確認（管理措置指針第4,3）

③は，事業者が，

（ⅰ）景品類を提供しようとする場合，違法とならない景品類の価額の最高額・総額・種類・提供の方法等を，

（ⅱ）とりわけ，商品等の長所や要点を一般消費者に訴求するために，その内容等について積極的に表示を行う場合には，当該表示の根拠となる情報を，

確認することを内容とする。

「確認」がなされたといえるかどうかは，表示等の内容，その検証の容易性，当該事業者が払った注意の内容・方法等によって個別具体的に判断されることとなる。例えば，小売業者が商品の内容等について積極的に表示を行う場合には，直接の仕入先に対する確認や，商品自体の表示の確認など，事業者が当然把握し得る範囲の情報を表示の内容等に応じて適切に確認することは通常求められるが，全ての場合について，商品の流通過程を遡って調査を行うことや，商品の鑑定・検査等を行うことまでが求められるものではない。

具体的な措置としては，例えば，景品表示法の各種運用基準，過去の不当表示等事案の先例等を参考にして，どのような景品類の提供や表示が可能なのか，又は当該表示等をするためにはどのような根拠が必要なのか検討することや，自社の表示の作成をアフィリエイター等に委ねる場合，不当表示等を未然に防止する観点から，アフィリエイター等が作成する表示内容を事前に確認すること等が挙げられる（管理措置指針別添３）。

エ　④表示等に関する情報の共有（管理措置指針第４,４）

④は，事業者が，その規模等に応じ，前記ウのとおり確認した情報を，当該表示等に関係する各組織部門が不当表示等を防止する上で必要に応じて共有し確認できるようにすることを内容とする。

不当表示等は，企画・調達・生産・製造・加工を行う部門と実際に表示等を行う営業・広報部門等との間の情報共有が希薄であること，複数の者による確認が行われていないこと，表示等の作成に自社以外の複数の事業者が関係する場合に関係者間の連携が不足していること等により発生する場合がある。このため，情報の共有を行うに当たっては，このような原因や背景を十分に踏まえた対応を行うことが重要である。

具体的な措置としては，例えば，社内イントラネットや共有電子ファイル等を利用して，関係従業員等が表示等の根拠となる情報を閲覧できるようにしておくことや，自社の表示の作成をアフィリエイター等に委ねる場合，不当表示等を未然に防止する観点から，表示内容の方針や表示の根拠となる情報等をアフィリエイター等と事前に共有しておくこと等が挙げられる（管理措置指針別添4）。

オ　⑤表示等を管理するための担当者等を定めること（管理措置指針第4,5）

⑤は，事業者が，表示等に関する事項を適正に管理するため，表示等を管理する担当者又は担当部門（以下本節において「表示等管理担当者」という）をあらかじめ定めることを内容とする。表示等管理担当者を定めるに際しては，以下の事項を満たすことが求められる。

（ⅰ）表示等管理担当者が自社の表示等に関して監視・監督権限を有していること。

（ⅱ）表示等の作成を他の事業者に委ねる場合は，表示等管理担当者が，当該他の事業者の作成する表示等に関して指示・確認権限を有していること。

（ⅲ）表示等管理担当者が複数存在する場合，それぞれの権限又は所掌が明確であること。

（ⅳ）表示等管理担当者となる者が，例えば，景品表示法の研修を受けるなど，景品表示法に関する一定の知識の習得に努めていること。

（ⅴ）表示等管理担当者を社内等（表示等の作成を他の事業者に委ねる場合は当該他の事業者も含む）において周知する方法が確立していること。

具体的な措置としては，例えば，既存の品質管理部門・法務部門・コンプライアンス部門を表示等管理部門と定め，当該部門において表示等の内容を確認することや，アフィリエイトプログラムを利用した広告を行う事業者の表示等管理担当者については，事業者の社内だけでなく，アフィリエイター等に対しても周知すること等が挙げられる（管理措置指針別添5）。

カ　⑥表示等の根拠となる情報を事後的に確認するために必要な措置を採ること（管理措置指針第4,6）

⑥は，事業者が，前記ウのとおり確認した表示等に関する情報を，表示等の対象となる商品等が一般消費者に供給され得ると合理的に考えられる期間，事後的に確認するために，例えば，資料の保管等必要な措置を採ることを内容とする。また，表示等の作成を他の事業者に委ねる場合であっても同様の措置を採ることが求められる。

具体的な措置としては，例えば，表示等の根拠となる情報を記録し，保存しておくことや，アフィリエイトプログラムを利用した広告の表示等のように，一度削除されると回復させることが困難であるような表示等については，事業者が表示等の保存も含め，根拠となる情報を事後的に確認できるようにするための資料の保管等を行うこと等が挙げられる（管理措置指針別添6）。

キ　⑦不当な表示等が明らかになった場合における迅速かつ適切な対応（管理措置指針第4,7）

⑦は，事業者が，特定の商品等に景品表示法違反又はそのおそれがある事案が発生した場合，その事案に対処するため，次の措置を講じることを内容とする。なお，この措置は，事業者が表示等の作成を他の事業者に委ねた場合の表示等において当該事案が発生したときも含む。

（ⅰ）当該事案に係る事実関係を迅速かつ正確に確認すること。

（ⅱ）前記（ⅰ）における事実確認に即して，不当表示等による一般消費者の誤認排除を迅速かつ適正に行うこと。

（ⅲ）再発防止に向けた措置を講じること。

具体的な措置としては，例えば，表示等管理担当者，事業者の代表者又は専門の委員会等が，表示物・景品類及び表示等の根拠となった情報を確認し，関係従業員等から事実関係を聴取するなどして事実関係を確認することや，アフィリエイトプログラムを利用した広告において，不当表示等が明らかになった場合，事業者は，自ら，ASP又はアフィリエイター等を通じて，迅速に不当表示等を削除・修正できる体制を構築すること等が挙げられる（管理措置指針別添7）。

ク　アフィリエイト広告を行う事業者の表示であることの明示（管理措置指針別添8）

　アフィリエイト広告は，アフィリエイトプログラムを利用する事業者以外の第三者の体験談や感想であるのか，当該事業者が対価を支払って作成を委ねた表示であるのか，消費者が判断できない場合がある。そのため，一般消費者の自主的かつ合理的な選択を阻害することのないよう，アフィリエイトプログラムを利用した広告を行う事業者は，アフィリエイトプログラムを利用した広告が当該事業者の表示であることを一般消費者が認識できるように，アフィリエイトサイトにおける表示において，当該事業者とアフィリエイターとの関係性を理解できるような表示を行うことを，アフィリエイターに求めるなどの対応を行うことが求められる。

第4 公正競争規約

1 公正競争規約とは

(1) 公正競争規約の目的・趣旨 [28, 29]

公正競争規約とは，36条の規定により，事業者又は事業者団体が，公正取引委員会及び消費者庁長官の認定を受けて，表示又は景品類に関する事項について自主的に設定する業界のルールのことをいう。

景品表示法は，不当表示と過大景品類の提供を禁止しているが，同法は多種多様な事業分野の広範な商行為を規制の対象にしているため，規定は一般的・抽象的なものにならざるを得ない。一方，公正競争規約は，事業者又は事業者団体が自らの業界について規定を設けるものであるから，その業界の商品特性や取引の実態に即して，景品表示法や，他の関係法令による事項も広く取り入れて，的確に，より具体的に，きめ細かく規定することができる。

(2) 公正競争規約の内容 [30]

公正競争規約は業界の特徴を反映して設定されるものであり，表示規約と景品規約に分けられる。

表示規約においては，目的，定義，必要表示事項，特定事項等の表示基準，不当表示の禁止，公正マーク・会員証，公正取引協議会等の組織及び規約違反に対する調査に関する規定等が規定されている。

景品規約においては，表示規約と共通するものも多いが，目的，定義，景品類の提供の制限，公正取引協議会等の組織及び規約違反に対する調査に関する規定等が規定されている。

---

[28] 消費者庁 HP「公正競争規約」参照
[29] 消費者庁「よくわかる景品表示法と公正競争規約」（令和6年7月改訂）9頁
[30] 消費者庁「よくわかる景品表示法と公正競争規約」（令和6年7月改訂）11頁〜12頁

2 公正競争規約の設定等

公正競争規約を設定するまでの具体的な流れとしては，①消費者庁への事前相談，②業界における規約案の作成，③表示連絡会（消費者団体，学識経験者等との意見交換），④規約設定の認定申請，⑤パブリックコメントの実施，⑥公正取引委員会及び消費者庁長官による規約の認定・官報告示となる[31]。

⑥について，公正取引委員会及び消費者庁長官は，認定申請がなされた公正競争規約が，次の4つの要件をいずれも満たす場合でなければ，認定をしてはならない（36条2項）。☞ *No.39*

- ・ 不当な顧客の誘引を防止し，一般消費者による自主的かつ合理的な選択及び事業者間の公正な競争を確保するために適切なものであること
- ・ 一般消費者及び関連事業者の利益を不当に害するおそれがないこと
- ・ 不当に差別的でないこと
- ・ 当該協定若しくは規約に参加し，又は当該協定若しくは規約から脱退することを不当に制限しないこと

3 公正競争規約の効果 [32, 33]

(1) 景品表示法上の効果

公正競争規約に参加している事業者が，同規約に従い表示を行ったり，景品類を提供しているのであれば，これらの行為が景品表示法上問題となることはない。

この点に関連して，「不当景品類及び不当表示防止法第8条（課徴金納付命令の基本的要件）に関する考え方」（平成28年1月29日消費者庁。以下「課徴金ガイドライン」という）においては，「事業者が…公正競争規約…に沿った表示など，優良・有利誤認表示に該当しない表示をした場合には，課徴金対象行為は成立せず，課徴金の納付を命ずることはない。」，「事業者が，公正競争規約に沿った

---

[31] 消費者庁HP「公正競争規約設定までの手順と規約設定・変更の申請様式」
[32] 消費者庁「よくわかる景品表示法と公正競争規約」（令和6年7月改訂）14頁
[33] 一般社団法人全国公正取引協議会連合会「私たちのくらしと公正競争規約」（令和3年4月）4頁

表示のように優良・有利誤認表示に該当しない表示をした場合等，課徴金対象行為が成立しないときは，当該事業者について『相当の注意を怠った者でないと認められる』か否かを判断するまでもなく，課徴金の納付を命ずることはない。」と説明されている（課徴金ガイドライン第3柱書及び第5柱書）。

また，事業者は，22条の規定に基づき不当表示等を未然に防止するために必要な措置を講ずることが義務付けられているが，従来から景品表示法や公正競争規約を遵守するために必要な措置を講じている事業者にとっては，新たに特段の措置を講じることが求められるものではない（管理措置指針第2,2）。

(2)　公正競争規約に基づく行為の独占禁止法の適用除外

一般に，事業者団体が構成事業者に，自主規制等の利用・遵守を強制することは，当該自主規制等がその内容から競争を阻害するおそれのないことが明白である場合を除き，独占禁止法に違反するおそれがある。

他方，公正競争規約は，景品表示法に基づき公正取引委員会及び消費者庁長官の認定を受けるものであるため，公正競争規約に基づいた適正な行為である限り，公正取引委員会から独占禁止法上の措置を採られることはない。

(3)　その他

公正競争規約に関連する判決として，金沢地判昭和53年8月2日（中日新聞事件 ☞ *No.40* ）が挙げられる。

第5 規制手続等

1 景品表示法違反事件の処理手続きの流れ

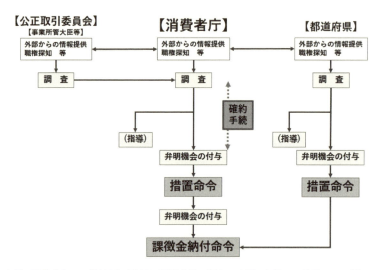

出所：消費者庁HP「景品表示法違反被疑事件の調査の手順」を基に，著者にて一部加工

(1) 消費者庁等における景品表示法違反事件の処理手続きの流れ

　景品表示法に違反する不当な表示や，過大景品類の提供が行われている疑いがある場合，消費者庁は，関連資料の収集，事業者への事情聴取などの調査を実施することとなる[34]。調査の結果，違反行為が認められた場合は，消費者庁は，当該事業者に対し，当該行為の差止め，その行為が再び行われることを防止するために必要な事項またはこれらの実施に関連する公示その他必要な事項を命ずる措置命令を行う（7条1項柱書前段）。違反の事実が認められない場合であっても，違反のおそれのある行為がみられた場合には，行政指導（行政手続法

---

[34] 内閣総理大臣は，この法律による権限（政令で定めるものを除く）を消費者庁長官に委任するものとされている（38条1項）。

（平成5年法律第88号）2条6号）の措置が採られる。また，事業者が不当表示をする行為をした場合，5条3号に係るものを除き，消費者庁は，その他の要件を満たす限り，当該事業者に対し，課徴金納付命令を行う（8条1項）。なお，確約手続（26〜33条）については，後記4を参照されたい。

また，消費者庁長官は，調査権限について，公正取引委員会に委任している（38条2項，不当景品類及び不当表示防止法施行令（平成21年政令第218号。以下「施行令」という）15条）[35]。

さらに，消費者庁長官に委任された内閣総理大臣の権限に属する事務の一部は，政令で定めるところにより都道府県知事が行うこととすることができ（38条11項），都道府県知事には，措置命令権限（7条1項），資料提出要求権限（同条2項）及び調査権限（25条1項。ただし，措置命令を行うため必要があると認める場合におけるものに限る）が付与されている（施行令23条1項本文）。一方，課徴金納付命令を行う権限については付与されておらず，都道府県知事が措置命令を行った場合，課徴金納付命令のための調査や弁明機会の付与，課徴金納付命令の発出等は，消費者庁が行うこととなる。

(2) 不服申立て

措置命令や課徴金納付命令に対する不服申立ては，一般的な行政処分と同様，①行政不服審査法（平成26年法律第68号）に基づく消費者庁長官に対する審査請求（同法2条・4条）又は②行政事件訴訟法（昭和37年法律第139号）に基づく国に対する取消訴訟（同法3条2項・11条1項）によることとなる。

もっとも，審査請求や取消訴訟の提起は，命令の効力や執行を妨げるものではないから，審査請求や取消訴訟の提起などの不服申立てを行っている最中に命令の効力や執行の停止を求めるのであれば，執行停止の申立てを行う必要がある（行政不服審査法25条1項2項，行政事件訴訟法25条1項2項）。

また，命令の発出自体を行わないよう求めるのであれば，差止訴訟を提起するとともに，仮の差止めの申立てを行うことも考えられる（行政事件訴訟法37条

---

[35] また，緊急かつ重点的に不当な景品類又は表示に対処する必要があること等の事情があるため，事業者に対し，措置命令，課徴金納付命令又は24条1項の規定による勧告を効果的に行う上で必要があると認めるときは，事業所管大臣等に対し委任することができる（38条3項，施行令16条・17条）。

の4，37条の5）。☞ *No.41,42*

2　措置命令

7条1項は，措置命令に関して以下のとおり規定する。

第二節　措置命令
第七条　内閣総理大臣は，第四条の規定による制限若しくは禁止又は第五条の規
　定に違反する行為があるときは，当該事業者に対し，その行為の差止め若しく
　はその行為が再び行われることを防止するために必要な事項又はこれらの実
　施に関連する公示その他必要な事項を命ずることができる。その命令は，当該
　違反行為が既になくなつている場合においても，次に掲げる者に対し，するこ
　とができる。
　一～四　　（略）

　このように，措置命令は「第四条の規定による制限若しくは禁止又は第五条
の規定に違反する行為があるとき」すなわち過大な景品類の提供又は不当な表
示があった場合に命じることができるものである。☞ *No.43*

　そして，消費者庁長官が実際に7条1項に基づいて措置命令を発出する場合，
具体的には以下の内容を命じることが一般的である。☞ *No. 3*

---

　①　行為の取りやめ
　②　一般消費者への周知徹底（**誤認排除措置**）
　③　再発防止策の実施及び従業員等への周知徹底（**再発防止措置**）
　④　今後同様の行為を行ってはならないこと（**将来不作為**）
　⑤　措置命令に基づいて行った措置等について，消費者庁長官への報告

　なお，7条2項は措置命令における不実証広告規制について規定するもので
あるが，これについては前記第1，4(5)を参照されたい。

第5 規制手続等　59

3　課徴金納付命令

(1)　課徴金納付命令の内容・要件

8条1項は，課徴金納付命令に関して以下のとおり規定する。

（課徴金納付命令）

第八条　事業者が，第五条の規定に違反する行為（同条第三号に該当する表示に係るものを除く。以下「課徴金対象行為」という。）をしたときは，内閣総理大臣は，当該事業者に対し，当該課徴金対象行為に係る課徴金対象期間に取引をした当該課徴金対象行為に係る商品又は役務の政令で定める方法により算定した売上額に百分の三を乗じて得た額に相当する額の課徴金を国庫に納付することを命じなければならない。ただし，当該事業者が当該課徴金対象行為をした期間を通じて当該課徴金対象行為に係る表示が次の各号のいずれかに該当することを知らず，かつ，知らないことにつき相当の注意を怠つた者でないと認められるとき，又はその額が百五十万円未満であるときは，その納付を命ずることができない。

　一　商品又は役務の品質，規格その他の内容について，実際のものよりも著しく優良であること又は事実に相違して当該事業者と同種若しくは類似の商品若しくは役務を供給している他の事業者に係るものよりも著しく優良であることを示す表示

　二　商品又は役務の価格その他の取引条件について，実際のものよりも取引の相手方に著しく有利であること又は事実に相違して当該事業者と同種若しくは類似の商品若しくは役務を供給している他の事業者に係るものよりも取引の相手方に著しく有利であることを示す表示

以下，各要件についてそれぞれ説明する。

ア　課徴金対象行為（課徴金ガイドライン第3）

「課徴金対象行為」は，「第5条の規定に違反する行為（同条第3号に該当する表示に係るものを除く。）」と定義されており，要するに，優良誤認表示又は有利誤認表示をする行為である。

イ　課徴金対象期間に取引をした当該課徴金対象行為に係る商品又は役務の政令で定める方法により算定した売上額（課徴金額の算定方法（課徴金ガイドライン第4））

　課徴金額の算定方法は，①課徴金対象期間に取引をした②当該課徴金対象行為に係る商品又は役務の③政令で定める方法により算定した売上額に3％を乗じて得た額である。

（ア）①「課徴金対象期間」（課徴金ガイドライン第4，1）

　「課徴金対象期間」とは，以下の（ⅰ）の期間に（ⅱ）の期間を加えた期間である（8条2項）。

（ⅰ）　課徴金対象行為をした期間
（ⅱ）　課徴金対象行為をやめた日から6か月を経過する日（同日前に，不当に顧客を誘引し，一般消費者による自主的かつ合理的な選択を阻害するおそれを解消するための措置として内閣府令で定める措置（以下「一般消費者の誤認のおそれの解消措置」という。）をとったときは，その日）までの間に，当該事業者が当該課徴金対象行為に係る商品又は役務の取引をした場合は，当該課徴金対象行為をやめてから最後に当該取引をした日までの期間
※　（ⅱ）の場合に該当しないときは，（ⅰ）の期間のみが「課徴金対象期間」
※　（ⅰ）と（ⅱ）を合計した期間が3年を超えるときは，当該期間の末日から遡って3年間

　ここで，「課徴金対象行為をした期間」とは，事業者が課徴金対象行為を始めた日からやめた日までの期間をいう。また，一般消費者の誤認のおそれの解消措置とは，事業者が，課徴金対象行為に係る表示が8条1項但書各号のいずれかに該当することを時事に関する事項を掲載する日刊新聞紙に掲載する方法その他の不当に顧客を誘引し，一般消費者による自主的かつ合理的な選択を阻害するおそれを解消する相当な方法により一般消費者に周知する措置をいう（不当景品類及び不当表示防止法施行規則（平成28年内閣府令第6号。以下「施行規則」という）8条）[36]。

---

[36]　この点，5条に違反する行為を行った事業者に対する措置命令においては，必要性が認められる限り，一般消費者への周知徹底が命じられるが，施行規則8条の規定する「不当に顧客を誘引し，一般消費者による自主的かつ合理的な選択を阻害するおそれを解消する相当な方法により一般消費者に周知する措置」に該

第5 規制手続等　61

（イ）②当該課徴金対象行為に係る商品又は役務（課徴金ガイドライン第4，2）

　課徴金対象行為は優良誤認表示・有利誤認表示をする行為であるから，「課徴金対象行為に係る商品又は役務」は，優良誤認表示・有利誤認表示をする行為の対象となった商品又は役務である。「課徴金対象行為に係る商品又は役務」がどのように画定されるべきものであるかは，課徴金の額に直結する問題であるため実務上重要であるが，これについては，課徴金対象行為に係る表示内容や当該行為態様等に応じて個別事案ごとに判断することとなる。☞ No.44

（ウ）③政令で定める方法により算定した売上額（算定方法）（課徴金ガイドライン第4，3）

　課徴金額算定の基礎となる，課徴金対象行為に係る商品又は役務の「売上額」は，事業者の事業活動から生ずる収益から費用を差し引く前の数値（消費税相当額も含む）を意味する。なお，「売上額」は事業者の直接の取引先に対する売上額のことであって，当該「売上額」は，必ずしも事業者の一般消費者に対する直接の売上額のみに限られるものではない。☞ No.45

（エ）売上額の推計（課徴金ガイドライン第4，4）

　8条4項は，違反行為をした事業者が，当該課徴金対象行為に係る課徴金の計算の基礎となるべき事実について 25 条1項の規定による報告を求められたにもかかわらずその報告をしない場合において，当該違反行為をした事業者に係る課徴金対象期間のうち当該事実を把握することができない期間における売上額を内閣府令で定める「合理的な方法」により推計して，課徴金の納付を命ずることができることを定めている。合理的な方法とは，課徴金対象期間のうち課徴金の計算の基礎となるべき事実を把握した期間における売上額の日割平均額に，課徴金対象期間のうち当該事実を把握することができない期間の日数を乗じて算出するというものである（施行規則8条の2）。

当するか否かは，当該措置命令で命じる一般消費者への周知徹底と同程度のものであるか否かといった観点から検討されることとなる。ここで，消費者庁長官が措置命令において一般消費者への周知徹底を命じる場合，周知方法の典型例としては，日刊新聞紙2紙への掲載を含む周知方法が挙げられる（「『不当景品類及び不当表示防止法第8条（課徴金納付命令の基本的要件）に関する考え方（案）』に対する御意見の概要及び御意見に対する考え方」結果番号11，高居333頁）。

（オ）　課徴金の額の加算（課徴金ガイドライン第4,5）

　事業者が，①25条1項に基づく報告徴収等が行われた日，②8条3項の規定による資料の提出の求めが行われた日，又は，③15条1項の通知が行われた日のうち最も早い日から遡り 10 年以内に，課徴金納付命令（当該課徴金納付命令が確定している場合に限る）を受けたことがあり，かつ，「当該課徴金納付命令の日以後において課徴金対象行為をしていた者」である場合には，8条1項に定める課徴金の算定率は，3％から 4.5％に引き上げられ，課徴金の額が加算される（8条5項及び6項）。

ウ　主観的要件（課徴金ガイドライン第5）

（ア）趣　旨

　事業者が，課徴金対象行為をした期間を通じて，自らが行った表示が8条1項1号又は2号に該当することを知らず，かつ，「知らないことにつき相当の注意を怠った者でないと認められる」ときは，消費者庁長官は，課徴金の納付を命ずることができない（8条1項但書）。

　この点，「知らないことにつき相当の注意を怠った者でないと認められる」か否かは，当該事業者が課徴金対象行為に係る表示をする際に，当該表示の根拠となる情報を確認するなど，「正常な商慣習」に照らし必要とされる注意をしていたか否かにより，個別事案ごとに判断される。☞ *No.46*　また，相当の注意は，「課徴金対象行為をした期間を通じて」要求される。

エ　課徴金の額が 150 万円未満であるとき（規模基準）（課徴金ガイドライン第6）

　8条1項の規定により算定した課徴金額が 150 万円未満（すなわち，課徴金対象行為に係る商品又は役務の売上額が 5000 万円未満）であるときは，課徴金の納付を命ずることができない（8条1項但書）。☞ *No.45*

オ　課徴金納付命令に関する不実証広告規制（課徴金ガイドライン第7）

　消費者庁長官は，課徴金納付命令に関し，商品等の効果・性能に関する表示が優良誤認表示に該当するか否かを判断するため必要があるときは，当該表示

を行った事業者に対し，期間を定めて，当該表示の裏付けとなる合理的な根拠を示す資料の提出を求めることができる。この場合において，当該事業者が当該資料を提出しないときは，消費者庁長官が当該表示について実際のものとは異なるものであること等の具体的な立証を行うまでもなく，当該表示を優良誤認表示と推定する（8条3項）。

このように，措置命令との関係における不実証広告規制は「みなし」効果を発生させるものであるのに対し，課徴金納付命令との関係における不実証広告規制は「推定」効果を発生させるものである（前記第1，4(5)ア参照）。

(2) 自主報告による減額（9条）

9条は事業者の自主報告について規定している。すなわち，事業者が課徴金対象行為に該当する事実を消費者庁長官に報告したときは，その報告が，当該課徴金対象行為について調査があったことにより当該課徴金対象行為について課徴金納付命令があるべきことを予知してされたものでない限り，8条1項の規定により計算した課徴金額から50％減額される。

減額率が50％にとどまり全額免除されるわけではないこととしているのは，仮に全額免除としてしまうと，不当表示を意図的に行い，事業者が当該商品等により不当に利益を得たうえで，調査が行われる前に自主報告をしさえすれば課徴金納付命令を受けないということとなり，それは結論として不合理だからである。

(3) 返金措置（10条及び11条）

10条及び11条は，事業者が所定の手続きに沿って返金（返金措置）を実施した場合には，課徴金額を減額する又は課徴金の納付を命じない旨を規定するものである。この点，返金措置については，従来「金銭を交付する措置」と規定しており，金銭の交付のみを手段としていたが，令和5年改正により，「金銭以外の支払手段」を交付する措置も許容している（ただし，金銭以外の支払手段を交付する措置については，当該金銭以外の支払手段による交付を承諾した者に対し行うものに限られている）。

ここでいう「金銭以外の支払手段」とは，資金決済に関する法律（平成21年

法律第59号。以下「資金決済法」という）3条7項に規定する第三者型発行者が発行する同条1項1号の前払式支払手段その他内閣府令で定めるものであって，金銭と同様に通常使用することができるものとして内閣府令で定める基準に適合するものをいい，具体的な基準は，施行規則10条の2において示されている[37]。

(4) 課徴金納付命令の納付義務等（12条）

課徴金納付命令を受けた者は，課徴金を納付しなければならない（12条1項）が，課徴金の額に1万円未満の端数があるときは，その端数は，切り捨てるものとする（同条2項）。ただし，事業者が課徴金対象行為をやめた日から5年を経過したときは，消費者庁長官は，当該課徴金対象行為に係る課徴金を命ずることはできない（同条7項）。

4 確約手続（26条～33条）

過大な景品類の提供や不当な表示について調査を受けた違反事業者の中には，違反の疑いのある行為（違反被疑行為）について早期に是正したり，また，再発防止に向けた社内体制の整備等の措置を自主的かつ積極的に行う者もいる。そこで，令和5年改正により，そのような違反被疑事業者が，自主的に「一定の措置」を講ずれば，違反行為の認定がされず，措置命令及び課徴金納付命令が課されない制度（以下「確約手続」という）が導入された[38]。

確約手続の概要や実際の流れは以下のとおりである。

---

[37] 「金銭以外の支払手段」に該当するものとしては，例えば，金額表示の前払式支払手段（第三者型）（資金決済法3条1項1号，同条5項）の電子マネー等が想定されている。

[38] 南雅晴ほか『逐条解説　令和5年改正景品表示法』（商事法務，2023）41～43頁

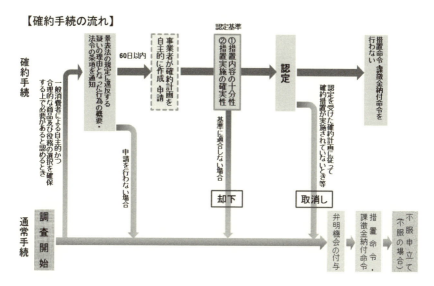

出所：消費者庁「【令和6年10月1日施行】改正景品表示法の概要」を基に作成

　また，確約手続については，確約手続に係る法運用の透明性及び事業者の予見可能性を確保する観点から「確約手続に関する運用基準（令和6年4月18日消費者庁長官決定）」が策定されており，確約手続の対象や確約計画の具体的な内容等について，その考え方が示されている。

5　罰　則

　措置命令に従わない（違反した）者には，2年以下の拘禁刑又は300万円以下の罰金が科せられる（46条1項）☞ No.47 。また，情状により，拘禁刑及び罰金が併科されることもある（同条2項）。

　これに加えて，措置命令に従わない事業者（法人，自然人及び法人でない団体）にも3億円以下の罰金が科される（両罰規定。法人及び自然人について第49条1項1号，法人でない団体について同条2項）。さらに，措置命令違反の計画を知り，その防止に必要な措置を講ぜず，又はその違反行為を知り，その是正に必要な措置を講じなかった当該法人（当該法人で事業者団体に該当するものを除く）

の代表者に対しても，300万円以下の罰金が科せられる（三罰規定。50条）。

　また，令和5年改正により，優良誤認表示又は有利誤認表示について，直罰が導入された。すなわち，優良誤認表示又は有利誤認表示をした者は，100万円以下の罰金が科せられる（48条）。そして，48条において直罰規定を導入することに伴い，両罰規定（49条）に48条違反が追加されている。

6　適格消費者団体による差止請求

　適格消費者団体とは，不特定かつ多数の消費者の利益のために，消費者契約法（平成12年法律第61号）による差止請求権を行使するのに必要な適格性を有する法人である消費者団体として，内閣総理大臣（消費者庁長官）の認定を受けた者をいう（同法2条4項）。適格消費者団体は，消費者契約法上の不実告知等の差止めを求めることができるところ（同法12条参照），景品表示法上の不当表示（優良誤認表示又は有利誤認表示）の差止めも求めることができる（34条1項）[39]。

　もっとも，効果・性能に関する表示が優良誤認表示に該当するものとして差止めを求めるには，適格消費者団体が，当該表示に関し，表示どおりの効果・性能がないことを立証する必要があることから，適格消費者団体には負担が大きく，差止請求権を活用しきれていないという実態があった。そこで，令和5年改正により，適格消費者団体は，事業者が現にする表示が優良誤認表示に該当すると疑うに足りる相当な理由があるときは，当該事業者に対し，表示の裏付けとなる合理的な根拠を示す資料の開示を要請することができるとともに，当該事業者は，正当な理由がある場合を除き，当該要請に応ずる努力義務を負う旨の規定が新設された（35条）。☞ *No.48*

---

[39] この点，行政機関による法執行と，適格消費者団体による差止請求権の行使は，相互に補完し合って不当表示に対する抑止力となっていると説明されている（南雅晴ほか『逐条解説　令和5年改正景品表示法』（商事法務，2023）87頁）。

■第2章

景品表示法
重要判例・命令

No.1	供給主体性
	株式会社日本航空ジャパンに対する排除命令 （平成18年（排）第13号（平成18年3月24日））

◆ 事案

〈対象となる商品・役務〉

・株式会社日本航空ジャパン（以下「日本航空ジャパン」という）が株式会社日本航空インターナショナル（以下「日本航空インターナショナル」という）及び株式会社ジェイエア（以下「ジェイエア」という）と共同で引き受けている航空旅客運送役務（岡山空港－東京国際空港間，広島空港－東京国際空港間，鹿児島空港－神戸空港間の3つの運行区間）

・株式会社JALエクスプレス（以下「JALエクスプレス」という）が行う航空旅客運送役務（仙台空港－大阪国際空港間）

・日本エアコミューター株式会社（以下「日本エアコミューター」という）が行う航空旅客運送役務（松山空港－大阪国際空港間）

以下，上記5つの運行区間に係る航空旅客運送役務を「本件5役務」という。

〈前提事実等〉

- 日本航空ジャパンは国内定期航空運送事業を営む事業者であり，日本航空インターナショナル及びジェイエアと，共同で航空旅客運送を引き受けている。
- 日本航空ジャパン，日本航空インターナショナル及びジェイエア（以下総称して「3社」という）は，3社が共同で引き受けている航空旅客運送について，3社と一般消費者との間の航空旅客運送契約を3社自ら締結し又は航空運送代理店業を営む者に締結させている。
- 日本航空ジャパンは，国内定期航空運送事業を営む事業者であるジャルエクスプレス及びエアコミューター（以下「2社」という）からそれぞれ委託を受け，2社が行う航空旅客運送について，2社と一般消費者との間の航空旅客運送契約を自ら締結し又は航空運送代理店業を営む者に締結させている。
- 日本航空ジャパンは，持株会社である株式会社日本航空（以下「日本航空」という）が全額出資する事業者であるところ，2社のほか日本航空の傘下にあって国内定期航空運送事業を営む事業者は，自ら一般消費者との間の航空旅客運送契約を締結する組織を有せず，当該契約業務の全てを日本航空ジャパンに委託している。

〈表示〉

日本航空ジャパンは，本件5役務における航空運賃について，例えば，岡山空港‐東京国際空港間に関して，毎日新聞岡山版において，「東京へは，おトクな JAL の『特便割引1』で。岡山＝東京 11/1〜12/15 搭乗分 11,000 円〜 12/16〜31 搭乗分 12,000 円〜」と記載すること等により，あたかも，広告を行った地域の空港を出発地とする便に，当該運航区間の片道の航空旅客運送に適用される最低の航空運賃が適用されるものであるかのように表示していた。

〈実際〉

実際には，同航空運賃は，それぞれ広告を行った地域の空港を到着地とする便の一部にのみ適用されるものであった（有利誤認表示）。

◆ 解 説

1 供給主体性

不当表示として違反となるのは，事業者の行う当該表示が「自己の供給する商品又は役務の取引について」なされる場合である（5条柱書）。すなわち，当該表示の対象となる商品等を供給していない事業者は，不当表示として違反となるものではない。これが，「供給主体性」の要件である。

そして，どのような場合に事業者に供給主体性が認められるかであるが，これは，当該商品等の提供や流通の実態を見て実質的に判断することとなると実務上解釈されており，また，そのように運用されている[1]。

なお，供給主体性の要件は，一般消費者に直接商品等を供給する事業者のみに認められるものではない。例えば，製造業者の製造する商品の流通経路が製造業者 → 卸売業者 → 小売業者 → 一般消費者である場合，一般消費者に対し当該商品を直接供給しているのは小売業者であるが，製造業者や卸売業者についても，当該商品について供給主体性は認められ得る[2]。

2 本事案の検討

本事案は，本件5役務に係る表示について，日本航空ジャパンに対し排除命令がなされたものである。この点，岡山空港－東京国際空港間，広島空港－東京国際空港間，鹿児島空港－神戸空港間の航空旅客運送役務については，日本航空ジャパンは日本航空インターナショナル及びジェイエアと共同で（3社で）引き受けていることから，これら3役務について日本航空ジャパンに供給主体性が認められることは明らかであろう。一方，JALエクスプレスが行う仙台空港－大阪国際空港間の航空旅客運送役務及び日本エアコミューターが行う松山空港－大阪国際空港間の航空旅客運送役務の2役務については，2社がそれぞれ運送業務を行っており，日本航空ジャパンが直接運送業務を行っているわけ

---

[1] 高居46頁，渡辺20頁

[2] 他にも，例えば，製造業者が広告代理店と契約を締結し，当該広告代理店に商品の広告宣伝の企画立案を依頼した場合において，当該広告代理店が当該商品について不当表示となるような表示を作成したときであっても，当該広告代理店は広告宣伝の委託を受けているにとどまることから，当該広告代理店に供給主体性が認められることは基本的にはない。ただし，当該広告代理店が，当該製造業者と共同して当該商品を一般消費者に供給していると認められるような事情がある場合には，当該製造業者のみならず，当該広告代理店にも供給主体性が認められることとなる。管理措置指針第2，1参照。

ではない。そうであるにもかかわらず，この2役務についても日本航空ジャパンに供給主体性が認められたのはいかなる理由によるものであろうか。

この点，本事案の排除命令において，以下の2つの事実が認定されている。

> ① 日本航空ジャパンは，2社からそれぞれ委託を受け，2社が行う航空旅客運送について，2社と一般消費者との間の航空旅客運送契約を自ら締結し又は航空運送代理店業を営む者に締結させていること
> ② 日本航空ジャパンは，日本航空が全額出資する事業者であるところ，2社のほか日本航空の傘下にあって国内定期航空運送事業を営む事業者は，自ら一般消費者との間の航空旅客運送契約を締結する組織を有せず，当該契約業務の全てを日本航空ジャパンに委託していること

また，事件担当官の解説によると，当時の日本航空とその傘下の事業者間の株式所有関係は，以下のとおりであった[3]。

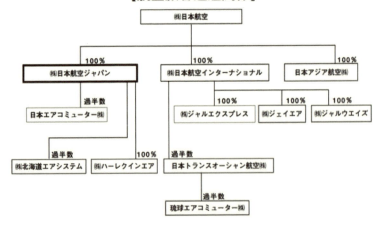

---

[3] 長澤文男ほか「株式会社日本航空ジャパンに対する排除命令について」（公正取引 No.668）94頁より抜粋

すなわち，日本航空ジャパンと2社はいずれも持株会社である日本航空の傘下にあり，日本航空グループを形成していた。そして，日本航空ジャパンは，日本航空グループにおける国内定期航空運送事業者に係る契約業務の全てを受託しており，日本航空グループが一般消費者に対し航空旅客運送役務を提供するうえで欠かせない役割を担っていた(実際に，2社からも委託を受けていた)。これらの事実からすれば，日本航空ジャパンは一般消費者に対して直接的には役務を提供していなかったとしても，供給主体性が認められるに足りる実態があったものといえるだろう。

One Point

　供給主体性の要件は，当該表示が宣伝している商品等の提供や流通の実態等を見て，どの事業者が当該商品等を供給していると考えるのが妥当であるのかを実質的に判断していくこととなるものである。本事案は供給主体性の要件を検討するうえで参考となるだろう。

	供給主体性
No.2	株式会社エー・ピーカンパニーに対する措置命令 （消表対第 557 号（平成 30 年 5 月 22 日））

◆ 事 案

〈対象となる商品・役務〉

・株式会社エー・ピーカンパニー（以下「エー・ピーカンパニー」という）が
ライセンス契約を締結する事業者（以下「ライセンシー」という）が経営す
る「宮崎県日南市じとっこ組合」，「宮崎県日向市じとっこ組合」及び「～宮
崎日南幻の地鶏焼～　じとっこ」と称する店舗（以下，総称して「本件店舗」
という）を通じて供給する「チキン南蛮」及び「椎茸つくね南蛮」と称する
料理（以下，総称して「本件料理」という）

〈前提事実等〉

・エー・ピーカンパニーは，「宮崎県日南市じとっこ組合」等との統一的な商標
等の下に，ライセンシーに対し，特定の商標等を使用する権利を与え，ライ
センシーによる飲食店の経営について，統一的な方法で，統制，指導及び援
助を行い，これらの対価としてライセンシーから金銭を収受する事業等を営
む事業者である。

・エー・ピーカンパニーは，本件店舗を通じて本件料理を一般消費者に提供し
ている。

〈表示〉

　エー・ピーカンパニーは，本件料理を一般消費者に提供するにあたり，本件
店舗におけるメニューにおいて，例えば，メニューの 2 ページ及び 3 ページに
おいて，「じとっこ組合」，「安全安心で美味しい『みやざき 地頭 鶏』を毎日皆
様の元へ（原文ママ），お届けするために。」等と記載したうえで「みやざき地
頭鶏」と称する地鶏が雛センター等で育成されてから本件店舗で料理として提
供されるまでの流通過程を示した図，「じとっこ組合　加盟養鶏農家」と題した
「みやざき地頭鶏」と称する地鶏の養鶏農家の一覧等を掲載し，メニューの 4
ページ及び 5 ページにおいて，「みやざき地頭鶏」と称する地鶏の大きなイラス

ト，「みやざき地頭鶏組合之印」と記載された印影等を掲載したうえで「宮崎で
も限られた農家しか生産が許されていないみやざき地頭鶏」，「『本物の地鶏』は，
ほんの一部」，「噛めば鶏の味わいがジューシーに広がる」等と記載するととも
に，メニューの本件料理を掲載したページにおいて，「宮崎名物ひむか南蛮⊜題」
と記載することにより，あたかも，本件料理に地鶏を使用しているかのように
示す表示をしていた。

〈実際〉

実際には，本件料理について，「チキン南蛮」と称する料理にはブロイラーを，
「椎茸つくね南蛮」と称する料理には地鶏ではない親鶏等を，それぞれ使用し
ていた（優良誤認表示）。

◆ 解 説

1 供給主体性

☞ No. 1 の事案に続き，本事案も供給主体性を検討するうえで示唆に富む
認定がなされた事案である。すでに述べたとおり，供給主体性の要件について
は，当該商品等の提供や流通の実態を見て実質的に判断するものである。本稿
ではライセンス契約にまつわる事案を検討していく。

2 本事案の検討

本事案においてエー・ピーカンパニーは，不当表示の対象となった本件料理
について，一般消費者に対し直接供給しているわけではない[4]。

もっとも，本件料理は，ライセンシーが経営する本件店舗において，一般消
費者に対し供給されていた。そして，エー・ピーカンパニーは「宮崎県日南市
じとっこ組合」等の統一的な商標等の下に，ライセンシーに対し商標等を使用
する権利を与え，ライセンシーによる飲食店の経営について統制，指導及び援
助を行い，対価としてライセンシーから金銭を収受しているとの事実認定がな

---

[4] ここではエー・ピーカンパニーに対する措置命令（消表対第 557 号（平成 30 年 5 月 22 日））について取
り上げている。なお，同社は同日付で別途 2 件の措置命令（消表対第 555 号及び第 556 号）を受けている
が，この 2 件において不当表示の対象となった商品（料理）は，本事案とは異なり，エー・ピーカンパニ
ーが運営する店舗において一般消費者に提供していたというものであって，同社に供給主体性が認められ
ることについては疑いようのない事案であった。

されている。

　ライセンシーが一般消費者に本件料理を提供するにあたっては，ライセンサーたるエー・ピーカンパニーが相当程度関与しているのであって，ライセンシーが単独で（ライセンサーとは無関係に）本件料理を提供しているとはいい難い。したがって，このような事実関係を総合的にみれば，エー・ピーカンパニーは本件料理について供給している（すなわち，供給主体性が認められる）といえるだろう。

　このように，本事案は，ライセンシーが直接一般消費者に提供する商品（本事案では料理）に関して，ライセンサーについて供給主体性が認められたものである。同様に供給主体性が認められ得る事案として，他にもフランチャイズ契約におけるフランチャイザーとフランチャイジーとの関係等があげられる。例えば，株式会社ファクトリージャパングループに対する措置命令（消表対第783号（令和元年10月9日））では，同社が運営する店舗において一般消費者に対し供給していた役務のみならず，同社とフランチャイズ契約を締結する事業者（フランチャイジー）が運営する店舗において供給していた役務についても，同社について供給主体性が認められている[5]。

> **One Point**
>
> 　上記のとおり，本事案はライセンシーが直接一般消費者に提供する商品に関して，ライセンサーについて供給主体性が認められた事案である。もっとも，ライセンス契約やフランチャイズ契約を締結していれば常にライセンサーやフランチャイザーについても供給主体性が認められるというわけではなく，具体的事案における役割，実態等を見ていく必要があるだろう。

---

[5] 同措置命令においては，株式会社ファクトリージャパングループは，直営店舗において又はフランチャイズ店舗「を通じて」役務を一般消費者に供給している旨の認定がなされている。

	表示主体性，措置命令と故意・過失，措置命令の必要性
No.3	東京高判平成 20 年 5 月 23 日（平成 19 年（行ケ）第 5 号）審決取消請求事件[ベイクルーズ事件]

※条数は当時のものである。

◆ 事 案

　株式会社ベイクルーズ（以下「ベイクルーズ」という）は，八木通商株式会社（以下「八木通商」という）が輸入したズボン（以下「本件商品」という）を仕入れ，ベイクルーズの小売店舗において一般消費者向けに販売を行った。本件商品には，八木通商の社名とともに「イタリア製」と記載された品質表示タッグ並びにベイクルーズの社名及び商標とともに「イタリア製」と記載された下げ札が取り付けられており，これらは原産国がイタリアである旨の表示であると認められる（これらの表示を，以下「本件表示」という。なお，ベイクルーズは，本件表示の作成及び本件商品への取り付けを八木通商に委託していた）。しかし，本件商品は，実際にはルーマニアで縫製されたものであり，本件商品の原産国はルーマニアと解されるものであった。

　公正取引委員会は，平成 16 年 11 月 24 日付けで，ベイクルーズを含む販売業者 5 社及び八木通商に対し，原産国告示違反に当たるとして①一般消費者の誤認排除のための公示，②再発防止措置と自社の役員・従業員への周知徹底，③今後の同様の一般消費者に誤認される表示の禁止等を命じた（平成 16 年（排）第 19 号～第 23 号。以下，ベイクルーズ及び八木通商に係る第 21 号の排除命令を「本件排除命令」という）。ベイクルーズはこれに対して不服を申し立てたが，公正取引委員会が平成 19 年 1 月 30 日付けで本件排除命令と同内容の審決をしたため，その取消しを求めて訴えを提起した。

　以下，①ベイクルーズが不当表示を行った者に該当するか（以下「争点①」という），②本件表示がなされたことについてベイクルーズに過失があることが必要か（以下「争点②」という），③審決が命じる排除措置にその必要性があるか（以下「争点③」という）についてみていくこととする。

◆ 判決要旨

請求棄却。

1 争点①について

4条1項3号に該当する不当な表示を行った事業者（不当表示を行った者）の範囲について検討すると，商品を購入しようとする一般消費者にとっては，通常は，商品に付された表示という外形のみを信頼して情報を入手するしか方法はないのであるから，そうとすれば，そのような一般消費者の信頼を保護するためには，「表示内容の決定に関与した事業者」が4条1項の「事業者」（不当表示を行った者）に当たるものと解すべきであり，そして，「表示内容の決定に関与した事業者」とは，「自ら若しくは他の者と共同して積極的に表示の内容を決定した事業者」のみならず，「他の者の表示内容に関する説明に基づきその内容を定めた事業者」や「他の事業者にその決定を委ねた事業者」も含まれるものと解するのが相当である。そして，上記の「他の者の表示内容に関する説明に基づきその内容を定めた事業者」とは，他の事業者が決定したあるいは決定する表示内容についてその事業者から説明を受けてこれを了承しその表示を自己の表示とすることを了承した事業者をいい，また，上記の「他の事業者にその決定を委ねた事業者」とは，自己が表示内容を決定することができるにもかかわらず他の事業者に表示内容の決定を任せた事業者をいうものと解せられる。

2 争点②について

4条1項に違反する不当表示行為すなわち違反行為については，不当表示行為すなわち違反行為があれば足り，それ以上に，そのことについて「不当表示を行った者」の故意・過失は要しないものというべきであり，故意・過失が存在しない場合であっても排除命令を発し得るものというべきである。

もっとも，被告が原告に対して再発防止のための必要な措置を講じるよう命じるについては，その要否や内容を判断するうえにおいて，不当表示行為すなわち違法行為がなされるに至った経緯，原告のこれに対する認識，原産国調査確認義務についての原告の違反態様，同様の不当表示行為すなわち違法行為が再発するおそれがあるか否か，等を総合考慮して判断すべきであるが，これと4条1項に違反する不当表示行為すなわち違反行為の成否・存否とは別個の問

題である。

3　争点③について

原告はウェブサイトでの告知及び店頭の告知により一応一定の顧客に対して本件原産国表示の誤りを知らせたものと認められる。

しかしながら、ウェブサイトでの告知及び店頭の告知では、自ら積極的に原告のウェブサイトにアクセスして情報を入手しようとする顧客…や自ら原告のセレクトショップに足を運ぶリピーターに対しては告知効果があるものの、これらのいわば能動的な顧客以外の一般消費者（本件原産国表示により誤認を生じてしまった一般消費者）に対しては何ら告知効果はないものである。…原告のウェブサイトでの告知及び店頭の告知では未だ一般消費者の誤認を排除するための措置としては不十分というべきであって、被告が原告に対し日刊新聞紙等による公示を前提としたさらなる誤認排除のための措置（公示）を命じたことは、被告に与えられた裁量権を逸脱するものではない。

排除命令において命じる公示は、一般消費者に対して、事実と異なる表示（不当表示）があったこと及び当該事業者がその誤認を生じさせる不当表示を行ったことを広く一般消費者に知らせ、もって一般消費者の誤認を排除することを目的とするものであるから、そのような目的を十分に達成するためには、やはり原告のウェブサイトでの告知では足りないというべきであって、多数の国民が毎日目を通すあるいは通し得る巨大なメディアである日刊新聞紙に掲載して公示させることが最も適切かつ効果的な方法であるというべきである。

◆ 解 説

1　争点①について

本判決は、「『表示内容の決定に関与した事業者』が４条１項（現５条）の『事業者』（不当表示を行った者）に当たるものと解すべきであ」ると判示する。もっとも、不当表示を行った者のみが「事業者」であるというのは言葉の意味からしてもやや不自然である[6]。本判決は、４条１項（現５条）柱書「表示をし」

---

[6]　白石忠志「景品表示法の構造と要点　第９回　不当表示総論（下）　違反者の範囲」（NBL No.1059）60頁。

た者の該当性(表示主体性)について判断を示したものと捉えるべきであろう。

そして，本判決では，不当表示を行った者とは「表示内容の決定に関与した事業者」であって，これは①自ら若しくは他の者と共同して積極的に表示の内容を決定した事業者のみならず，②他の者の表示内容に関する説明に基づきその内容を定めた事業者や③他の事業者にその決定を委ねた事業者も含まれると判示したうえで，原告は②に該当するものとして不当表示を行った者に該当するとの認定を行っている。②及び③については【判決要旨】のとおりさらに詳述されており，確認されたい。

2 争点②について

本判決は，違反行為の排除のための行政処分について，故意・過失は要件とならないことを示している。もっとも，その後，平成26年11月の改正によって，不当表示規制（ただし優良誤認表示及び有利誤認表示に限る）に課徴金制度が導入され，同制度においては行為者の主観的要素が要件とされている（8条1項ただし書）。現行法上，措置命令と課徴金納付命令とでは，行為者の主観的要素が要件とされているか否かで異なっている点に注意が必要である。

3 争点③について

本判決では「日刊新聞紙に掲載して公示させることが最も適切かつ効果的な方法であるというべきである」と判示されている。現在の実務においても，消費者庁は，措置命令における誤認排除措置として，日刊新聞紙2紙による掲載を求めており，その運用には今のところ変化はない[7]。

One Point

　本判決が示す表示主体性の規範は実務上非常に重要なものであり，消費者庁もこの解釈を採っていることは必ず把握しておくべき事柄である。

---

[7] もっとも，現代社会においてウェブサイトは一層身近な媒体となっており，直ちに実務上の運用が変更されるとまでは思われないが，今後，誤認排除措置として求められる方法が変化していく可能性は，必ずしも排斥されるものではないだろう。

	表示主体性
No.4	東京高判平成 19 年 10 月 12 日（平成 19 年（行ケ）第 4 号） 審決取消請求事件[ビームス事件]

※条数は当時のものである。

◆ 事 案

本件は，☞ *No.3* と同様の事案である。

◆ 判決要旨

請求棄却。

景品表示法の立法趣旨並びに条文の内容及び趣旨からすると，不当表示をした事業者とは，公正な競争を確保し，一般消費者の利益を保護する観点から，メーカー，卸売業者，小売事業者等いかなる生産・流通段階にある事業者かを問わず，一般消費者に伝達された表示内容を主体的に決定した事業者はもとより，当該表示内容を認識・認容し，自己の表示として使用することによって利益を得る事業者も，表示内容を間接的に決定した者として，これに含まれると解するのが相当である。

原告は，原告の商標と共に「イタリア製」と記載された本件下げ札については，その表示内容を実質的に決定したというべきであるし，また，原告の社名と共に「イタリア製」及び「MADE　IN　ITALY」と記載された本件品質表示タッグについては，表示内容を認識・認容し，自己の表示として使用することによって利益を得ていたものであるから，表示内容を間接的に決定した者として，4 条 1 項の「事業者」に該当するものというべきである。

◆ 解 説

1　本判決の示した規範について

　本判決は，不当表示の主体（表示主体性[8]）の要件について，「一般消費者に伝達された表示内容を主体的に決定した事業者」は当然に含まれるとしつつ，「当該表示内容を認識・認容し，自己の表示として使用することによって利益を得る事業者」も「表示内容を間接的に決定した者」として含まれると判示している。

　このように，本判決は，表示内容について「主体的に決定」又は「間接的に決定」をした事業者に表示主体性を認めるものであり，すなわち，表示内容の決定行為をメルクマールとしているものと評価できる。この点，☞ *No. 3* の判決は，「表示内容の決定に関与した事業者」に表示主体性を認めるものであり，両者は，表示内容の決定（に係る行為）をメルクマールとしているという点においては共通しているといえるだろう。

　しかしながら，本判決は，「間接的に決定」について，「表示内容を認識・認容し，自己の表示として使用することによって利益を得る」ことを要件とするなど，☞ *No. 3* の判決が示した3つの規範とは異なるものである（なお，☞ *No. 3* の判決が示した3つの規範は，本事案の原審決が示した基準と同様である）。

2　本判決に対する批判

　本判決は，上記のとおり「間接的に決定」をした者として認められるためには，利益を得ることを求めている。

　しかしながら，この点については，あえて利益を得ていたことを要件とせずとも，「自己の表示として使用することによって」顧客を誘引していたのであるから，そのことをもって「表示内容を間接的に決定した者」と捉えることは可能であること[9]，原審決とは異なる文言を用いて違反の範囲を広げているように見えること[10]，不当表示を付された商品が実際に消費者に販売されることに

---

[8]　本判決は「景品表示法4条1項（現5条）の『事業者』に該当する」との判示をしているが，☞ *No. 3* の判決と同様，本判決は，4条1項（現5条）柱書「表示をし」た者の該当性（表示主体性）について判断を示したものと捉えるべきであろう。

[9]　向田直範「公正取引」688号60頁。

[10]　白石忠志『独禁法事例の勘所（第2版）』（有斐閣，2010）327頁。

よって事業者が利益を得ていたかどうはかは問題ではなく，消費者の商品選択をゆがめるような表示を付された商品が市場に存在すること自体が問題であること[11]，といった批判・考察が指摘されているところである。

3　実務上の対応

上記のとおり，本判決と ☞ No. 3 の判決は同一事案ではあるものの，その判示する文言（規範）が異なっている。

この点，本判決は上記のような批判があったところであるが，☞ No. 3 の判決の示した規範により，本判決の原審決の文言に揃えた基準に修正されたと評価されており[12]，現在の実務においても，表示主体性を判断するにあたっては，☞ No. 3 の判決の示した規範が基本的に採用されているといえる。

One Point

不当表示の主体（表示主体性）の要件を検討するにあたっては ☞ No. 3 の判決（及び ☞ No. 5 の判決）を理解することが必要不可欠であるが，本判決もあわせて押さえてくことで，当該要件についてより理解が深まるものと考えられる。

---

[11] 山本裕子「速報判例解説」（法学セミナー増刊）3巻264頁。
[12] 前掲脚注10

	表示主体性
No.5	東京高判令和2年12月3日（令和元年（行コ）第330号） 措置命令取消請求控訴事件[アマゾン事件]

◆ 事 案

　アマゾンジャパン合同会社（以下「アマゾン」という）は，EC サイト（以下「本件ウェブサイト」という）を運営し，小売業者等（出品者）に商品を出品し販売する場等を提供するとともに，自ら商品を調達して本件ウェブサイトで販売する事業を行っている。

　消費者庁長官は，アマゾンが本件ウェブサイトで販売していた5つの商品（クリアホルダー3種，ブレーキフルード，甘酒。以下「本件5商品」という）について，実際の販売価格と併記して表示していた「参考価格」と称する価格は，
・クリアホルダー3種については，製造事業者が社内での商品管理上便宜的に定めた価格であり，一般消費者への提示を目的としていないものであった
・ブレーキフルードについては，製造事業者が設定したメーカー希望小売価格よりも高く任意に設定された価格であった
・甘酒については，製造事業者が設定したメーカー希望小売価格よりも高い6本分のメーカー希望小売価格に基づく価格であった
として，これらの表示（以下「本件表示」という）が有利誤認表示に該当するとして，措置命令を行った。

　アマゾンは，自身は不当表示をした事業者には該当しない（表示主体性が認められない）等として，措置命令の取消しを求めた。原審（東京地判令和元年11月15日・平30（行ウ）30号）は請求棄却となり，アマゾンが控訴した。

◆ 判決要旨

　控訴棄却。

　景表法は，「商品の取引に関連する不当な表示」による「顧客の誘引を防止し」，「一般消費者の利益を保護することを目的とする」ものであるところ，これら本件5商品に関して，およそ販売者として控訴人以外の業者名の表示がされて

いない本件において，控訴人のウェブサイト上の本件5商品に関する「販売価格」，「参考価格」等の表示を見た一般消費者は，販売者である控訴人が，それぞれの商品の実際の販売価格を決め，その安さを強調して顧客を誘引するために，「参考価格」，「割引額」，「割引率」等の表示をしたと理解する以外に考えようがなく，この「参考価格」，「割引額」及び「割引率」等の表示によって，本件5商品が大幅に割引されたお買い得品であると一般消費者が誤解するとするならば，「商品の取引に関連する不当な表示」を行って「不当な顧客の誘引」を行った「主体」は，控訴人と考えるほかにはない。

　もとより，景表法5条は，事業者が，自己の供給する商品の取引について，同条1号ないし3号に該当する不当な表示を行ったときは，同法7条1項により，当該事業者に対し，その行為の差止め，その行為が再び行われることを防止するために必要な事項を命ずるなどのいわゆる「措置命令」を発することができるとしており，そうすると，景表法5条にいう不当な表示をした事業者とは，不当な表示内容を決定した事業者をいうもの，すなわち，措置命令を受けたときに，その不当とされる表示内容を使うことを止める決定をしたり，再び同様なことを行うことを防止するために必要な事項を決定したりすることができる権限を有する事業者でなければならないことになる。

　これを本件について見ると，控訴人は，本件ウェブサイトを用いてリテール事業を行い，商品の販売者となっているのであるから，自らがある特定の商品の販売者となるにあたって，いかなる顧客誘引のための行為をするかについては，一般に商品の売主が広告等によって一般消費者に対して様々な誘引行為を行うのと同様に，違法不当との評価に当たらない限り，控訴人は，それらの行為を行う権限を有するというべきである。すなわち，本件において，措置命令を受けたとした場合に，自らウェブサイトを開設してリテール業者として販売している控訴人は，たとえば「参考価格」という表示をやめたり，「参考価格」として表示される価格をより低いものに変更する権限を当然に有するというべきであり，本件において控訴人にそのような措置命令に従った行為をする権限がないと解すべき事情は見出せない。

　以上によれば，本件においては，表示内容の決定に「関与した」事業者か否かというやや広範かつあいまいな概念に該当するか否かについて議論するまで

もなく，控訴人は，景表法5条2号にいう不当な表示をした事業者に該当するといえる。

◆ 解 説

1 本判決の判断基準（原審との違い）

原審は，アマゾンに表示主体性が認められるか否かについて，ベイクルーズ事件（ ☞ *No.3* の判決を参照）の判断基準（実務上の通説）を用いて，アマゾンが①本件ウェブサイトを運営していること，②自らも本件ウェブサイト上で商品を販売していること，③本件ウェブサイト上に，いつ，何を，どこに，どのように表示をするのかという仕組みを自由に決定することができること，④本件5商品については，いずれも原告が販売者であり，その旨が本件5商品の商品詳細ページにも表示されていたこと等の事実に着目し，本件表示について，「表示内容の決定に関与した事業者といえる」（表示主体性が認められる）と判断した。

これに対し，本判決は①一般消費者は当該表示を誰が表示したものと理解するかという点及び②措置命令を受けた際に，措置命令に従った行為をする権限を有する事業者であるかという点に着目し表示主体性の判断をしている[13]。そして，本判決は，「表示内容の決定に関与した事業者か否か」という点については，やや広範かつあいまいな概念であるとしたうえで，それについて議論するまでもなく，上記判断基準に照らせば表示主体性が認められるとしており，ベイクルーズ事件が示す判断基準とは明確に異なるものを採用していることがわかる。

2 本判決の位置付け

それでは，本判決をどのように捉えるべきか。

この点，上記1のとおり，本判決は「表示内容の決定に関与した事業者か否か」というのは，やや広範かつあいまいな概念であるとして，ベイクルーズ事件について批判的な立場をとっているようにもみえなくもない。

しかしながら，本判決はそれに続けて「表示内容の決定に『関与した』事業

---

[13] 渡辺32頁。

者か否か…に該当するか否かについて議論するまでもなく」としたうえで，上記1のとおりの判断基準を用いているのであって，決してベイクルーズ事件を排斥する趣旨ではないと思われる。むしろ，本判決は，「本件5商品に関して，およそ販売者として控訴人以外の業者名の表示がされていない本件において」と判示するとおり，当該表示の表示主体性がアマゾンに認められる（他の事業者であるとおよそ認められない）ことが明らかな場合における判断基準を示したものとも考えられ[14]，その射程は限定的なものといえるだろう。

> ## One Point
>
> 　上記のとおり，本判決はベイクルーズ事件（☞*No.3* の判決を参照）とは異なる判断基準により判断するものであり，その射程が注目されるところである。もっとも，あくまでもベイクルーズ事件が示す判断基準が消費者庁の採っている立場であることは理解しておくべきだろう（この点については，消費者庁が公表する資料等[15]からも明らかである）。

---

[14] この点について，小野田志穂「措置命令を履行する権限の有無から表示主体性を判断した事例－アマゾンジャパン景表法事件」（ジュリスト 1559 号）7頁は「判旨…は従来の基準を否定していない。」，「本判決は，景表法5条各号の表示をした事業者は表示内容の決定に関与した者である，という考え方を維持したうえで，問題となった不当表示が与える誤認の内容からみて，明らかに特定の事業者が表示主体と考えられる場合に限り，当該事業者の権限を直接検討し，迅速に判断する枠組みを示したものと考えられる。」と述べており，参考になる。

[15] 例えば，消費者庁「ステルスマーケティングに関する検討会 報告書（令和4年12月28日）」23頁等を参照されたい。

No.6	表示主体性
	東京瓦斯株式会社，東京ガスライフバル文京株式会社及び東京ガスイズミエナジー株式会社に対する措置命令 （消表対第 971 号～第 973 号（平成 29 年 7 月 11 日））

※以下，東京瓦斯株式会社を「東京ガス」，東京ガスライフバル文京株式会社を「東京ガスライフバル文京」，東京ガスイズミエナジー株式会社を「東京ガスイズミエナジー」といい，東京ガスライフバル文京及び東京ガスイズミエナジーを総称して「販売業者 2 社」という。

◆ 事案

❶ 東京ガスに対する件

〈対象となる商品・役務〉

・東京ガスが，販売業者 2 社を通じて一般消費者に供給するガス機器（以下「本件ガス機器」という）

〈前提事実等〉

・東京ガスは，都市ガスの製造，供給及び販売並びにガス機器の製作，販売及びこれに関連する工事等の事業を営む事業者である。

・販売業者 2 社は，それぞれ，住宅設備機器及び機械器具の小売業，機械修理，点検及び保守管理業並びにガス工事業等の事業を営む事業者である。

・東京ガスは，販売業者 2 社を通じて，本件ガス機器を一般消費者に供給している。

・東京ガスは，平成 28 年 11 月 3 日から同月 6 日までの期間「東京ガスのガス展 2016」と称するイベント（以下「ガス展」という）を開催した。

・東京ガスは，子会社の広告代理店に委託してガス展に係るチラシの雛形を作成し，販売業者 2 社に対し，同広告代理店を通じて，本件ガス機器が記載された同雛形を提案し，本件ガス機器に係るチラシの表示内容の決定に関与している。

〈表示〉

　東京ガス及び販売業者 2 社は，平成 28 年 11 月 3 日から同月 6 日までの期間に開催したガス展において，本件ガス機器を一般消費者に販売するにあたり，所定の地域内に配布したチラシにおいて，あたかも，本件ガス機器にはメーカー希望小売価格が設定されており，販売業者 2 社の実際の販売価格が当該メーカー希望小売価格に比して安いかのように表示していた。

〈実際〉

　実際には，製造業者は本件ガス機器の希望小売価格を設定しておらず，東京ガスが任意に希望小売価格を設定し，東京ガス及び販売業者 2 社がこれを「メーカー希望小売価格」として比較対照価格に用いていた（有利誤認表示）。

❷　販売業者 2 社に対する件

〈対象となる商品・役務〉

・販売業者 2 社が一般消費者に販売する「RN-C635SFH-WH」と称するガスファンヒーター（以下「本件ガスファンヒーター」という）[16]。なお，本件ガスファンヒーターは，東京ガスのプライベートブランド商品である。

〈概要等〉

・販売業者 2 社は，東京ガスから本件ガスファンヒーターを仕入れ，一般消費者に販売している。

・販売業者 2 社は，本件ガスファンヒーターに係るチラシの表示内容を自ら決定している。

〈表示〉

　販売業者 2 社は，ガス展において，チラシにおいて「東京ガスのガス展 2016」，「オススメ！」，「リンナイ 35 号ガスファンヒーター RN－C635SFH－WH」等と記載することにより，あたかも，ガス展において本件ガスファンヒーターを販売するかのように表示していた。

〈実際〉

　実際には，販売業者 2 社は，ガス展で販売するための本件ガスファンヒーターを準備しておらず，ガス展において本件ガスファンヒーターの全部について

---

[16] 本件ガスファンヒーターは，本件ガス機器のうちの 1 つである。

88　第2章 景品表示法　重要判例・命令

取引に応じることができないものであった（おとり広告告示違反）。

◆ 解 説

1　表示主体性

　本事案は，ガス展において販売されるガス機器に係る表示（ガス展を開催するにあたり配布したチラシ）について，①販売業者2社に商品を販売する東京ガスに対して有利誤認表示を認定し，②販売業者2社に対しておとり広告告示違反を認定し，それぞれ措置命令がなされたものである[17]。☞ *No. 3* 等において述べたとおり，表示主体性は表示内容の決定に関与した事業者に認められるものであるところ，表示内容の決定に関与した事業者とは，①自ら若しくは他の者と共同して積極的に表示の内容を決定した事業者のみならず，②他の者の表示内容に関する説明に基づきその内容を定めた事業者及び③他の事業者にその決定を委ねた事業者も含まれる。本事案もこれを前提に検討をしていく。

2　本事案の検討

(1)　本件における表示の作成経緯

　東京ガスは，広告代理店に委託して，ガス展に係るチラシの雛形を作成したが，これは，統一的なデザインのチラシになることを意図して行ったようである。そして，雛形は，ガス機器の在庫数やチラシ全体における色味やバランス等を勘案したうえで，掲載する商品を東京ガスが選定したものである。東京ガスは，このような経緯により作成された雛形を，広告代理店を通じて販売業者2社（を含む各販売業者）に提案したようである。

　各販売業者は，この東京ガスが作成した雛形を基に，自店舗で販売するガス機器等の商品の販売価格等を記載したうえで，ガス展のチラシを完成させた。ここで，各販売業者においては，雛形の内容を独自に変更することも可能ではあったが，販売業者2社においては，雛形に掲載されているガス機器等の商品

---

[17] なお，事件担当官の解説によると，ガス展は各販売業者（販売業者2社を含む。以下同じ）が1年に1度開催する謝恩イベントであり，ガス展の開催にあたっては企画の大枠を東京ガスが決定し，当該企画に基づいて，各販売業者がそれぞれ自店舗で実施するイベント等の内容を決定していたようである。鈴木佳子ほか「東京瓦斯株式会社，東京ガスライフバル文京株式会社及び東京ガスイズミエナジー株式会社に対する措置命令について」（公正取引 No.815）93頁。

内容について特に変更は行わず，雛形を活用しそのままチラシを作成していた[18]。

(2) 表示主体性の検討

ア 東京ガスについて

東京ガスは，チラシについて雛形を作成し販売業者2社に提案しているのであって，本件における表示について，主体的に作成に関わっている。したがって，①自ら若しくは他の者と共同して積極的に表示の内容を決定した事業者に該当するものとして，表示主体性が認められたものと考えられる。

イ 販売業者2社について

販売業者2社は，東京ガスが作成し提案した雛形を基に，変更することが可能であったにもかかわらず特に変更を行わなかったということであり，自己が供給する本件ガスファンヒーターに係る表示（チラシ）について最終的に決定していると評価できる。したがって，販売業者2社は①自ら若しくは他の者と共同して積極的に表示の内容を決定した事業者や，②他の者の表示内容に関する説明に基づきその内容を定めた事業者に該当するものと考えられ，表示内容の決定に関与しており，表示主体性が認められるであろう。

One Point

上記(2)アに関して，販売業者2社は雛形の内容を独自に変更することが可能であったことから，東京ガスは最終的な決定を委ねていたとして，③他の事業者にその決定を委ねた事業者に該当するとの構成もあり得るかもしれない。いずれにせよ，表示内容の決定に関与しており，表示主体性は認められるであろう。

---

[18] 前掲脚注17・94頁。

	商品の客観的品質とは関係のない事項に関する誤認
No.7	株式会社リソウに対する措置命令 （消表対第68号（平成24年3月8日））

◆ 事 案

〈対象となる商品・役務〉

・株式会社リソウ（以下「リソウ」という）が販売する「リペアジェル」と称する化粧品（以下「本件商品」という）

〈前提事実等〉

・リソウは，化粧品類の製造販売業を営む事業者である。

〈表示〉

　リソウは，本件商品を一般消費者に販売するにあたり，平成22年8月3日から同年12月3日までの間，所定の日に，所定の道府県に所在する一部の新聞販売店を通じて一般日刊紙に折り込んで配布したチラシにおいて，「日本初の快挙！国連から特別功労賞！」，「今までにない生命体技術が世界的な評価を受け，日本で初めて化粧品会社が国連から受賞されました。この賞は特別功労賞といって年に二人以上は受賞されない極めて重みのある賞です。」，「つまり，医療や化粧品の分野を超えて，これからの農法・医療・製造の分野で憲章に相応しい技術であることから特別功労賞（CITATION OF SPECIAL MERIT）」をリソウコーポレーションが受賞したのです。」等の表示をしていた。

〈実際〉

　実際には，リソウが受賞した特別功労賞は国際連合の表彰に係るものではなく，また，本件商品に用いられている技術が世界的な評価を受けた事実はなかった（優良誤認表示）。

　なお，国際連合は，営利目的の事業者又はその事業者が販売する商品の表彰をしていない。

〈本事案で問題となった表示（抜粋）〉

国立国会図書館（WARP）HP より抜粋（https://warp.ndl.go.jp/info:ndljp/pid/3531593/
www.caa.go.jp/representation/pdf/120308premiums_1.pdf）

◆ 解　説

1　商品の客観的品質とは関係のない事項に関する誤認

　優良誤認表示（5条1号）は，商品等の品質，規格その他の内容について実際のものよりも著しく優良であると一般消費者に誤認される表示である。ここで，当該表示が実際のものよりも著しく優良であると誤認される表示であるかは，客観的な品質において優良であるか否かは必ずしも問うものではなく，一般消費者がそのように認識するかどうかが基準となることに注意を要する。すなわち，表示内容と実際のものが科学的に等価であるとか，いずれが優良であるとも判断できない場合であっても，一般消費者にとって実際のものよりも著しく優良であると認識される表示が行われれば不当表示となる[19]。

2　本事案の検討

　本事案は，リソウは「日本初の快挙！国連から特別功労賞！」等の表示をしていたが，実際には，リソウが受賞した特別功労賞は国際連合の表彰に係るも

---

[19] 高居87～88頁，渡辺43～44頁参照

のではなく，また，本件商品に用いられている技術が世界的な評価を受けた事実はなかったというものである。

　この点，リソウが本件商品について国際連合から特別功労賞を受賞したか否か等は，本件商品の客観的な品質に直接かかわるものではない（受賞の有無等によって本件商品の効果・効能に変化が生じるわけではない）。しかしながら，「国際連合といった世界的な組織から受賞するような商品ということであれば良い商品である」と一般消費者は誤認し，自主的かつ合理的な選択を阻害するおそれがあるものと考えられる。この点を鑑みて，消費者庁は優良誤認表示であるとの認定をしたのであろう。

　なお，商品の客観的品質とは関係のない事項に関する誤認についての事案は，本事案のような受賞歴に関するものだけではない。例えば，カレーのレトルトパウチ食品について，あたかも，具材の選定，スパイスの調合等，当該商品の調理法が，有名レストランで修行し，テレビ番組に出演したなどの経歴を有する料理人によって考案されたかのように表示しているが，実際には，当該商品は，食品加工業者が，任意に調達した具材を用いるなどして，自ら考案して製造していたものであって，当該商品の調理法が同料理人によって考案されたものではなかったこと等により優良誤認表示が認定された，株式会社ベルーナに対する排除命令（平成16年7月13日（平成16年（排）第12号））等がある。

One Point

　優良誤認表示が対象としているのは，（商品等の品質，規格その他の）「内容」に係る表示であるところ，この「内容」には効果・効能のように，商品等に直接かかわるものだけでなく，本事案のような受賞歴に関するもの等，間接的に影響を及ぼすものも含まれ得ることに留意する必要がある。

	原材料についての不当表示，著しい優良性
No.8	林兼産業株式会社に対する排除命令 （平成14年（排）第26号（平成14年10月25日））

◆ 事 案

〈対象となる商品・役務〉

・林兼産業株式会社（以下「林兼産業」という）が一般消費者に販売するソーセージ，ベーコン及びロースハム

〈前提事実等〉

・林兼産業は，食肉加工品の製造販売業等を営む事業者である。

・林兼産業は，海外及び国内から豚肉を仕入れ，これを原材料に用いて，裁断，調味，腸詰め，燻煙・蒸煮等の工程でソーセージを，また，調味，成形，燻煙・蒸煮，スライス等の工程でベーコン及びロースハムをそれぞれ製造して包装袋に詰め，それらを取引先である日本生活協同組合連合会（以下「連合会」という）又は全国各地の生活協同組合（以下「生協」という）を通じて，生協の組合員である一般消費者（以下「生協の組合員」という）に販売していた。

・生協の組合員は，国産の豚肉を原材料に用いて製造されたソーセージ，ベーコン及びロースハムを好む傾向にあったため，連合会及び生協は林兼産業に国産の豚肉を原材料に用いた商品の製造を求めていたところ，林兼産業は，連合会及び生協からの求めに応じて製造したソーセージ，ベーコン又はロースハムの包装袋に，商品名等のほか，国産豚肉を原材料に用いて製造した旨を表示していた。

〈表示〉

林兼産業は，例えば連合会又は生協を通じて生協の組合員にソーセージを販売するにあたり，所定のソーセージについて，商品の包装袋の表面に大きく「無塩せきポークウインナー」と記載したうえで，その真下に「国内産の豚肉を使用し，塩分ひかえめに仕上げました。」と，さらに裏面に「国内産の豚肉が持つ本来の味と風味を大切につくっています。」と，それぞれ強調して記載すること

により，あたかも，当該商品の原材料の肉が国産の豚肉であるかのように表示していた。

〈実際〉

　実際には，当該商品の原材料の肉の使用割合の，大部分に外国産の豚肉を用いており，国産の豚肉は一部にしか用いていないものであった（優良誤認表示）。

〈本事案で問題となった表示（抜粋）〉

Ⓢ 無塩せき
ポークウインナー

国内産の豚肉を使用し、塩分ひかえめに仕上げました。
発色剤、保存料の食品添加物は使用しておりません。
発色剤を使用していませんので、豚肉本来の色となっています。
保存料を使用していませんので、賞味期間が短くなっています。

◆ 解 説

1　原材料についての不当表示

　本事案は，優良誤認表示が認定されたものであって，原産国告示違反が認定されたわけではないことに注意を要する。原産国告示違反は「商品そのもの」の原産国についての不当表示であって，本事案のような「商品の原材料」についての不当表示が直ちに対象となるものではないからである。

　すなわち，原産国告示における「原産国」とは，その商品の内容について実質的な変更をもたらす行為が行われた国をいう（原産国告示備考1）。本事案における商品はソーセージ，ベーコン及びロースハムであるところ，海外及び国内から仕入れた豚肉を原材料に用いて[20]，国内（林兼産業）において，ソーセージについては，裁断，調味，腸詰め，燻煙・蒸煮等の工程，また，ベーコン及

---

[20] なお，排除命令書によれば，ソーセージについては大部分が，ベーコン及びロースハムについては全て外国産の豚肉を用いていたように見受けられる。

びロースハムについては，調味，成形，燻煙・蒸煮，スライス等の工程により
それぞれ製造し，包装袋に詰めていたというものである。

　このように，本事案における商品について実質的な変更をもたらす行為が行
われているのは日本であるから，これらの商品の原産国は日本である。

2　著しい優良性

　それでは，本事案は原産国告示違反ではなく優良誤認表示の問題であるとし
て，本事案における「著しい優良性」はどの点に認められるだろうか。これに
ついては，措置命令書において①生協の組合員が，国産の豚肉を原材料に用い
て製造されたソーセージ，ベーコン及びロースハムを好む傾向にあったこと，
②そのため，連合会及び生協が林兼産業に国産の豚肉を原材料に用いた商品の
製造を求めていたこと，③林兼産業は連合会及び生協からの求めに応じて製造
していたこと，との認定がなされている点が注目される。

　このように，一般消費者の趣味嗜好や，それに基づく製造の依頼，それを前
提とする事業者の製造等を総合的に踏まえて，著しい優良性が認められたもの
と考えられる。商品等に客観的な品質・性能の差があるか否かは常に優良誤認
表示の成否に直結するものではなく，あくまでも一般消費者がどのように認識
するか（著しい優良性が認められるか）について，検討しなければならない[21]。

> **One Point**
>
> 　景品表示法上，外国から原材料を輸入して商品を製造したとしても，実質
> 的な変更をもたらす行為が行われたのが国内ということとなれば，国内産と
> 表示すること自体が直ちに問題となるものではない。もっとも，本件のよう
> に，原材料自体の原産国を誤認させた場合には，優良誤認表示として問題と
> なり得る。

---

[21] 渡辺大祐「その広告大丈夫？　法務部が知っておくべき景表法の最新論点　第6回」（ビジネス法務 2024
　　年4月号51頁）

| No.9 | 「一般消費者」の解釈，景品表示法違反と不法行為との関係 |
| | 東京高判平成16年10月19日（平成16年（ネ）第3324号）損害賠償等請求控訴事件[ヤマダ対コジマ事件] |

※条数は当時のものである。

◆ 事　案

　家庭用電化製品の販売業者である株式会社ヤマダ電機（以下「ヤマダ」という）が，同様の販売業者である株式会社コジマ（以下「コジマ」という）に対し，コジマによる「ヤマダさんより安くします!!」，「当店はヤマダさんよりお安くします」等の店舗内での壁面やポスターにおける表示行為（以下「本件表示」という）が4条2号の有利誤認表示に該当する等として，損害賠償請求等を行った事案の控訴審である（第一審は請求棄却）。

◆ 判決要旨

　控訴棄却。

1　景品表示法違反の有無と不法行為の成否との関係

　競争事業者との取引条件（本件では販売価格）の比較に関して4条2号に該当する不当表示をすることは，それ自体直ちに競争事業者に対する不法行為を構成するものではない。法の不当表示に対する規制は，公正な競争を確保することによって一般消費者の利益を保護することを目的としており，競争事業者の利益の保護を目的とするものではないし，4条の規定違反に関する判断は，不法行為の成否を認定するための前提問題に過ぎないからである。また，景品表示法は，独占禁止法の特例を定めることから，独占禁止法の補完法といわれているが，独占禁止法とは異なり，私人による損害賠償請求等を認めていない。そもそも，市場における競争は本来自由であることに照らせば，事業者の行為が市場において利益を追求するという観点を離れて，ことさらに競争事業者に損害を与えることを目的としてなされたような特段の事情が存在しない限り，4条の規定に違反したからといって直ちに競争事業者に対する不法行為を構成することはない。

2 検討の基本的視点（「一般消費者」の解釈）

　「著しく有利」であると一般消費者に誤認される表示か否かは，当該表示が，一般的に許容される誇張の限度を超えて，商品又は役務の選択に影響を与えるような内容か否かによって判断される。このことを本件事案に即していうと，一般に広告表示においてはある程度の誇張や単純化が行われる傾向があり，健全な常識を備えた一般消費者もそのことを認識しているのであるから，価格の安さを訴求する本件表示に接した一般消費者も，かかる認識を背景に本件表示の文言の意味を理解するのであり，そのことを前提にして検討を行うべきものである。

　本件表示には，適用対象とする商品の範囲の明示はないものの，「全商品」「全品」という記載が明確になされているわけでもない。本件表示において，比較の対象となるヤマダの価格が，店頭表示価格であるか店員との交渉の結果最終的に提示される価格（値引後価格）のいずれであるかについても特定されておらず，本件表示の掲示の箇所も店舗の外壁等であって，個々の商品に付されるものではないことからすれば，概括的・包括的内容のものといえる。したがって，本件表示に接した消費者は，一般的に，これを価格の安さで知られるヤマダよりもさらに安く商品を売ろうとするコジマの企業姿勢の表明として認識するにとどまる。また，一般消費者の中には，それよりもやや具体的な期待，例えば，コジマの店頭表示価格は同一商品に関するヤマダの店頭表示価格よりも安いという期待や，ヤマダの店頭表示価格又は値引後価格がコジマのそれよりも安いときに，その旨を告げてコジマの店員と交渉すれば，ヤマダの店頭表示価格又は値引後価格よりもさらに安い値引後価格を引き出せるという期待を抱く者の割合も少なくないと考えられる。

　しかし，そのような期待以上のもの，すなわち，コジマの店舗で販売される全ての商品についてその店頭表示価格がヤマダの店舗よりも必ず安いとか，コジマの値引後価格は必ずヤマダのそれよりも安くなるという確定的な認識を抱く者の数は，それほど多くないと考えられる。コジマの店舗では全商品について必ずヤマダの店舗よりも安く買えるという確定的な認識を抱く消費者層が存在する可能性があるとしても，それは未だ「一般消費者」の認識とはいい難い。

本件表示の文言から生ずる一般消費者の理解が上記のようなものにとどまる以上，そのような理解に沿う実態がある限り，本件表示は，「一般消費者」の誤認を生ぜしめるものとはいえないところ，本件ではそのような実態が存在しており，本件表示は，4条2号に該当しない。

◆ 解 説

1　「一般消費者」の解釈

　誤認の対象となる「一般消費者」とは，どの程度の知識を有する者をいうか。この点について，消費者庁は「当該商品または役務についてさほど詳しい情報・知識を有していない，通常レベルの消費者，一般レベルの常識のみを有している消費者が基準となる」との立場を取っていると解され（高居67頁），また，同内容を判示する判決もある（ライフサポート事件 ☞ *No.24* 等参照）。

　一方，本判決は，まず，一般消費者は「健全な常識を備えた」者であるとしている[22]。そのうえで，コジマの店舗で販売される全ての商品についてその店頭表示価格がヤマダの店舗よりも必ず安いとか，コジマの値引後価格は必ずヤマダのそれよりも安くなるという確定的な認識を抱く者の数は，それほど多くないと考えられることから，コジマの店舗では全商品について必ずヤマダの店舗よりも安く買えるという確定的な認識を抱く消費者層が存在する可能性があるとしても，それは未だ「一般消費者」の認識とはいい難いとしている[23]。

　この「一般消費者」の定義の違いについてどのように考えるかであるが，この違いにより，不当表示の成否について結論を異にする事案が実際にあるかというとやや疑問ではある。例えば，ごく一部の者の無知や勘違いによって誤認が生じるようなものについては，いずれであっても不当表示とはならないであろう[24]。

---

[22] ファビウス事件 ☞ *No.25* 等でも，「健全な常識を備えた一般消費者の認識を基準とすることが，景表法1条の趣旨に合致するものであり，通常の社会通念にも沿う」との判示がなされているところである。

[23] なお，一般消費者の解釈の分析については白石忠志「独禁法事例の勘所　事例㊵東京高判平成16年10月19日判時1904号128頁［ヤマダ電機対コジマ］」（法学教室2007 Aug No.323 118〜119頁）等も参照されたい。

[24] 渡辺39〜40頁。

2 景品表示法違反の有無と不法行為の成否との関係

　本判決に従えば，仮に有利誤認表示がなされたとしても，事業者の行為が市場において利益を追求するという観点を離れ，ことさらに競争事業者に損害を与えることを目的としてなされたような特段の事情が存在しない限り，直ちに競争事業者に対する不法行為を構成することはないこととなる。

　もっとも，本判決は，その理由付けにおいて景品表示法は「独占禁止法とは異なり，私人による損害賠償請求等を認めていない。」とも述べているが，当時，景品表示法違反は独占禁止法 25 条 1 項に基づく損害賠償請求の対象となっており，明らかな事実誤認があると批判されている [25]。事実，有利誤認表示の事案ではないものの，景品表示法違反行為について独占禁止法 25 条 1 項に基づく損害賠償請求が認められた裁判例もある（高山茶筌事件 ☞ *No.49*）。また，消費者庁及び消費者委員会設置法の施行に伴う関係法律の整備に関する法律（平成 21 年法律第 49 号。以下「平成 21 年改正法」という）により，景品表示法違反は上記の損害賠償責任の対象外となった一方で，当該改正に先立つ消費者契約法等の一部を改正する法律（平成 20 年法律第 29 号）により，優良誤認表示・有利誤認表示に係る差止請求権が適格消費者団体には認められるようになっており，判決当時と状況も変わっている。

　以上を踏まえると，本判決が例示としてあげる競争事業者に対する損害企図のような特段の事情がなくとも，不当表示がなされた場合には，競争事業者に対する損害賠償責任が認められる余地はあると考えられる [26]。

One Point

　本判決で示された法理は確固たるものではないと考えられるが，「一般消費者」の解釈や，景品表示法違反と不法行為の関係を考察するうえで参考となる判決である。

---

[25] 岡田外司博「景表法の不当な価格表示と損害賠償請求－ヤマダ電機対コジマ事件」（ジュリスト 1308 号）207 頁。

[26] 武田邦宣「比較宣伝広告と景表法」（消費者法判例百選[第 2 版]（別冊ジュリスト 249 号））263 頁。

100　第2章　景品表示法　重要判例·命令

No.10	優良誤認表示の各要件該当性
	東京地判平成29年6月27日（平成28年（行ウ）第135号）措置命令処分取消請求事件[村田園事件]

※条数は当時のものである。

◆ 事 案

　茶の製造及び販売等を業として営む事業者である原告は，その販売する原材料の大部分が外国産のブレンド茶である「○園·●●茶（選）」，「大阿蘇●●茶（選）」，「○園●●茶（粋）」及び「大阿蘇●●茶（粋）」の各名称の商品（以下総称して「本件各商品」という）の包装に，商品名，「●●の大地の恵み」との記載及び原材料名[27]を列挙した記載並びに風景のイラスト等の表示をしていた（以下「本件各表示」という）。

　本件各表示につき，消費者庁長官は，実際には本件各商品の原材料の大部分が外国産であったにもかかわらず[28]，あたかも本件各商品の原材料が日本産であるかのように表示したものであり，4条1項1号の優良誤認表示に当たるとして，6条に基づき，措置命令（以下「本件措置命令」という）を発した（消表対第289号（平成28年3月10日））。本事案は，原告が本件措置命令の取消しを求めた事案である。

◆ 判決要旨

　請求棄却。

1　本件各表示の内容全体が一般消費者にもたらす印象について

　本件各商品は，いずれも「●●茶」という包装の商品名の記載から，土壌に植生する植物から採取される茶葉を内容物とする商品であることが容易に看取

---

[27] 「とうきび，大麦，はぶ茶，大豆，はと麦，どくだみ，柿の葉，浜茶，くま笹，ウーロン茎，甜茶，甘草，びわの葉，枸杞，桑の葉，あまちゃづる」と「とうきび，大麦，はぶ茶，大豆，はと麦，どくだみ，柿の葉，浜茶，くま笹，プーアル茶，甜茶，グァバ茶，霊芝，甘草，びわの葉，枸杞，桑の葉，あまちゃづる，かりん，南天」の2種類であった。

[28] 公表されている資料において，本件各商品における外国産の原材料の正確な割合（%）は明らかではないため，本書では「●%」「△%」と記載する。

されるものであるところ，本件各表示において，広大な草地等の自然に恵まれた熊本県の阿蘇地方の土地の恩恵を意味する「●●の大地の恵み」との記載が，阿蘇山及びその麓の草地や山里を想起させる風景のイラストと相まって，熊本県の阿蘇地方の広大な農地等の自然の恩恵が本件各商品の内容物である茶葉に寄与していることを想起させ，さらに，土壌に植生する植物から採取ないし収穫される茶葉や穀物等の原材料名の記載と並んで表示されることによって，通常の知識や情報を有する一般消費者において，これらの原材料の全部又は大部分が阿蘇地方（国内）の土地において採取ないし収穫されるもの（日本産）であるとの印象を抱くのが通常の受け止め方であると認めるのが相当である。

　現に，被告包装調査の結果によれば，本件各商品の商品名に隣接した位置に「●●の大地の恵み」との記載が表示されることにより，商品の包装に原材料の記載がない場合においても，一般消費者において，当該商品の茶葉や穀物等が○○地方で生産されたもの（日本産）であるとの印象を受ける傾向があることを示すものといえる。

　本件各表示は，本件各商品の包装の商品名及びこれらの表示の内容全体から，通常の知識や情報を有する一般消費者において，本件各商品の原材料の全部又は大部分が国内で採取ないし収穫された日本産のものであるとの印象をもたらすものとして，一般消費者に対して示されたものと認めるのが相当である。

2　本件各表示が「一般消費者に対し，実際のものよりも著しく優良であると示」す表示に当たるか否かについて

　本件各表示は，実際には本件各商品の原材料の少なくとも○割以上（時期によっては○％以上）が外国産であるにもかかわらず，通常の知識や情報を有する一般消費者に対し，本件各商品の原材料の全部又は大部分が国内で採取ないし収穫された日本産のものであるとの印象をもたらすものである以上，本件各商品について，一般消費者に対し，その原材料の全部又は大部分が一定水準以上の安全性や品質等を有していることを担保されている優良なものであるという，ブレンド茶という商品の選択に重要な影響を及ぼす要素について実際と相当大きく異なる認識を生じさせるものということができ，このような表示は，社会一般に許容される誇張の程度を越えて商品の優良性を示すものというべきであり，「実際のものよりも著しく優良であると示すもの」に当たると認めるの

が相当である。

3 本件各表示が「不当に顧客を誘引し, 一般消費者による自主的かつ合理的な選択を阻害するおそれ」があると認められるか否かについて

本件各表示は, 実際には原材料の大部分（約○割ないし△割）が外国産のブレンド茶である本件各商品について, 通常の知識や情報を有する一般消費者に対し, 本件各商品の原材料の全部又は大部分が国内で採取され又は収穫された日本産のものとの印象をもたらし, ブレンド茶の安全性や品質等に対する信頼性の観点から商品の選択に重要な影響を及ぼす要素である商品の原材料の原産地について実際と相当大きく異なる認識を生じさせ, 社会一般に許容される誇張の程度を越えて本件各商品の優良性を示すものである以上, このような本件各表示を示された一般消費者は, 本件各商品の選択に重要な影響を及ぼす要素である原材料の原産地について, 本件各表示により, 国内の厳格な法規制等により原材料の全部又は大部分が一定水準以上の安全性や品質等が担保されている著しく優良なものであるとの誤認を生じ, 実際の原産地を認識していた場合よりも当該商品を購入する方向に不当に誘引される可能性が高いものというべきであり, このような誤認が生じた場合には一般消費者は商品の購入に係る自主的かつ合理的な選択を妨げられるものといえるから, 本件各表示は, 景品表示法4条1項1号に規定する「不当に顧客を誘引し, 一般消費者による自主的かつ合理的な選択を阻害するおそれ」があるものと認めるのが相当である。

◆ 解 説

1 はじめに

本事案は, 本件各表示が優良誤認表示に当たるか否かについて, その要件についてそれぞれ判断を示したものである。各要件において判決が示した各規範はいわゆる従来の判例・通説に沿うものであり, 参考となる。

2 アンケートの信用性

優良誤認表示該当性の判断に際しては,「一般消費者」が誤認するものであるか否かが基準となるところ, 本事案においても,「一般消費者」の認識等を主張・立証するために, 原告及び被告それぞれが, アンケート調査を実施している。

この点，本事案において，被告国（消費者庁長官）が提出したアンケート調査は，①その対象者を，日本の人口構成に合わせた年代及び地域別の成人男女により構成された 3,131 人としており，②その質問内容として，商品名に隣接した位置に「○○の大地の恵み」との表示があった場合に，その商品についてどのような印象を持つかとの設問及び設問に対する選択肢として，A「この商品は，阿蘇産（日本産）の茶葉等を使っている」，B「この商品は，阿蘇の工場でブレンドされた」又はC「この商品は，阿蘇で販売されている」を設けており，③その回答結果として，84.1％がAの「この商品は，阿蘇産（日本産）の茶葉等を使っている」との回答をしたものであった。

本判決は，このようなアンケート調査の内容及び結果を踏まえ，一般消費者において，本件各商品の茶葉や穀物等が阿蘇地方で生産されたもの（日本産）であるとの印象を受ける傾向があることを示すものと認定したうえで，本件措置命令の適法性を認めている[29]。

One Point

　本判決は優良誤認表示の各要件について当てはめを行うものであり，参考になる。また，アンケート調査を実施する際の留意点等については，☞ **No.11** も参照されたい。

---

[29] 本判決に関して，長橋宏明「景品表示法と食品表示法の横断的考察」（公正取引 No.804）31 頁以下では，例えば①回答者の属性が，対象となる商品の需要者層を正しく反映しているか否か，②アンケートで調査する質問や選択肢の内容・構成等に誘導又は誤導を引き起こす事項は記載されていないか，③質問の仕方が実際の購買状況に即したものかどうか等がポイントとなる旨を指摘している。

	一般消費者の認識とアンケート調査，7条2項の審査対象
No.11	東京高判令和2年10月28日（令和3年（行ツ）第33号） 措置命令処分取消請求事件[だいにち堂事件] 　※最判については ☞ *No.18*

◆ 事 案

　株式会社だいにち堂（以下「だいにち堂」という）は，「アスタキサンチン　ア
イ＆アイ」と称する食品（以下「本件商品」という）を一般消費者に販売する
にあたり，全国に配布された朝日新聞に掲載した広告において，「ボンヤリ・に
ごった感じに!!」，「クリアな毎日に『アスタキサンチン』　つまり，だいにち堂
の『アスタキサンチン　アイ＆アイ』でスッキリ・クリアな毎日を実感，納得の
1粒を体感出来ます。」，「クリアさに納得できない毎日…放っておけないその
悩み 40代を過ぎた頃から急激に増え始める気がかり。『読書に集中できない』
『パソコンや携帯の画面が…』などの悩みを抱える方々が，高年齢化と共に増
加中といわれる。そんな悩みをケアする，天然成分アスタキサンチンにクリア
感を助ける7つの栄養成分を濃縮高配合した『アスタキサンチン　アイ＆アイ』
が，くもりの気にならない，鮮明な毎日へと導きます。」等と記載することによ
り，あたかも，本件商品を摂取することにより，ボンヤリ・にごった感じの目
の症状を改善する効果が得られるかのように示す表示（以下「本件表示」とい
う）をしていた。

　消費者庁長官は，本件表示について，7条2項の規定に基づき，だいにち堂
に対し，期間を定めて，本件表示の裏付けとなる合理的な根拠を示す資料の提
出を求めたところ，だいにち堂の提出した資料は，本件表示の裏付けとなる合
理的な根拠を示すものであるとは認められないものであり，同項により5条1
号に該当する表示とみなされるとして，平成29年3月9日付けで，上告人に
対し，7条1項に基づき措置命令（以下「本件措置命令」という）を行った（消
表対第284号）。

　本件は，だいにち堂が，本件措置命令を不服として，本件措置命令の取り消
しを求めた事案の控訴審である（第一審は請求棄却）。

No.11 一般消費者の認識とアンケート調査,7条2項の審査対象　105

〈本事案で問題となった表示(抜粋)〉

WARP（国立国会図書館）より抜粋（https://warp.ndl.go.jp/info:ndljp/pid/12295689/www.caa.go.jp/policies/policy/representation/fair_labeling/pdf/fair_labeling_170309_0001.pdf）

◆ 判決要旨

　控訴棄却。
　控訴人は，本件広告における表示は，一般消費者の印象又は認識を基準として，目の症状が改善されるという具体的な効能・効果をうたったものではないことが，控訴人提出のアンケート調査の設問Q6の結果から裏付けられる旨主張する。しかしながら，控訴人のあげる上記アンケート調査のQ6の設問は，本件広告を表示したうえ，「あなたはこの広告を見て，広告掲載商品を摂取した

際の効果について，どの程度期待しますか。」として，10個の選択肢から単一回答を求めるものであり，本件広告から受ける印象又は認識を直接尋ねるものではない。これでは，本件広告について，本件商品に目の症状を改善する効能・効果があることをうたったものであるとの印象を受けたとしても，そもそもかかる広告を信用しない回答者は，本件商品の効能・効果は期待できないとして否定的な回答を選択するものと考えられるから，当該設問において回答者の6割が否定的，消極的な回答をしたとしても，直ちに本件広告における表示が具体的な効能・効果をうたったものではないとはいえない。

　むしろ，本判決で付加訂正のうえで引用する原判決で判示するとおり，同アンケート調査においては，回答者全体に占める割合は少ないものの，本件商品の購入意向を示した者にその理由を尋ねる設問（Q４）の結果をみると，回答者の28.5%が「『ボンヤリ・にごった感じに!!』等の宣伝文句が気に入ったから」を，回答者の20.0%が「広告の宣伝文句どおりの効き目がありそうだから」をそれぞれ選択し，その合計は48.5%と半数近くに上っているから，これらの者は，本件広告により目の症状を改善する効能・効果があると認識していることが認められ，本件広告が一般消費者の本件商品を選択する誘引となり得ることがうかがわれる。また，被控訴人提出のアンケート調査によれば，中間的な選択肢がないなどの問題点があることを踏まえても，本件広告から受ける印象として，約6割が「目や視界の不良な状態が改善される」と回答したことも併せ考慮すると，控訴人提出のアンケート結果によって，本件広告における表示は，一般消費者の印象又は認識を基準として，目の症状が改善されるという具体的な効能・効果をうたったものではないことが裏付けられるとはいえない。

◆ 解 説

1 一般消費者の認識とアンケート調査

　消費者庁長官は，本件措置命令において，だいにち堂の行っていた本件表示は「あたかも，本件商品を摂取することにより，ボンヤリ・にごった感じの目の症状を改善する効果が得られるかのように示す」ものであったとの認定を行っている。これに対し，だいにち堂は，本件表示は本件商品が含有する原材料の一般的性質として，目に良いということを社会的に許容される範囲で誇張し

たものにすぎないし，一般的な消費者は本件商品の摂取による影響について，医薬品のような効能・効果を有するものではないと認識しているなどとし，その裏付けとなる証拠として，アンケート調査の結果を提出した。

　控訴審において，裁判所は，アンケートの回答方式について，ある設問においては 10 個の選択肢から単一回答を回答する形式であり本件広告から受ける印象を直接訪ねるものではなかったことや，アンケートに設けた選択肢に中間的な選択肢がなかったことについても指摘している。

2　7条2項の審査対象について

　なお，だいにち堂は，第一審において7条2項に基づいて合理的な根拠を有する資料の提出を求めることができるのは，同項に規定する処分要件に加えて，表示が具体的な効能・効果を訴求するものであることを要すること，及び消費者庁長官において，当該表示が著しく優良であることを示す表示であることを明らかにする必要があることを主張していた。しかし，第一審は，7条2項の文言及び同項の趣旨を踏まえ，「本件措置命令が適法であるためには，7条2項が規定する処分要件を充足すれば足り，本件においては，①消費者庁長官が，本件記載による表示が優良誤認表示に該当するか否かを判断するため本件資料提出要求をする必要があると認めたことが相当であるか否か，②原告の提出した本件資料が本件記載による表示の裏付けとなる合理的根拠資料に該当しないと認められるか否かが審理の対象となる」と判断した[30]。

One Point

　本判決は，アンケート調査を実施する際にはどのように設問を作成すべきかを検討するにあたって参考となる。回答の方式や選択肢の内容にも留意すべきであろう。

---

[30] この判断は控訴審にも受け入れられており，最高裁においても否定されていない。

108　第2章　景品表示法　重要判例・命令

No.12	「著しく」の解釈
	東京高判平成14年6月7日（平成13年（行ケ）第454号）審決取消請求事件[カンキョー事件]

※条数は当時のものである。

◆ 事 案

　株式会社カンキョー（以下「カンキョー」という）[31]は，自社の販売しているイオン式空気清浄機（以下「本件空気清浄機」という）について，配布した店頭配布用パンフレット及び新聞に掲載した広告（以下総称して「本件広告」という）において「フィルター式では集塵が難しい微細なウイルスやバクテリア，カビの胞子，ダニの死骸の砕片までもホコリと一緒に捕集します。」，「フィルター式では集塵が難しい微細なウイルスやバクテリア，カビの胞子，ダニの死骸の砕片までもホコリと一緒に捕集します。」，「驚異の集塵力」，「ハウスダストもウイルスも捕れる。」，「目に見えるタバコの煙をファンで取り除くのとは違う次元で，目に見えないアレルゲンやサブミクロン・サイズのウイルスまでも取り除くことが実証されています。」等の記載をすることにより，あたかも，他のフィルター式空気清浄機よりも集塵能力が高く，また，室内の空気中のウイルスを実用的な意味で有効に捕集する能力を有しているかのような表示をしていたが，実際には，そのような性能を有するものではなかった。

　公正取引委員会は，平成11年1月26日，本件広告は，景品表示法4条1号に違反するとして，同法6条に基づく排除命令を行ったところ，更生管財人は審判手続の開始請求を行い，審判開始決定を経て平成13年9月12日に審決案と実質的に同内容の審判審決が行われた。この審決に対し，更生管財人は東京高裁に審決取消訴訟を提起した。

---

[31] 本件の被審人である更生会社株式会社カンキョー管財人は，裁判所の決定に基づき，カンキョー（カンキョーは，アウグストゥス株式会社が株式会社カンキョー（旧カンキョー）を吸収合併するとともに，商号をカンキョーと変更したものであり，以下では，旧カンキョーを含む意味で単に「カンキョー」ということがある）について会社更生手続が開始されたことに伴い選任され，同社の事業の経営並びに財産の管理及び処分を行っている者である。

◆ 判決要旨

請求棄却。

およそ広告であって自己の商品等について大なり小なり賛辞を語らないものはほとんどなく，広告にある程度の誇張・誇大が含まれることはやむを得ないと社会一般に受け止められていて，一般消費者の側も商品選択のうえでそのことを考慮に入れているが，その誇張・誇大の程度が一般に許容されている限度を超え，一般消費者に誤認を与える程度に至ると，不当に顧客を誘引し，公正な競争を阻害するおそれが生ずる。そこで，景品表示法4条1号は，「著しく優良であると一般消費者に誤認されるため，不当に顧客を誘引し，公正な競争を阻害するおそれがあると認められる表示」を禁止したもので，ここにいう「著しく」とは，誇張・誇大の程度が社会一般に許容されている程度を超えていることを指しているものであり，誇張・誇大が社会一般に許容される程度を超えるものであるかどうかは，当該表示を誤認して顧客が誘引されるかどうかで判断され，その誤認がなければ顧客が誘引されることは通常ないであろうと認められる程度に達する誇大表示であれば「著しく優良であると一般消費者に誤認される」表示に当たると解される。そして，当該表示を誤認して顧客が誘引されるかどうかは，商品の性質，一般消費者の知識水準，取引の実態，表示の方法，表示の対象となる内容などにより判断される。

これを本件についてみるに，本件広告は，従来のファン，フィルターを用いる方式の空気清浄機とは異なる集塵方式を用いたイオン式空気清浄機という，一般消費者には比較的なじみの薄い新しい方式の空気清浄機について，パンフレット及び新聞広告を用いて，広く一般消費者に対し，空気清浄機の基本的性能であり商品選択上の重要要素というべき集塵能力を訴えるものである。そして，本件広告の表示は，本件空気清浄機がフィルター式空気清浄機よりも集塵能力が高く，室内の空気中のウイルスを実用的な意味で有効に捕集する能力があると一般消費者に誤認される表示であり，一般消費者において，本件空気清浄機が，集塵能力においてフィルター式空気清浄機よりも劣るものであり，また，ウイルスを捕集する能力においても実用的な意味を有していないものであることを知っていれば，通常は本件空気清浄機の取引に誘引されることはない

であろうと認められるから，本件広告の表示は「著しく優良であると一般消費者に誤認される」表示に当たるというべきである。

◆ 解 説

1 「著しく」の解釈及び判断手法

本判決は，4条1号（現5条1号）の「著しく」の解釈について判示するものである。本判決において，「著しく」の規範・解釈につき，いくつかの下位規範（下位基準）や判断要素が示されている。

2 誇張・誇大の程度が社会一般に許容されている程度を超えていること

本判決は「著しく」の解釈につき「誇張・誇大の程度が社会一般に許容されている程度を超えていることを指」すとしている。ここで，先例となる株式会社宇多商会に対する審決（平成9年（判）第4号（平成11年10月1日））では，「『著しく優良』か否かは，必ずしも数量的な多寡の問題ではなく，社会的に許容される程度を超える誇張であれば，『著しく優良』と誤認されることになるというべきである。…そして，社会的に許容される程度を超えるか否かについては，商品の性質，一般消費者の知識水準，取引の実態，表示の内容・方法などを勘案して判断されるものである。」としており，基本的には同内容のものといえるだろう。

3 当該表示を誤認して顧客が誘引されるか（誤認がなければ顧客が誘引されることは通常ないであろうと認められる程度に達する誇大表示か）

本判決は，続けて，「誇張・誇大が社会一般に許容される程度を超えるものであるかどうか」については，「当該表示を誤認して顧客が誘引されるかどうかで判断され，その誤認がなければ顧客が誘引されることは通常ないであろうと認められる程度に達する誇大表示であれば『著しく優良であると一般消費者に誤認される』表示に当たると解される。」とする。ここの判示は，「誇張・誇大が社会一般に許容される程度」がどの程度のものであるかを具体化したものと捉えられる[32]。そして，その基準としては，表示を誤認して顧客が誘引されるも

---

[32] 大塚誠「景表法における不当表示の判断基準－空気清浄機事件」（ジュリスト1282号）210頁においては，「本件判旨…では社会通念上許容されるか否かという判断基準だけを判示したうえで，その実質は当該誇大表示の持つ顧客誘引力であることを明らかにしている。…『社会通念』とは要するに顧客誘引力という

のであるか，すなわち，表示の受け手たる一般消費者がどのように捉えこととなるかが基準となる旨を示している。

なお，「当該表示を誤認して顧客が誘引されるかどうかで判断され，その誤認がなければ顧客が誘引されることは通常ないであろうと認められる程度に達する誇大表示であれば『著しく優良であると一般消費者に誤認される』表示に当たる」との基準について，当該表示に接した顧客（一般消費者）が実際に誤認することを要するようにも思える。しかしながら，「誤認される」について[33]は，実務上，現実に一般消費者の誤認が生じたことは要件ではないと解されており，そうである以上，「著しく」の解釈において実際に誤認したことを要すると解することは難しいと思われる。したがって，ここでは，あくまでもその誤認がなければ顧客が誘引されることはないであろう「程度の」誇大表示か否かという，誇大の程度に力点が置かれていると見るべきであろう。

4 判断の基準

本判決は，「当該表示を誤認して顧客が誘引されるかどうか」については，「商品の性質，一般消費者の知識水準，取引の実態，表示の方法，表示の対象となる内容などにより判断される。」と判示する。この点は，上記宇多商会に対する審決においても「社会的に許容される程度を超えるか否かについては，商品の性質，一般消費者の知識水準，取引の実態，表示の内容・方法などを勘案して判断されるものである。」と判示されており，考慮要素としては基本的に同一であろう。

One Point

　本判決は，5条1号や同条2号の「著しく」の程度・解釈について詳細に判示するものであり，実務上重要な判決の1つである。

　形で現れているものであって，それとは別のなにものかではない，と明確化したものと理解できよう。」と述べられている。
[33] 5条1号は「一般消費者に…著しく優良であると示す」と規定している一方で，同条2号は「著しく有利であると一般消費者に誤認される」と規定しているが，この文言の差異によって解釈が異なるものではなく，同条1号の「示す」と同条2号の「誤認される」は同義と考えてよい（高居66頁）。

112 第2章 景品表示法 重要判例·命令

| No.13 | 強調表示と打消し表示（表示方法について） |
| | 株式会社 TSUTAYA に対する措置命令
（消表対第 604 号（平成 30 年 5 月 30 日）） |

◆ 事 案

〈対象となる商品・役務〉

・株式会社 TSUTAYA（以下「TSUTAYA」という）が供給する,「TSUTAYA TV」と称するインターネットを介して動画を配信するサービス（以下「TSUTAYA TV」という）のうち「動画見放題」と称するプラン（以下「本件役務」という）[34]

〈前提事実等〉

・TSUTAYA は, TSUTAYA のフランチャイズチェーンに加盟する事業者（以下「加盟店」という）に対し, 指定する商標等を使用することを許諾しかつ義務付けるとともに, 加盟店による映像, 音楽, 文字媒体のレンタル事業等を営む店舗の経営について, 統一的な方法で指導や援助を行い, これらの対価として加盟店から金銭を収受する事業や自ら映像, 音楽, 文字媒体のレンタル事業等を営む店舗を運営する事業, インターネット宅配レンタル事業や動画配信サービス事業, インターネット接続サービス事業等を営む事業者である。

〈表示, 実際並びに打消し表示及び当該打消し表示に係る認定〉

表示
ウェブサイトにおいて,「動画見放題 月額 933 円（税抜）30 日間無料お試し」と記載し, その背景に 30 本の動画の画像を掲載し,「人気ランキング」及び「近日リリース」として, それぞれ 10 本の動画の画像を掲載することにより, あたかも, 本件役務を契約すれば,「動画見放題」との記載の背景に掲載された動画や,「人気ランキング」及び「近日リリース」として掲載される人気の動画や「新作」と称するリリースカテゴリの動画など, TSUTAYA TV において配信する動画が見放題となるかのように示す表示をしていた。

---

[34] 本事案においては, 本件役務の他にも 3 つの動画配信サービスに係る表示が問題となったが, 本稿においては, 上記の本件役務について解説する。

実際
本件役務の対象動画は，TSUTAYA TV において配信する動画の 12％ないし 26％程度であって，特に，「新作」及び「準新作」と称するリリースカテゴリの動画については，TSUTAYA TV において配信する動画に占める本件役務の対象動画の割合が1％ないし9％程度であった。また，「動画見放題」との記載の背景に掲載した動画の過半は本件役務の対象動画ではなく，「人気ランキング」として掲載した全ての動画も本件役務の対象動画ではなく，「近日リリース」として掲載した動画を配信する際も大部分が本件役務の対象動画ではなかった。さらに，提供される動画ポイントによって追加で視聴できるのは例えば「新作」と称するリリースカテゴリの動画であれば2本程度であり，本件役務を契約すれば，「動画見放題」との記載の背景に掲載された動画や，「人気ランキング」及び「近日リリース」として掲載される人気の動画や「新作」と称するリリースカテゴリの動画など，TSUTAYA TV において配信する動画が見放題となるものではなかった（優良誤認表示）。

打消し表示	当該打消し表示に係る認定
当該表示を記載したウェブページと同一のウェブページの下部に記載した「よくある質問」に，「▼動画見放題は新作も観られますか？」と記載し，当該記載をクリックすると，「実質0円で話題の最新作を観れるのは TSUTAYA TV だけです。※実質0円とは月額 933 円に毎月 1080 円分のポイントがついて 540 円の『新作』でも2本ご覧いただけます。」との記載が表示され，「▼TSUTAYA TV の動画配信とは？」と記載し，当該記載をクリックすると，「TSUTAYA TV の動画配信は，インターネットに接続したテレビ，パソコン，タブレット，スマートフォンから，好きな映画やアニメなど広いジャンルの映像をどこででもお楽しみいただける動画配信サービスです。オススメの『動画見放題』プランなら，月額わずか 933 円（税抜）で，動画見放題（＊）さらに，毎月 1080 円分の動画ポイントつき！まずは，いますぐ 30 日間の無料お試しをお楽しみください。（＊）動画見放題プランは『動画見放題』対象の作品から，どれだけ観ても毎月定額でお楽しみいただけます。毎月，動画見放題プランの更新日に 1080 円分のポイントがつき，『新作』も含めお好きな作品をご覧いただけます。」との記載が表示されるようにしていた。	これらの記載は「見放題」との記載とは離れた箇所に小さな文字で記載されているものであり，回答に係る記載は質問に係る記載をそれぞれクリックしなければ表示されないものであることから，一般消費者が当該表示から受ける本件役務の内容に関する認識を打ち消すものではない。

〈本事案で問題となった表示（抜粋）〉

国立国会図書館（WARP）より抜粋
(https://warp.ndl.go.jp/info:ndljp/pid/11245833/www.caa.go.jp/policies/policy/representation/fair_labeling/pdf/fair_labeling_180530_0001.pdf)

◆ 解 説

1 はじめに

本事案においては，いわゆる打消し表示に関して詳細な認定がなされている。消費者庁は平成 29 年 7 月 14 日に「打消し表示に関する実態調査報告書」，平成 30 年 5 月 16 日に「スマートフォンにおける打消し表示に関する実態調査報告書」，同年 6 月 7 日に「広告表示に接する消費者の視線に関する実態調査報告書」をそれぞれ公表し，さらに，同日にはこれらの報告書を基に，打消し表示に関する景品表示法上の考え方まとめた「打消し表示に関する表示方法及び表示内容に関する留意点(実態調査報告書のまとめ)(以下，「報告書のまとめ」という)」を公表している。

これらの報告書において，消費者庁は，景品表示法上の考え方等を示している。具体的には，①打消し表示の表示方法，②打消し表示の表示内容及び③体験談を用いる場合の打消し表示とのカテゴリーに分けて説明がなされているが，本事案に関しては主に①打消し表示の表示方法についての解説を行っていく[35]。

2 打消し表示とその適切な表示方法

打消し表示と対になる概念として強調表示がある。強調表示とは，事業者が自己の販売する商品等を一般消費者に訴求する方法として，断定的な表現や目立つ表現などを使って，品質等の内容や価格等の取引条件を強調した表示のことをいう。そして，打消し表示とは，強調表示からは一般消費者が通常は予期できない事項であって，一般消費者が商品等を選択するにあたって，重要な考慮要素となるものに関する表示のことをいう[36]。

事業者が打消し表示を適切に表示できているかについては，判断要素がいくつかあるが，表示の媒体はそれぞれ特徴があり，媒体ごとに判断要素は異なり得るため，事業者としては表示を作成する際には留意する必要がある。打消し表示の表示方法について，表示媒体ごとに留意すべき判断要素をまとめたものが次の表である[37]。

---

[35] ②打消し表示の表示内容については ☞ No.14，③体験談を用いる場合の打消し表示については ☞ No.15 を特に参照されたい。

[36] 報告書のまとめ 注釈 1 及び 2

[37] 報告書のまとめ 第 2，1 参照

対象媒体	留意すべき判断要素
全ての媒体に共通	① 打消し表示の文字の大きさ ② 強調表示の文字と打消し表示の文字の大きさのバランス ③ 打消し表示の配置箇所 ④ 打消し表示と背景の区別
動画広告	⑤ 打消し表示が含まれる画面の表示時間 ⑥ 強調表示と打消し表示が別の画面に表示されているか ⑦ 音声等による表示の方法 ⑧ 複数の場面で内容の異なる複数の強調表示と打消し表示が登場するか
Web 広告（PC）	⑨ 強調表示と打消し表示が1スクロール以上離れているか
Web 広告（スマートフォン）	⑩ アコーディオンパネルに打消し表示が表示されているか ⑪ コンバージョンボタンの配置箇所 ⑫ スマートフォンにおける強調表示と打消し表示の距離 ⑬ スマートフォンにおける打消し表示の文字の大きさ ⑭ スマートフォンにおける打消し表示の文字とその背景の色や模様 ⑮ 他の画像等に注意が引きつけられるか

3　本事案の検討

(1)　動画見放題プラン（本件役務）について

　消費者庁が認定した事実によると，本件役務に係る打消し表示は，ウェブページの下部に記載した「よくある質問」の欄にある「▼動画見放題は新作も観られますか？」と記載された箇所や，「▼TSUTAYA TV の動画配信とは？」と記載された箇所をクリックしなければ表示されないというものであり，かつ，「見放題」との表示と比べるとその文字も小さいものである。

　一般消費者は，本事案のような表示に触れると，まず様々な映画の画像を背景にした「動画見放題」との記載に大きく惹かれるであろうし，その下に「人気ランキング」等のラインナップがなされていれば，いわゆる「見放題」の名の付くプランは，それらの映画も含めて視聴可能であるとの認識を持ち得ると考えられる。そして，打消し表示がなされているとはいえ，それが，ウェブページの下部に，それもクリックしなければわからないものであれば，表示全体

No.13 強調表示と打消し表示(表示方法について) 117

として，一般消費者が誤認するものであったといわざるを得ない[38]。

　ウェブページにおける表示については，打消し表示が強調表示と離れており
スクロールをしなければ認識できないようなものや，クリックをするという行
動を取らなければ表示されないようなものである場合には，その打消しの効果
は大きく減殺され得るものであって，注意を要する。

One Point

　打消し表示の表示方法について問題となり得るパターンとして，事業者
が，強調したい表示については文字のフォントを大きくする一方で，打消し
表示については文字のフォントを小さくしてしまうということがままある。
そのような場合において，一般消費者が表示全体を見た時にどのような認識
を持つかについては，注意する必要があるだろう。

---

[38] さらにいえば，打消し表示の表示内容自体も，決して明瞭な内容であったとまではいい難かったように思
　われる。

	強調表示と打消し表示（表示内容について）
No.14	振袖に係るセット商品のレンタル業者3社に対する措置命令 （消表対第37号～第39号（平成25年2月8日））

◆ 事案[39]

〈対象となる商品・役務〉

- 一蔵が供給する振袖に袋帯，長襦袢等を組み合わせたセット商品（以下「セット商品」という）のレンタル（以下「本件役務」という）

〈前提事実等〉

- 一蔵は，貸衣装業等を営む事業者である。
- セット商品は振袖，袋帯，長襦袢，半衿の他，帯締め，帯揚げ，重ね衿，草履，バッグ，ショール等の小物，成人式の前撮り用写真等で構成されている。
- セット商品のうち，刺繍を施すことによりグレードアップした半衿については，本件役務の提供にあたり追加費用を要するものである。
- セット商品に含まれていないものは，髪飾り，帯飾り，しごきのほか，2本目又は3本目の帯締め，帯揚げ及び重ね衿である。

〈表示〉

　一蔵は，本件役務を一般消費者に提供するにあたり，例えば，「Ondine」と称するカタログにおいて，「レンタルふりそでで全部に付いてくる，30点のパーフェクトセット！」，「30点レンタルパーフェクトセット内容はこちら!!」として，レンタルによるセット商品の内容を記載し，「OE-1031」の型番の本件役務について，「30点レンタルセット価格　¥158,000［税込］」及び「※写真のコーディネートは，オプション小物（別途料金）を使用しております。」と記載するとともに，セット商品を着用したモデルの写真を掲載するなどにより，あたかも，「30点レンタルセット価格」等として記載された金額を支払うことによって写真どおりのコーディネートに係るセット商品がレンタルできるかのように

---

[39] 以下，振袖に係るセット商品のレンタル業者3社に対する措置命令のうち，株式会社一蔵（以下「一蔵」という）に対する措置命令（消表対第37号（平成25年2月8日））について解説を行う。

No.14 強調表示と打消し表示（表示内容について） 119

表示していた。

〈実際〉

　実際には，例えば，「OE-1031」の型番の本件役務において，写真どおりのコーディネートに係るセット商品をレンタルするためには，「30点レンタルセット価格」として記載された金額のほか，袋帯，半衿，帯締め，帯揚げ，重ね衿，草履及びバッグをグレードアップするために必要な合計107,640円の費用が必要となるなど，相当程度の費用が必要となるものであった（有利誤認表示）。

〈本事案で問題となった表示（抜粋）〉

国立国会図書館（WARP）HP より抜粋（https://warp.ndl.go.jp/info:ndljp/pid/7795093/www.caa.go.jp/representation/pdf/130208premiums_4.pdf）

120　第2章 景品表示法　重要判例·命令

◆ 解 説

1　打消し表示の表示内容

　本事案に関しては，報告書のまとめに記載されている3つのカテゴリー（①打消し表示の表示方法，②打消し表示の表示内容及び③体験談を用いる場合の打消し表示）のうち，②打消し表示の表示内容についての解説を中心に行っていく。打消し表示の表示内容が，一般消費者が理解できるようなわかりやすいものであるか否かについて問題となるのは，以下のような場合である[40]。

類　型	一般消費者の認識（問題点）
例外型の打消し表示	商品等の内容や取引条件を強調した表示に対して，何らかの例外がある旨を記載している打消し表示について，一般消費者が打消し表示を読んでもその内容を理解できない場合，一般消費者は例外事項なしに商品等を利用できるとの認識を抱くと考えられる。
別条件型の打消し表示	例えば，割引期間や割引料金が強調される一方で，割引期間や割引料金が適用されるための別途の条件が打消し表示に記載されており，一般消費者が打消し表示を読んでもその内容を理解できない場合，一般消費者は別途の条件なしに強調された割引期間や割引料金で商品等を利用できるとの認識を抱くと考えられる。
追加料金型の打消し表示	「全て込み」などと追加の料金が発生しないかのように強調している一方，それとは別に追加料金が発生する旨が打消し表示に記載されており，一般消費者が打消し表示を読んでもその内容を理解できない場合，一般消費者は当該価格以外に追加料金が発生しないとの認識を抱くと考えられる。
試験条件型の打消し表示	例えば，商品に効果，性能があるかのような強調表示に対し，打消し表示として，商品に含まれる成分に効果，性能があるだけで，実際の商品には効果，性能がない旨を表示する場合のように，強調表示と打消し表示とが矛盾するような場合は，一般消費者に誤認されるおそれがある。

2　本事案の検討

　本事案における表示は，本件役務について，「レンタルふりそで全部に付いてくる，30点のパーフェクトセット！」，「30点レンタルパーフェクトセット内容はこちら!!」として，レンタルによるセット商品の内容を記載するものであるが，「パーフェクトセット」といった表現は，一般的には他に追加料金がかから

---

[40] 報告書のまとめ第3,2

ないと認識するものである。そして，例えば「OE-1031」の型番の本件役務について，「30点レンタルセット価格 ¥158,000［税込］」との記載があれば，当該型番のコーディネートは，158,000円で行うことができると認識するものと考えられる。

ここで，本事案における表示には，「※写真のコーディネートは，オプション小物（別途料金）を使用しております。」との記載がなされており，打消し表示が問題となり得る。確かに，「別途料金」との記載は追加料金が発生するかのような表示であって，このような記載は1の「追加料金型」の打消し表示に該当し得るものといえる。しかしながら，本事案における表示全体を見てみれば，上記のとおり「パーフェクトセット」等の記載がなされているし，このような打消し表示がなされていたとしても，表示内容全体からすれば，写真と同等のコーディネートをするためには表示されている金額から別途相当程度の費用が必要になるとは直ちに認識しないものと考えられる[41]。

> **One Point**
>
> 　強調表示は，当該商品・サービスの全てについて，無条件，無制約に当てはまるものと一般消費者に受け止められ得るものであるため，例外などがある場合には，適切に打消し表示を行う必要がある。本事案は，そのような打消し表示が適切になされていたとはいい難いものであったといえるだろう。

---

[41] 栗田盛太郎「振袖に係るセット商品のレンタル業者3社に対する措置命令について」（公正取引 No.757）75頁。

122 第2章 景品表示法 重要判例・命令

No.15	強調表示と打消し表示（体験談を用いる場合の打消し表示について） 株式会社あすなろわかさに対する措置命令 （消表対第454号（令和2年3月17日））

◆ 事案

〈対象となる商品・役務〉

・株式会社あすなろわかさ（以下「あすなろわかさ」という）が供給する「黒椿」と称する食品（以下「本件商品」という）

〈前提事実等〉

・あすなろわかさは，健康食品等の販売業等を営む事業者である。

〈表示，不実証広告規制並びに打消し表示及び当該打消し表示に係る認定〉

表示

　ウェブサイトにおいて，例えば，本件商品の容器包装及び黒髪の人物の写真と共に，「黒々艶やかな髪本来の美しさを取り戻す 黒椿 −KUROTUBAKI− 黒ゴマ，黒ウコン，亜鉛，ビオチンなどの黒々艶やかな天然成分をたっぷり使ったサプリメントです。あなたの髪本来の，若々しくて美しい黒髪を取り戻します。市販の白髪染めや美容院で染めるのが面倒な方にオススメです。」等と表示し，また，「お便りが後を絶ちません」及び「どんどん届く感動体験！『黒椿』で実感した喜びのお声をご紹介」と記載し，「大阪府■■■様 60代」の体験談として，「白髪染めの日々から一転！本来の私の髪を取り戻しました。若いころから白髪が多く悩んでいました。長年，美容室に通っていましたが，お金も手間もかかるし他にいい方法がないかずっと探していたところ，このサプリと出会いました。今では特にケアすることなく自分本来の髪を取り戻すことができました。これからも続けていきます。」等と表示するなどにより，あたかも，本件商品を摂取することで，白髪が黒髪になる効果が得られるかのように示す表示をしていた。

不実証広告規制

　消費者庁長官は，景品表示法7条2項の規定に基づき，あすなろわかさに対し，当該表示の裏付けとなる合理的な根拠を示す資料の提出を求めたところ，あすなろわかさは，当該期間内に表示に係る裏付けとする資料を提出したが，当該資料は，当該表示の裏付けとなる合理的な根拠を示すものであるとは認められないものであった。

No.15　強調表示と打消し表示（体験談を用いる場合の打消し表示について）　123

打消し表示	当該打消し表示に係る認定
体験談の表示について、ウェブサイトにおいて、「※お客様個人の感想であり実感には個人差があります。」と表示していた。	当該表示は、一般消費者が上記表示から受ける本件商品の効果に係る認識を打ち消すものではない。

〈本事案で問題となった表示（抜粋）〉

消費者庁 HP より抜粋（https://www.caa.go.jp/notice/assets/representation_200317_03.pdf）

◆ 解 説

1 体験談を用いる場合の打消し表示

本事案に関しては報告書のまとめに記載されている3つのカテゴリー（①打消し表示の表示方法，②打消し表示の表示内容及び③体験談を用いる場合の打消し表示）のうち，③体験談を用いる場合の打消し表示についての解説を中心に行っていく。

体験談とは，一般に商品等を使用・摂取等した者が述べる感想等のことをいい，一般消費者としては，当該商品等を購入するか否かを検討するうえで参考となり得るものである。

この点，体験談を見た一般消費者は，「『大体の人』が効果，性能を得られる」という認識を抱くものであって，「個人の感想です。効果には個人差があります」，「個人の感想です。効果を保証するものではありません」といった打消し表示が行われていたとしても，体験談から受ける「『大体の人』が効果，性能を得られる」という認識が変容することはほとんどないとされている。また，広告物で商品等の効果，性能等を標ぼうしているにもかかわらず，「効果，効能を表すものではありません」等と，あたかも体験談が効果，性能等を示すものではないかのように記載する表示は矛盾しており，意味をなしていない。このため，例えば，実際には商品等を使用しても効果，性能等を全く得られない者が相当数存在するにもかかわらず，商品等の効果，性能等があったという体験談を表示した場合，打消し表示が明瞭に記載されていたとしても，一般消費者は大体の人が何らかの効果，性能等を得られるという認識を抱くと考えられ，景品表示法上問題となるおそれがある[42]。

さらに，実際には，商品等の使用にあたり併用が必要な事項がある場合や，特定の条件の者しか効果が得られない場合，体験談を用いることで，そのような併用が必要な事項や特定の条件を伴わずに効果が得られると一般消費者が誤認するおそれがある。そのため，誤認を招かないようにするためには，商品等の効果，性能等に関して事業者が行った調査における①被験者の数及びその属性，②そのうち体験談と同じような効果，性能等が得られた者が占める割合，

---

[42] 報告書のまとめ第4，1

③体験談と同じような効果，性能等が得られなかった者が占める割合等を明瞭に表示すべきであるとされている[43]。

2　本事案の検討

　本事案において，あすなろわかさは，例えば，「お便りが後を絶ちません」，「どんどん届く感動体験！『黒椿』で実感した喜びのお声をご紹介」等の表示を行っていたが，これらの記載は，実際に大勢の人が効果を実感しており，本件商品は多くの人に効果があるのだと一般消費者に認識させるものであろう（なお，体験談に係る表示の背景を見てみると，人物の黒髪となっていることがわかる。このような表示も相俟って，一層効果があるのだと認識するとも考えられるだろう）。そして，各々の体験談は，まさに本件商品を摂取することで白髪が黒髪になったことを述べるものである。

　このように，体験談に関する表示を含むこれらの表示は，消費者庁の認定どおり「あたかも，本件商品を摂取することで，白髪が黒髪になる効果が得られるかのような表示」であったといえる。そして，あすなろわかさが提出した資料は，当該表示の裏付けとなる合理的な根拠を示すものであるとは認められないものであったのだから，7条2項のみなし規定によって優良誤認表示が認定されたことは正当であろう。

　ここで，本事案においては，体験談に併せて「※お客様個人の感想であり実感には個人差があります。」との打消し表示がなされているが，上記1のとおり，体験談を見た一般消費者は，「『大体の人』が効果，性能を得られる」という認識を抱くものである。したがって，これらの打消し表示がなされていても，体験談から受ける「『大体の人』が効果，性能を得られる」という認識は変容するものではないと判断されたものと考えられる。

> **One Point**
> 　体験談を用いることが必ずしも景品表示法違反に結び付くというわけではないが，事業者としては，一般消費者の誤認を招かないように適切な方法で用いることが必要である。

---

[43] 報告書のまとめ第4,2

	7条2項の要件，解釈
No.16	東京高判平成 22 年 10 月 29 日（平成 21 年（行ケ）第 44 号）審決取消請求事件[オーシロ事件]

※条数は当時のものである。

◆ 事 案

　健康食品等の製造販売業者である株式会社オーシロ（以下「オーシロ」という）は，自らが製造する「タバクール」と称する商品について，たばこの先端に付着させて喫煙すれば，たばこの煙に含まれるニコチンがビタミンに変化することによりニコチンを減少させる等の表示（以下「本件表示」という）をしていた。公正取引委員会は，オーシロに対し，4条2項に基づき，期限を定めて，本件表示の裏付けとなる合理的な根拠を示す資料の提出を求めたが，当該期限内にオーシロから提出された資料（以下「本件資料」という）について，本件表示の裏付けとなる合理的な根拠を示すものではないと判断し，優良誤認表示とみなされるとして平成 18 年 10 月 19 日付けで排除命令を行った（平 18 年（排）第 26 号。以下「本件排除命令」という）。オーシロは，公正取引委員会に対して，本件排除命令の取消しを求める審判請求をし，提出期限までに提出していなかった試験検査報告書を新たに提出する等したが，このような資料は「合理的な根拠を示す資料」にならない等として，平成 21 年 10 月 28 日付で請求棄却の審決がなされた（平成 18 年（判）第 19 号。以下「本件審決」という）。

　オーシロは，優良誤認表示とみなされる 4 条 2 項の効果は審決取消訴訟には及ばず，また，公正取引委員会によって定められた期限経過後に提出した資料も「合理的な根拠を示す資料」として斟酌すべきである等と主張し，行政事件訴訟法に基づき，本件審決の取消訴訟を提起した。

　以下，①審決取消訴訟における不実証広告規制の適用の可否（以下「争点①」という），②4条2項の「合理的な根拠を示す資料」の判断基準（以下「争点②」という）及び③提出期限経過後に提出された資料の不実証広告規制における取扱い（以下「争点③」という）についてみていくこととする。

◆ 判決要旨

請求棄却。

1 争点①について

商品等の効果，性能などその品質その他の内容について優良性を強調する表示が，一般消費者に対して強い訴求力を有し，顧客誘引力が高く，一般消費者は表示に沿った効果，性能などの品質その他の内容を備えていると認識しやすいことから，当該商品等に優良誤認表示がなされた場合には，公正な競争を阻害し，一般消費者の利益を損なうおそれが大きい。他方，公正取引委員会が，優良誤認表示であることを立証するには，専門機関による調査，鑑定等が必要になり，そのために多大な時間，労力，費用を要することが少なくないことから，この立証ができるまでの間，そのような不当表示が社会的に放置され，一般消費者の被害が拡大するおそれがある。そこで，4条2項は，公正取引委員会が事業者に対し当該表示の裏付けとなる合理的な根拠を示す資料を求め，事業者がこれを提出しない場合には，優良誤認表示とみなすことによって，迅速，適正な審査を行い，速やかに処分を行うことを可能にして，公正な競争を確保し，もって一般消費者の利益を保護するという法の目的（1条）を達成するために設けられた規定である。

本件は，抗告訴訟である審決取消訴訟であり，本件排除命令及びこれを是認した本件審決の適否を判断することになるのであるから，その審理の対象は，本件排除命令の根拠とされた法令の定める処分の要件の有無であり，4条2項に定める要件，すなわち，被告が本件表示が同条1項1号に該当する表示か否かを判断するために資料の提出を求める必要があると認めるときに該当するか否か，及び原告の提出した本件資料が「当該表示の裏付けとなる合理的な根拠を示す資料」に該当するか否かが審理の対象になると解すべきである。

2 争点②について

運用指針（※著者注：不実証広告ガイドライン）の摘示する要件は4条2項の解釈として妥当なものと解すべきであり，これらの要件を充たさない場合には，特段の事情がない限り，「当該表示の裏付けとなる合理的な根拠を示す資料」に該当しないというべきである。

3 争点③について

本件においては，本件資料が本件表示を裏付ける合理的な根拠を示す資料に該当するか否かが審理の対象となる。したがって，提出期限経過後に提出された資料は，本件資料が本件表示を裏付ける合理的な根拠を示すものであるか否かを判断するために参酌し得るにとどまるのであるから，参酌し得るのは，上記資料中，本件資料の内容を説明するものや補足する部分に限られるというべきである。したがって，提出期限経過後に提出された資料中の新たな試験・調査によって当該表示を裏付ける根拠を示そうとする部分は，本件資料が本件表示を裏付ける合理的な根拠を示す資料たり得るものではない。

◆ 解 説

1 本事案の位置づけ

本事案は，平成 21 年に景品表示法の所管が公正取引委員会から消費者庁に移管される以前のものではあるが，不実証広告規制の規定の趣旨，その要件や効果等に関する司法判断を具体的に示したものとして，現在でも先例的な意義を有する[44]。本事案の争点は多岐に渡るが，以下では，不実証広告規制に係る論点のうち特に重要と考えられる事項について解説する。

2 審決取消訴訟における不実証広告規制の適用の可否

本事案で示されているとおり，表示の裏付けとなる資料の提出が求められたにもかかわらず，当該資料を事業者が期限内に提出しない場合や，提出された資料が表示の裏付けとなる合理的な根拠を示すものと認められない場合には，4条2項（現7条2項。以下同じ）により，当該表示は4条1項1号（現5条1号）に該当する表示（優良誤認表示）とみなされる（不実証広告規制）。もっとも，優良誤認表示とみなされるのが，6条1項（現7条1項）の排除命令（現在の措置命令）のような明文で示されている範囲に限定されるのかは明らかでなかったため，審決取消訴訟（抗告訴訟）においても4条2項の適用を前提とできるかが本事案の主要な争点の1つとなった。

---

[44] オーシロと同様の表示を行っていたミュー株式会社も，優良誤認表示の認定を争っていたが，結論として，4条2項（現7条2項）によって優良誤認表示とみなされると判断されている（東京高判平成22年11月26日（平成21年（行ケ）第45号））。

この点，裁判所は，審決取消訴訟の性質や不実証広告規制の趣旨からすれば，審決取消訴訟において4条2項の適用は排除されない旨を明らかにした。なお，景品表示法の所管が消費者庁に移管した後も，本事案と同様の判示がなされている（翠光トップライン事件　☞No.17 ））。

3　提出期限経過後に提出された資料の不実証広告規制における取扱い

本事案では，提出期限に遅れて新たな根拠資料が提出されたが，裁判所は，あくまで期限内に提出された資料が本件表示を裏付ける合理的な根拠を示す資料に該当するか否かが審理の対象であるとし，本件表示を裏付ける合理的な根拠を示す資料自体とすることはできない旨を明らかにした。

この点，事後的に合理的な根拠資料が提出された場合，措置命令を将来に向かって撤回すべき旨を判示した事例（前掲翠光トップライン事件　☞No.17 ）もあることには留意すべきであろう。

One Point

不実証広告規制によるみなし効果が，①措置命令にとどまらず抗告訴訟に及ぶのであれば，消費者庁長官は，抗告訴訟において，当該表示が優良誤認表示に該当することを直接立証する必要はないが，②みなし効果が抗告訴訟に及ばないのであれば，改めて優良誤認表示の該当性について直接立証する必要があることとなる。

本事案は，不実証広告規制におけるみなし効果は①である（みなし効果は措置命令にとどまらず抗告訴訟にも及ぶ）ことを判示したものである。

	合理的根拠資料の該当性，提出期限後に提出された資料の取扱いと措置命令の撤回義務
No.17	東京地判平成 28 年 11 月 10 日（平成 27 年（行ウ）第 161 号）措置命令取消等請求事件［翠光トップライン事件］ ※仮処分事案は ☞ *No.41*

※条数は当時のものである。

◆ **事 案**

　株式会社翠光トップライン（以下「翠光トップライン」という）及び株式会社ジェイトップライン（以下「ジェイトップライン」といい，総称して「翠光トップラインら」という）は，窓に貼って使用するフィルム商品（以下「本件商品」という）の販売等を行い，リーフレットやウェブページにおいて，本件商品を窓ガラスに貼付すると，夏季における遮熱効果及び冬季における断熱効果があり，冷暖房効率を向上させる旨を具体的な数値をあげるなどして表示（以下「本件表示」という）していた。

　消費者庁は，平成 26 年 5 月 29 日，翠光トップラインらに対し，4 条 2 項に基づき，本件表示の裏付けとなる合理的な根拠を示す資料（以下「合理的根拠資料」という）の提出を求めたところ，翠光トップラインらは，同年 6 月 12 日に，合理的根拠資料として，各資料（以下「本件資料」という）を提出した。

　しかし，消費者庁は，本件資料は，合理的根拠資料とは認められず，4 条 2 項により，本件各表示は，4 条 1 項 1 号の優良誤認表示とみなされるとして，平成 27 年 2 月 27 日，6 条に基づき，翠光トップラインらに対し，措置命令を下した（消表対第 254 号及び第 255 号。以下「本件各措置命令」という）。翠光トップラインらは，同年 3 月 18 日，本件各措置命令は違法であるなどと主張して，本件各措置命令の取消し等を求める訴訟を提起した。

◆ 判決要旨

請求棄却。

1 本件取消訴訟の審理の対象（４条２項の適用の有無）

本件各措置命令が適法であるといえるためには，その根拠規定である４条２項に規定された処分要件，すなわち，①消費者庁長官が，本件表示が同条１項１号に該当するか否かを判断するため必要があると認め，本件表示をした原告らに対し，期間を定めて，本件表示の裏付けとなる合理的根拠資料の提出を求めたこと，②原告らの提出した本件資料が合理的根拠資料に該当しないことの各要件が充足されていることが必要である。したがって，本件取消訴訟の審理の対象となる訴訟物は本件各措置命令の違法性一般であり，その根拠規定である４条２項に規定された処分要件の充足の有無が審理の対象となるため，本件取消訴訟においては，本件資料が合理的根拠資料に該当するか否かが審理の対象となる。

なお，措置命令後，その取消訴訟の係属中に，事業者から，措置命令前に提出されていれば合理的根拠資料に該当すると認められる資料の提出があったときは，消費者庁長官は，当該措置命令を将来に向かって撤回すべき義務を負うことになるものと解される。

2 合理的根拠資料の該当性

本件資料に係る各実験は，表示された商品等の効果や性能に関連する学術界若しくは産業界において一般的に認められた方法又は関連分野の専門家多数が認める方法によって実施されたものであるとはいえず，かつ，仮にこれらの方法が存在しない場合に該当するとしても，社会通念上及び経験則上妥当と認められる方法で実施されたものであるともいえない。したがって，本件資料は，本件表示の裏付けとなる合理的根拠資料であるとはいえない。

◆ 解 説

1 提出期限後に提出された資料の取扱いと措置命令の撤回義務

本事案では，取消訴訟の審理の対象は本件各措置命令の違法性一般であり，その根拠規定である４条２項（現７条２項）に規定された処分要件の充足の有無が審理の対象となることを示した。また，上記の帰結として，提出期限後に提

出された資料については，4条2項（現7条2項）の「合理的根拠資料」とはならず，提出期限内に提出された「合理的根拠資料」が合理的な根拠を示すものか否かを判断するために斟酌し得るに留まることを示しているが，この点についてはオーシロ事件 ☞*No.16* において解説した論点と同様である。

　ただし，本判決は，措置命令前に事業者から提出されていれば合理的根拠資料に該当すると認められる資料の提出が措置命令後にあったときは，消費者庁長官は，当該措置命令を将来に向かって撤回すべき義務を負う旨についても判示している。このような事例（措置命令が将来に向かって撤回された実際の事例）はこれまでないものの，かかる事態が生じた場合には，①当該措置命令を撤回しないとなると一般消費者は「当該表示は優良誤認表示に該当する」と認識した状態が続くこととなるが，この状態を解消すべきであること，②措置命令が下された事業者を保護する必要があること，③不実証広告規制には強力な効果（みなし効果）が付与されていることとの均衡，などの観点から，当該措置命令は将来に向かって撤回されるべきものであろう[45]。

2　合理的根拠資料の該当性

　裁判所は，翠光トップラインらが提出した本件資料が合理的根拠資料に該当しないと判断した。例えば，翠光トップラインらは，本件商品の遮熱のメカニズムについては特許査定を受けて登録されている旨を主張したところ，裁判所は，特許庁における審査は，特許の要件（特許法（昭和34年法律第121号）29条）について，あるいは手続事項に関する不備の存否等について審査するものであり（同法49条），審査官から特許をすべき旨の査定を受けて特許権の設定登録がされたとしても，それは審査官が特許出願について拒絶の理由を発見しなかった旨の判断をしたことを示すものにとどまり，特許公報に掲載された自然法則の利用方法の内容が実証されていることを担保するものではない旨を述べている。

　また，本件資料の一部について，試験装置や試験方法の詳細が記載されておらず，測定の環境や条件の詳細も明らかでないことからすれば，その内容の正確性や合理性を具体的に検討することは困難である旨や，測定日が異なる場合，

---

[45] 渡辺92頁。

外気温度や日照時間がほぼ同一の日に測定をしたとしても，日射量，内部発熱負荷，換気量など，室温に影響を及ぼす要因が異なっていた可能性を排除することはできず，窓ガラス以外の実験条件が同一であったことが担保されているとはいえない旨を述べている。

これらの判断は，事業者が有しておくべき合理的根拠資料を検討するうえで（不実証広告ガイドラインに示されている合理的な根拠の判断基準該当性を検討するうえで）参考となるものである。

One Point

事業者としては，保有している根拠資料がどのような条件下における効果・性能を示していて，当該資料は，どの範囲において一般化できるか等について検討することが重要である。また，作成した表示はどのような場面を想定しているものであるか（一般消費者はどのように認識するか）といった視点を持つことが必要である。

No.18	**7条2項の合憲性**
	最高裁令和4年3月8日（令和3年（行ツ）第33号）措置命令処分取消請求事件[だいにち堂事件]

◆ 事案

本件は，だいにち堂が，措置命令を不服として取り消しを求めた事案の上告審であるが[46]，事案の概要については ☞**No.11** を参照されたい。

◆ 判決要旨

上告棄却。

法7条2項は，事業者がした自己の供給する商品等の品質等を示す表示について，当該表示のとおりの品質等が実際の商品等には備わっていないなどの優良誤認表示の要件を満たすことが明らかでないとしても，所定の場合に優良誤認表示とみなして直ちに措置命令をすることができるとすることで，事業者との商品等の取引について自主的かつ合理的な選択を阻害されないという一般消費者の利益をより迅速に保護することを目的とするものであると解されるところ，この目的が公共の福祉に合致することは明らかである。

そして，一般消費者は，事業者と商品等の取引を行うにあたり，当該事業者がした表示のとおりの品質等が当該商品等に備わっているものと期待するのが通常であって，実際にこれが備わっていなければ，その自主的かつ合理的な選択を阻害されるおそれがあるといい得るから，法5条1号の規律するところにも照らし，当該商品等の品質等を示す表示をする事業者は，その裏付けとなる合理的な根拠を有していてしかるべきである。また，法7条2項により事業者がした表示が優良誤認表示とみなされるのは，当該事業者が一定の期間内に当該表示の裏付けとなる合理的な根拠を示すものと客観的に評価される資料を提出しない場合に限られると解されるから，同項が適用される範囲は合理的に限定されているということができる。加えて，上記のおそれが生ずることの防止

---

[46] 第一審も控訴審もいずれも棄却されている。

等をするという同項の趣旨に照らせば，同項が適用される場合の措置命令は，当該事業者が裏付けとなる合理的な根拠を示す資料を備えたうえで改めて同様の表示をすることについて，何ら制限するものではないと解される。そうすると，同項に規定する場合において事業者がした表示を措置命令の対象となる優良誤認表示とみなすことは，上記の目的を達成するための手段として必要かつ合理的なものということができ，そのような取扱いを定めたことが立法府の合理的裁量の範囲を超えるものということはできない。

したがって，法7条2項は，憲法21条1項，22条1項に違反するものではない。

◆ 解 説

1 はじめに

本判決は，7条2項の不実証広告規制の合憲性について最高裁が初めて判断を下した事案であり，最高裁は，憲法21条1項（表現の自由）及び同法22条1項（営業の自由）のいずれにも違反しない旨の判断を下している。

2 検 討

7条2項の趣旨は，消費者被害の拡大の早期防止に加え，事業者が商品等の効果や性能の著しい優良性を示す表示を行った場合，通常，その効果や性能を裏付けるデータ等の根拠を有しているべきであり，これを有していない場合には，実際の商品等に表示どおりの効果や性能がある可能性は低く，迅速に規制をする必要性があることにある[47]。

本判決は，7条2項が憲法21条1項及び同法22条1項に反するか否かについて，その目的を「事業者がした自己の供給する商品等の品質等を示す表示について，（中略）優良誤認表示の要件を満たすことが明らかでないとしても，所定の場合に優良誤認表示とみなして直ちに措置命令をすることができるとすることで，事業者との商品等の取引について自主的かつ合理的な選択を阻害されないという一般消費者の利益をより迅速に保護すること」とし，当該目的が公共の福祉に合致すること，7条2項の効果として優良誤認表示とみなすことは，

---

[47] 南部利之『改正景品表示法と運用指針』（商事法務，2004）9頁～10頁

当該目的を達成するための手段として必要かつ合理的なものであるとして，憲法21条1項及び同法22条1項に反しないものとしている。

　事業者が商品等について表示をする際には，その裏付けとなる合理的な根拠を有しているべきであり，不実証広告規制により所定の期間内に資料の提出を求められたとしても甘受せざるを得ないのである。

One Point

　不実証広告規制は，平成15年の法改正により導入されたものである。

　それまでは，商品等の効果，性能に関する表示について，行政庁（当時は公正取引委員会）が不当表示として規制するためには，行政庁が専門機関を利用して調査・鑑定等を行い，表示どおりの効果，性能がないことを立証する必要があったため，事業者が当該表示の裏付けとなる合理的な根拠を全く有していない場合でも，行政処分を行うまでに多大な時間を要していた。このような状況を踏まえ，消費者利益の一層の保護を図るため，平成15年の法改正により，不実証広告規制が新設されたのである。

No.19	消費者庁が実施する試験と合理的根拠となる資料の考え方
	冷却ベルト販売業者3社に対する措置命令 （消表対第358号〜第360号（平成24年9月6日））

◆ 事 案[48]

〈対象となる商品・役務〉

・桐灰化学が一般消費者に供給する「熱中対策首もと氷ベルト」と称する商品
（以下「本件商品」という）

〈前提事実等〉

・桐灰化学は，家庭日用品の製造販売業を営む事業者である。

〈表示〉

　桐灰化学は，本件商品を一般消費者に供給するにあたり，商品パッケージの表面において，「気温が31℃を越えたら暑さに厳重注意!! 真夏日には 熱中対策首もと氷ベルト」及び「屋内の家事に スポーツ・レジャーに」と記載したうえで，「カチコチに凍って，冷たさ長持ち 約120分冷却　※使用状況により変わることがあります」と記載していた。

〈実際〉

　実際には，本件商品の効果が実質的に失われると認められるまでの時間は，人を対象とした試験においては平均で約66分，サーマルマネキンを対象とした試験においては平均で約63分であり，夏季の晴天時に人が装着して屋外で軽い運動を行った場合の本件商品の効果持続時間は，120分を相当程度下回ると認められるものであった（優良誤認表示）。

---

[48] 以下，冷却ベルト販売業者3社に対する措置命令のうち，桐灰化学株式会社（以下「桐灰化学」という）に対する措置命令（消表対第358号（平成24年9月6日））について解説を行う。

〈本事案で問題となった表示〉

<商品パッケージ表面>

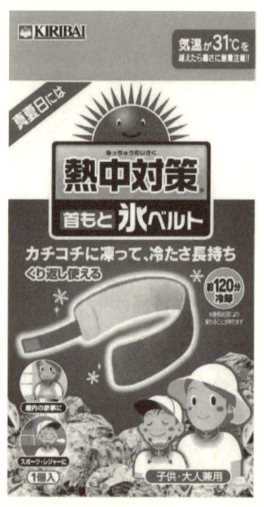

国立国会図書館インターネット資料収集保存事業（WARP）HP（https://warp.ndl.go.jp/collections/info:ndljp/pid/10993152/www.caa.go.jp/representation/pdf/120906premiums_1.pdf）より抜粋

No.19 消費者庁が実施する試験と合理的根拠となる資料の考え方　139

◆ 解 説

1　消費者庁が実施した試験及び桐灰化学の根拠資料
(1)　消費者庁が実施した試験

　本件では，消費者庁は措置命令を行うにあたって，本件商品についてその効果（本件商品の効果持続時間）を検証するための試験を実施している。公表資料によると，試験の概要は以下のとおりである。なお，試験の実施にあたっては，複数の専門家からヒアリングを行い，ヒアリング結果等を踏まえて適当と考えられる方法を決定し，外部機関に試験を依頼したようである[49]。

---

①　人を対象とした試験
　東京都における平成 23 年 8 月の各日の午前 10 時から午後 5 時までの気象環境の平均値等（気温 31.1℃，湿度 59%，熱放射 800Wh/㎡，風速 3.2m/秒）を再現した恒温恒湿室において，被験者（18 歳から 21 歳までの男女各 5 人）が本件商品を首に装着して軽い運動（時速 3.2km で 10 分間歩行，3 分間休憩を繰り返し）を行い，被験者の頸部皮膚温度と本件商品の表面温度の差が 0.5℃未満（効果が失われると判断される温度差）となった時間を測定する試験（各 1 回実施）

②　サーマルマネキンを対象とした試験
　東京都における平成 23 年 8 月の各日の午前 10 時から午後 5 時までの気象環境の平均値等（気温 31.1℃，湿度 59%，熱放射 800Wh/㎡，風速 3.2m/秒）を再現した恒温恒湿室において，日本人の青年男性の平均的な体型・体格を模したサーマルマネキン（頸部の温度は，人が 120W/㎡相当の運動を 10 分間行ったときの体温の平均値（34.4℃）に設定）の頸部に本件商品を装着し，頸部と本件商品の表面温度の差が 0.5℃未満（効果が失われると判断される温度差）となった時間を測定する試験（3 回実施）

　また，事件担当官解説によると，日本工業規格（※現在は日本産業規格）(JIS)においては，物品の冷却に用いることを想定した「携帯用保冷具」の規格（JIS S 3105）が存在するが，当該規格は，その試験方法から，冷却ベルト等の人が装着して用いる冷却材は対象ではないと考えられ，また，このほか公的基準，

---

[49] 佐藤政康ほか「冷却ベルト販売業者 3 社に対する措置命令について」（公正取引 No.752）76 頁。

業界基準等は存在しなかったとのことである[50]。

(2) 桐灰化学の根拠資料

措置命令書によると，桐灰化学は，気温31度℃の室内で，本件商品を人が装着して静止した状態で行った試験の結果に基づいて，本件商品の効果持続時間を表示していたようである。

2 不実証広告ガイドラインを参照しての検討

(1) 資料要求手続の不実施

本件においては，措置命令書を含む公表資料を見る限り，消費者庁は7条2項の規定による資料要求手続を行っていないと考えられる。仮に消費者庁が同手続を行っているのであれば，措置命令書において「当該表示の裏付けとなる合理的な根拠を示す資料の提出を求めたところ，●●は，期限内に当該表示の裏付けとする資料を提出したが，当該資料は当該表示の裏付けとなる合理的な根拠を示すものであるとは認められないものであった。」等の記載がなされることが通例であるが，本件における措置命令書においては，そのような記載は見受けられないからである。

本件表示はまさに商品の効果・性能に関するものであって，資料要求手続を実施する典型例の事案であるようには見受けられるが，実施しなかった詳細については不明である。

(2) 不実証広告ガイドラインを踏まえた検討

上記のとおり，本事案は消費者庁側も試験を実施しているが，仮に本件商品の効果持続時間として表示していた時間が消費者庁側の実施した試験によって得られた結果と同様のものであれば，合理的な根拠があるものとして，不当表示となるものではなかったと考えられるだろう。

この点，不実証広告ガイドラインは「合理的な根拠」の判断基準について，①提出資料が客観的に実証された内容のものであること，②表示された効果，性能と提出資料によって実証された内容が適切に対応していることをあげる。ここで，①提出資料が客観的に実証された内容のものであるとは，❶試験・調査によって得られた結果，❷専門家，専門家団体若しくは専門機関の見解又は

---

[50] 前掲脚注49

学術文献のいずれかに該当するものであることを要する。

❶試験・調査によって得られた結果を表示の裏付けとなる根拠として提出する場合，当該試験・調査の方法は，表示された商品・サービスの効果，性能に関連する学術界又は産業界において一般的に認められた方法又は関連分野の専門家多数が認める方法によって実施する必要があり，学術界又は産業界において一般的に認められた方法又は関連分野の専門家多数が認める方法が存在しない場合には，当該試験・調査は，社会通念上及び経験則上妥当と認められる方法で実施する必要がある（社会通念上及び経験則上妥当と認められる方法が具体的にどのようなものかについては，表示の内容，商品・サービスの特性，関連分野の専門家が妥当と判断するか否か等を総合的に勘案して判断する）[51]。

本件においては，上記のとおり，本件商品（の効果・性能）に関して公的基準，業界基準等は存在していないものと考えられるから，消費者庁が実施した試験は「学術界又は産業界において一般的に認められた方法又は関連分野の専門家多数が認める方法が存在しない場合」における，社会通念上及び経験則上妥当と認められる方法として実施したものと考えるのが妥当であろう[52]。

One Point

　本事案の特徴として，冷却ベルト販売業者３社の表示が標ぼうする効果・性能を，対象商品が実際に有しているか否かについて，消費者庁が試験を行い，その概要を公表した点があげられる。これは，裏を返せば「当該表示において標ぼうするような効果・性能を謳いたいのであれば，このような試験を行い，かつ適切な結果が得られることが必要である」とのメッセージでもあり，実務上重要な意義を有するといえるだろう。

---

[51] 不実証広告ガイドライン第3,2(1)アイ
[52] 不実証広告ガイドラインが制定されている中で，同ガイドラインに準拠しない方法で，消費者庁側が試験を実施することも想定し難いものと考えられる。

	No.1 表示
No.20	株式会社 PMK メディカルラボに対する措置命令 （消表対第 799 号（令和 4 年 6 月 15 日））

◆ 事 案

〈対象となる商品・役務〉

・株式会社 PMK メディカルラボ（以下「PMK メディカルラボ」という）が運営する店舗のうち「High Quality エステティック PMK　新宿店」と称する店舗において供給する豊胸施術に係る役務及び痩身施術に係る役務の 2 役務（以下これらを併せて「本件 2 役務」という）

〈前提事実等〉

・PMK メディカルラボは，美容業等を営む事業者である。また，自らが運営する店舗において，本件 2 役務を一般消費者に提供している。

〈表示〉

　PMK メディカルラボは，本件 2 役務を一般消費者に提供するにあたり，令和 3 年 9 月 10 日から令和 4 年 5 月 27 日までの間，自社のウェブサイトにおいて，例えば，「あの楽天リサーチで 2 冠達成★バスト豊胸＆痩身部門で第 1 位！」，「バストアップ第 1 位 施術満足度」，「ボディ痩身第 1 位 施術満足度」等と表示することにより，あたかも，楽天インサイト株式会社（以下「楽天インサイト」という）が実施した PMK メディカルラボが提供する本件 2 役務及び他の事業者が提供する本件 2 役務と同種又は類似の役務を利用した者に対する施術満足度の調査の結果において，PMK メディカルラボが提供する本件 2 役務に係る施術満足度の順位が第 1 位であるかのように示す表示を行っていた。

〈実際〉

　実際には，本件 2 役務に係る楽天インサイトが実施した調査は，PMK メディカルラボが提供する本件 2 役務及び他の事業者が提供する本件 2 役務と同種又は類似の役務を利用した者に対する調査ではなく，また，当該調査において PMK メディカルラボが提供する本件 2 役務に係る施術満足度の順位は第 1 位ではなかった（優良誤認表示）。

〈本事案で問題となった表示（抜粋）〉

消費者庁 HP より抜粋（https://www.caa.go.jp/notice/assets/representation_220615_01.pdf）

◆ 解 説

1 No.1 表示について

　事業者は，自ら供給する商品等について，他の競争事業者との比較において優れていることを示すために「No.1」，「第1位」，「トップ」，「日本一」といった表示をすることがある（No.1表示）。本事案はNo.1表示が問題となった事案であるが，公正取引委員会は平成20年6月13日にNo.1表示報告書を公表しており，No.1表示に関する景品表示法上の考え方を整理している。

　No.1表示は，当該事業者の商品等が他の事業者の商品等に比べて優れていることを一般消費者にわかりやすく伝えることができるため，しばしば用いられるものである。しかしながら，商品等の内容の優良性や取引条件の有利性を示すNo.1表示が合理的な根拠に基づかず，事実と異なる場合には，実際のもの又は競争事業者のものよりも著しく優良又は有利であると一般消費者に誤認され，不当表示として景品表示法上問題となる[53]。

　No.1表示報告書によれば，No.1表示が不当表示とならないためには，①No.1表示の内容が客観的な調査に基づいていること，②調査結果を正確かつ適正

---

[53] No.1表示報告書第 4,2(3)

に引用していることの2つの要件を満たす必要がある。ここで，①の要件（客観的な調査）を満たすためには，a当該調査が関連する学術界又は産業界において一般的に認められた方法又は関連分野の専門家多数が認める方法によって実施されていること，または，b社会通念上及び経験則上妥当と認められる方法で実施されていることが必要であるとされている。このうち，b社会通念上及び経験則上妥当と認められる方法で実施されているか否かについては，具体的には，表示の内容，商品等の特性，関連分野の専門家が妥当と判断するか否かなどの点から総合的に判断されることとなる（No.1表示報告書第4,3）。なお，「顧客満足度No.1」と表示する広告については，以下のような場合には客観的な調査とはいえず，景品表示法上問題となるおそれがあるとされている。

①　顧客満足度調査の調査対象者が自社の社員や関係者である場合又は調査対象者を自社に有利になるように選定するなど無作為に抽出されていない場合
②　調査対象者数が統計的に客観性が十分確保されるほど多くない場合
③　自社に有利になるような調査項目を設定するなど調査方法の公平性を欠く場合

次に，②の要件（調査結果の正確かつ適正な引用）については，特にa商品等の範囲，b地理的範囲，c調査期間・時点，d調査の出典等の事項について正確かつ適正に引用する必要があるとされている。各事項の主な留意事項は以下のとおりである（No.1表示報告書第5）。

事項	景品表示法上問題となる場合の例
商品等の範囲	広告等の表示物から一般消費者が認識する商品等の範囲と，No.1表示の根拠となる調査の対象となった商品等の範囲との間に乖離があり，一般消費者が認識する商品等の範囲においてはNo.1であるとの事実がない場合
地理的範囲	広告等の表示物から一般消費者が認識する地理的範囲と，No.1表示の根拠となる調査の対象となった地理的範囲との間に乖離があり，一般消費者が認識する地理的範囲においてはNo.1の事実がない場合

調査期間・時点	No.1 表示の根拠となる調査について，直近の調査結果では No.1 であったとの事実がないにもかかわらず，過去の調査結果において No.1 であったことを根拠として，調査期間を明瞭に表示することなく No.1 表示を行う場合
調査の出典等	・No.1 表示の根拠となる調査の出典の表示の有無にかかわらず，当該調査が客観的なものとはいえない場合 ・当該調査結果が正確かつ適正に引用されていない場合

2　本事案の検討

　本事案の公表時の報道によると，実際に行われた調査は，会社のイメージを問うだけのインターネット調査を行ったにすぎず（実際には施術を受けていなかった人を「施術満足度」の調査対象にしていたようである），男性による回答が約 75％を占めていたとのことである。「施術満足度」とは実際に施術した人の満足度を示す文言であることは明らかであるから，このようなイメージを問うだけの調査は①客観的な調査に基づくものであったとは到底いえないであろう [54]。さらに，実際に行われた調査は，結果が 2 位であったにもかかわらず，調査依頼を受けた広告代理店とマーケティングのコンサルタント会社が，母数を減らして 1 位にしていたとのことであるから，②調査結果を正確に引用していたものではなく，こちらの要件も満たすものではなかったといえる。このように，いかなる点においても，本事案における No.1 表示は，適法なものとはいい難いものであった。

> **One Point**
>
> 　No.1 表示それ自体は有用な指標であり，適切に用いる限り何ら問題となるものではないが，一般消費者が誤認するような用い方をしてはならない。事業者としては，本項において示した要件に留意しながら用いる必要がある。

---

[54] 顧客満足度 No.1 と表示する広告についての客観的な調査といえない場合の例は上記のとおりであるが，本事案は，これらのいずれかの場合に当てはまるかを検討するまでもなく①客観的な調査に基づくことの要件を満たすものではないといえるだろう。

	No.1 表示
No.21	フロンティアジャパン株式会社に対する措置命令 （消表対第171号（令和6年2月29日））

◆ 事 案

〈対象となる商品・役務〉

・フロンティアジャパン株式会社（以下「フロンティアジャパン」という）が供給する太陽光発電システム機器（以下「本件商品」という）及びその導入に係る施工（以下「本件役務」という）

〈前提事実等〉

・フロンティアジャパンは，太陽光発電機器の販売及び設置工事等を営む事業者である。

〈表示〉

フロンティアジャパンは，本件商品を一般消費者に販売し，本件役務を一般消費者に提供するにあたり，

① 例えば，自社ウェブサイトのトップページにおいて，「北海道エリア太陽光発電業者 満足度3冠達成」，「No.1 日本トレンドリサーチ 北海道エリア太陽光発電業者 アフターサポート満足度」及び「No.1 日本トレンドリサーチ 北海道エリア 安心・信頼できる 太陽光発電業者」等と表示することにより，あたかも，北海道内において，フロンティアジャパンが販売する本件商品及び他の事業者が販売する同種商品並びにフロンティアジャパンが提供する本件役務及び他の事業者が提供する同種役務に関する「北海道エリア太陽光発電業者 アフターサポート満足度」及び「北海道エリア 安心・信頼できる 太陽光発電業者」の2項目（以下「本件2項目」という）につき，実際に利用したことがある者を対象にそれぞれ調査した結果において，フロンティアジャパンが販売する本件商品及びフロンティアジャパンが提供する本件役務に係る本件2項目の順位がそれぞれ第1位であるかのように示す表示をしていた。

② 例えば，自社ウェブサイトのトップページにおいて，「北海道エリア太陽光

発電業者　満足度３冠達成」及び「No.１　日本トレンドリサーチ　北海道エリア　太陽光発電業者　見積価格満足度」等と表示することにより，あたかも，北海道において，フロンティアジャパンが販売する本件商品及び他の事業者が販売する同種商品並びにフロンティアジャパンが提供する本件役務及び他の事業者が提供する同種役務に関する「北海道エリア　太陽光発電業者　見積価格満足度」の項目につき，実際に見積りを徴したことがある者を対象に調査した結果において，フロンティアジャパンが販売する本件商品及びフロンティアジャパンが提供する本件役務に係る「北海道エリア　太陽光発電業者　見積価格満足度」の項目の順位が第１位であるかのように表示していた。

〈実際〉

実際には，フロンティアジャパンが委託した事業者による調査は，

① 本件２項目について，回答者に対し，北海道内において，フロンティアジャパンが販売する本件商品及び他の事業者が販売する同種商品並びにフロンティアジャパンが提供する本件役務及び他の事業者が提供する同種役務について実際に利用したことがある者かを確認することなく，フロンティアジャパン及び特定９事業者（当該委託を受けた事業者が，同種商品を販売し，同種役務を提供する事業者の中から指定する９の事業者をいう。以下同じ）のみを任意に選択して対比し，各販売サイトの印象を問うものであり，それぞれ客観的な調査に基づくものではなかった。また，上記①の表示は，当該調査結果を正確かつ適正に引用しているものではなかった（優良誤認表示）。

② 「北海道エリア　太陽光発電業者　見積価格満足度」の項目について，回答者に対し，北海道内において，フロンティアジャパンが販売する本件商品及び他の事業者が販売する同種商品並びにフロンティアジャパンが提供する本件役務及び他の事業者が提供する同種役務について実際に見積りを徴したことがある者かを確認することなく，フロンティアジャパン及び特定９事業者のみを任意に選択して対比し，各販売サイトの印象を問うものであり，客観的な調査に基づくものではなかった。また，上記②の表示は，当該調査結果を正確かつ適正に引用しているものではなかった（有利誤認表示）。

148　第2章 景品表示法　重要判例・命令

◆ 解説

1 本事案の検討

　本事案も，☞ *No.20* に続いて No.1 表示に関するものである。本件 2 項目，すなわち，「北海道エリア 太陽光発電業者 アフターサポート満足度」及び「北海道エリア 安心・信頼できる 太陽光発電業者」の 2 項目に係る表示については優良誤認表示が認定されている。これは，アフターサポートの満足度や業者の信頼性は，本件商品及び本件役務の「内容」にかかわるものであると消費者庁が認定したことによるものである。

　一方，「北海道エリア 太陽光発電業者 見積価格満足度」の項目に係る表示については有利誤認表示が認定されている。これは，見積価格についての満足度は，本件商品及び本件役務の「価格（その他の取引条件）」にかかわるものであると消費者庁が認定したことによるものである。

　No.1 表示に関する措置命令の事案は優良誤認表示に関するものが圧倒的に多いが，価格その他の取引条件についての No.1 表示もあり得るのであって，有利誤認表示に関する No.1 表示が何ら例外というわけではない。

2 近時の動向及びそれを踏まえた検討

　近時，No.1 表示に関する措置命令が増加している。令和 5 年度は 44 事業者に対し措置命令がなされたが，そのうち 13 事業者に対するものが No.1 表示に関連するものであり，本事案はその 1 つである。また，これらの事案はいずれもイメージ調査を根拠に，「顧客満足度 No.1」等と表示されていたものであった。そして，顧客満足度など「第三者の主観的評価」を指標とする No.1 表示（以下「主観的評価による No.1 表示」という）は世の中に多く見られるところ，客観的な指標ではないだけに，恣意的・安易な調査に基づいている可能性があったことから，消費者庁は，主観的評価による No.1 表示を中心にその実態を調査し，令和 6 年 9 月 26 日，「No.1 表示に関する実態調査報告書」（以下「新報告書」という）を公表した。

　この点，新報告書では，主観的評価による No.1 表示を行う場合，調査の結果が合理的な根拠と認められるためには，少なくとも次の①から④までを満た

している必要があるとしている[55]。

---

① 比較する商品等が適切に選定されていること

② 調査対象者が適切に選定されていること

③ 調査が公平な方法で実施されていること

④ 表示内容と調査結果が適切に対応していること

　本事案は新報告書が公表される前の事案ではあるが，措置命令における認定事実からしても，本事案は，例えば②や④の観点から問題があったことは明らかであろう。

　なお，主観的評価による No.1 表示についての注記として，イメージ調査である旨の表示がなされることがある。しかしながら，これをもって，表示内容と調査結果が適切に対応しているとはいい難く，かかる対応により不当表示規制を免れることができると考えるべきではないだろう。

One Point

　近時の動向を踏まえれば，消費者庁は今後も No.1 表示に対して引き続き厳正に対応していくことが予想されるところであり，留意する必要がある。

---

[55] 新報告書第3，1。なお，新報告書は，No.1 表示が「合理的な根拠」に基づくというためには，(1)No.1 表示の根拠とされる調査が，関連する学術界若しくは産業界において一般的に認められた方法若しくは関連分野の専門家多数が認める方法によって実施されていること，又は，社会通念上及び経験則上妥当と認められる方法で実施されていること，(2)表示内容が(1)の調査結果と適切に対応していることの2つを満たす必要があるとしたうえで，主観的評価による No.1 表示の場合においては，その性質上，(1)に該当するものとして，上記①から③までを満たす必要があるとの整理をしている。この点，新報告書に先立って公正取引委員会より公表されている No.1 表示報告書における2要件は，基本的にこの(1)及び(2)の要件に対応しているといえるだろう（☞ *No.20* 参照。また，渡辺大祐「No.1 表示の最新実務－実態調査報告書を読み解く」（ビジネス法務 2025 年 1 月号）50 頁も参照されたい。）。

150　第 2 章　景品表示法　重要判例·命令

No.22	アフィリエイト広告における表示主体性，ステルスマーケティング
	株式会社アクガレージ及びアシスト株式会社に対する措置命令 （消表対第 1794 号～第 1797 号（令和 3 年 11 月 9 日））

◆ 事　案

〈対象となる商品・役務〉

・「ジュエルアップ」と称する食品（以下「本件商品」という）[56]

〈前提事実等〉

・株式会社アクガレージ（以下「アクガレージ」という）は，通信販売業等を営む事業者である。

・アシスト株式会社（以下「アシスト」という）は，電子商取引サイトの企画及び運営並びに健康食品等の企画，開発，販売及び輸出入等を営む事業者であるところ，アクガレージに対し，通販事業の企画，運営，プロモーション業務等を委託している。

・アクガレージの従業員は，アシストの代表取締役を務めている。

・アクガレージ及びアシストは，本件商品を，共同して通信販売の方法により一般消費者に供給している。

〈表示〉

　アクガレージ及びアシストは，本件商品を一般消費者に販売するにあたり，

① Instagram の表示について

　所定の Instagram 内のアカウントの投稿において，例えば，平成 30 年 3 月 4 日以降，本件商品の容器包装の画像と共に，「Jewel Up（ジュエルアップ）をご紹介します❤️　バストアップサプリメントです💮　最近は有効成分のプエラリアの副作用なんかが騒がれたりしてますが，こちらはプエラリア不使用なので安心して飲めます☺️　無添加なのも嬉しいですね😣♡　1 日 2 錠。寝る前に飲むのがオススメらしいです！嫌なにおいもないしとても飲みやすい👍　貧乳

---

[56] 本事案においては「モテアンジュ」と称する食品についても対象となっていたが，本稿においては「ジュエルアップ」と称する食品に絞って解説していくこととする。

が悩みなので2カップアップが目標！目に見える効果が出たらいいなぁ😊」，「＃ジュエルアップ」，「＃バストアップ」，「＃育乳」，「＃美乳」，「＃マシュマロボディ」，「＃バストアップサプリ」，「＃バストアップ効果」，「＃バストアップしたい」，「＃胸大きく」等と表示することにより，あたかも，本件商品を摂取することで，豊胸効果が得られるかのように示す表示をしている。

② アフィリエイトサイトの表示について

「LiSA LIFE」と称するアフィリエイトサイトにおいて，令和2年10月23日，例えば，「『バスト育ちすぎてヤバい！？』バストアップ＆美容ケアのW効果で簡単に巨乳メリハリボディになる裏技解禁！」，人物の胸部の画像と共に，「巨乳になっちゃう!?」，「『バストずっと貧乳...』『AAAカップすぎてブラ意味ない！』『身体にメリハリなし！』」，「そんな女子たちが最近話題の方法で『巨乳メリハリボディ』成功者続出しているんです！ SNSでもバズッて，モデルやインスタグラマーがバスト激変しまくり！」及び人物の胸部の比較画像と共に，「『そんな夢みたいなことある！？』」等と表示することにより，あたかも，本件商品を摂取することで，豊胸効果が得られるかのように示す表示をしていた。

〈不実証広告規制〉

消費者庁長官は，上記表示の裏付けとなる合理的な根拠を示す資料の提出を求めたところ，アクガレージ及びアシストは，当該期間内に当該資料を提出しなかった。

◆ 解 説

1 はじめに

本事案の特徴として，①共同主体性を認定した点，②アフィリエイト広告について表示主体性を認定した点，及び，③Instagramにおける，いわゆる「ステマ」とも評価し得るような表示に対して措置命令を行った点の3つがあげられる。

2 検 討

(1) 共同主体性

本事案においては，アクガレージとアシストの2社が，本件商品を「共同して」供給していること（供給主体性）及び本件表示を「共同して」行っていること（表示主体性）を認定している。これは，措置命令書において認定されている，アシストがアクガレージに対し通販事業の企画，運営，プロモーション業務等を委託していることや，アクガレージの従業員はアシストの代表取締役を務めているといった事実を踏まえてのものであると考えられる。

(2) アフィリエイト広告における表示主体性

アフィリエイト広告における表示を措置命令の対象とした事案としては，他にも株式会社DYM（以下「DYM」という）に対する措置命令（消表対第546号及び第547号（令和4年4月27日））等があげられる。当該事案では，アフィリエイト広告について，DYM（広告主）がASPに対し，訴求して表示して欲しい項目を具体的に指示していたことから，アフィリエイト広告の表示内容についてもDYMが決定していたものと認定されている（DYMに表示主体性が認められている）[57]。

もっとも，アフィリエイト広告において事業者（広告主）に表示主体性が認められるのは，必ずしもこのような事情が認められる場合に限られるものではないだろう。当該広告を直接作成したのが，事業者（広告主）とは別の第三者であったとしても，その作成の過程における事業者の関わり方（態様）やどの程度任せていたのか（放任していたのか）等，諸般の事情を総合的に判断した結果，表示内容の決定に関与した事業者であるとして，その表示内容について責任を負う可能性が十分にある（表示主体性が認められ得る）ことには留意すべきである[58]。

---

[57] 宗田直也ほか「株式会社DYMに対する景品表示法に基づく措置命令について」（公正取引 No.869号）68頁。

[58] この点，上記第1部第1，4(7)のとおり，「アフィリエイト広告等に関する検討会　報告書」Ⅲ1(2)アにおいて，アフィリエイト広告における表示主体性の考え方が示されており，消費者庁はアフィリエイト広告について原則として広告主が責任を負うべきであるとの厳しい立場を取っていることが推察されることから，事業者としては留意する必要がある。

(3) ステマ告示との関係性・考察

本事案は，Instagram 内の投稿について，アクガレージ及びアシストが「Instagram 内のアカウントを保有する者に対し，同表『表示内容』欄記載の表示の内容を Instagram 内に投稿するように指示することなどにより…表示内容を…自ら決定している」との認定がなされている。

SNS における広告市場が拡大するなか，いわゆるステマの問題がより一層顕在化している事態を踏まえて令和 5 年 3 月 28 日にステマ告示が制定され，同告示は同年 10 月 1 日から施行されている[59]。この点，本事案は優良誤認表示が認定された事案ではあるが，SNS を用いた広告を行う場合には，優良誤認表示や有利誤認表示に該当しないかという点に加え，ステマ告示に該当しないかという点にも注意を払う必要があり，事業者においては法令遵守のための管理体制の構築が重要な課題となるであろう。なお，ステマ告示に関する違反事例として，☞ **No.51** を参照されたい。

One Point

本事案は，Instagram の投稿について，また，ハッシュタグの内容について不当表示を認定した初めての事例であり，その実務上の意義は大きいものといえるだろう。

---

[59] 事件担当官解説によれば，本事案における Instagram の表示については，事業者が表示内容を指示していたにもかかわらず，表示主体について事業者ではない第三者の表示であるかのように偽っていたことから，本事案は，ステマ告示の施行時期以降に行われていた表示であれば，同告示に違反するものであったともいい得るものであったとされている。渡辺大祐ほか「株式会社アクガレージ及びアシスト株式会社に対する措置命令及び課徴金納付命令について」（公正取引 No.883）79 頁。

154　第2章 景品表示法　重要判例・命令

<table>
<tr><td rowspan="2">No.23</td><td>機能性表示食品と不実証広告規制</td></tr>
<tr><td>葛の花由来イソフラボンを機能性関与成分とする機能性表示食品の販売事業者16社に対する措置命令
（消表対第1524号〜第1539号（平成29年11月7日））</td></tr>
</table>

◆ 事　案

〈対象となる商品・役務〉

・葛の花由来イソフラボンを機能性関与成分とする機能性表示食品 19 品（以下総称して「本件商品」という）

〈前提事実等〉

・葛の花由来イソフラボンを機能性関与成分とする機能性表示食品の販売事業者 16 社（以下総称して「関係人 16 社」という）は，健康食品の販売業等を営む事業者である。

〈表示〉

　関係人 16 社は，本件商品を一般消費者に販売するにあたり，例えば，ウェブサイトにおいて，腹部の肉がはみ出してズボンのウエストのボタンとファスナーが閉まらない写真と共に，「葛の花イソフラボンならもう失敗を繰り返さない　体重やお腹の脂肪を減らす」，細身の女性のウエストにメジャーを巻き付けた写真と共に，「本気で脂肪と向き合う実感型ダイエット」及び「体重やお腹の脂肪※を減らす。※お腹の脂肪とは，内臓脂肪と皮下脂肪のことです。」等と表示することにより [60]，あたかも，本件商品を摂取するだけで，誰でも容易に，内臓脂肪及び皮下脂肪の減少による，外見上，身体の変化を認識できるまでの腹部の痩身効果が得られるかのように示す表示をしていた（以下「本件痩身効果表示」という）。

〈不実証広告規制〉

　消費者庁長官は，上記表示の裏付けとなる合理的な根拠を示す資料の提出を求めたところ，関係人 16 社は，期間内に資料を提出したが，当該資料は表示の

---

[60] 上記表示は関係人 16 社のうちの 1 社のものであり，一例である。

裏付けとなる合理的な根拠を示すものとは認められなかった。

〈**本事案で問題となった表示（抜粋）**〉

(https://warp.ndl.go.jp/info:ndljp/pid/11257153/www.caa.go.jp/policies/policy/representation/fair_labeling/pdf/fair_labeling_171107_0003.pdf（国立国会図書館 HP（warp）より抜粋）

◆ 解 説

1 機能性表示食品

　本事案は，機能性表示食品に関する表示に対して初めて措置命令（及び課徴金納付命令）が下された事案である。

　機能性表示食品とは，食品表示法（平成 25 年法律第 70 号）4 条 1 項の規定に基づく食品表示基準（平成 27 年内閣府令第 10 号）2 条 1 項 10 号に規定する，安全性及び機能性に関する一定の科学的根拠に基づき，食品関連事業者の責任において特定の保健の目的が期待できる旨の表示を行うものとして，消費者庁長官に届け出られた食品をいう。ここで留意すべきは，機能性表示食品制度は，食品についての安全性及び機能性の根拠に関する情報等を消費者庁長官に届けることを求めているにすぎず，何ら国による個別の許可を受けるものではない

という点である。

　また，機能性表示食品制度は食品表示法に基づく制度であるから，有事の際には同法違反の問題が生じ得ることはもちろんであるが，届出内容を超える表示をする場合や国の評価・許可等を受けたものと誤認される表示をする場合，表示の裏付けとなる合理的な根拠がない場合等[61]は，景品表示法に規定する優良誤認表示（5条1号）や健康増進法に規定する虚偽誇大表示（同法 65 条1項）等に該当するおそれがあるため，注意が必要となる[62]。

２　検　討

　本件商品は，葛の花由来イソフラボン（テクトリゲニン類として1日あたり22.0mg ないし 42.0mg）の経口摂取により腹部脂肪面積，体重及び胴囲が減少することが示唆されたとする機能性関与成分に関する研究レビュー結果等（以下「本件科学的根拠」という）を根拠として，その容器包装に「本品には，葛の花由来イソフラボン（テクトリゲニン類として）が含まれます。葛の花由来イソフラボン（テクトリゲニン類として）には，肥満気味な方の，体重やお腹の脂肪（内臓脂肪と皮下脂肪）やウエスト周囲径を減らすのを助ける機能があることが報告されています。肥満気味な方，BMI が高めの方，お腹の脂肪が気になる方，ウエスト周囲径が気になる方に適した食品です。」との表示（以下「本件届出表示」という）を行うものとして，消費者庁長官に届け出られた機能性表示食品である[63]。

　ここで注意を要するのは，本事案の措置命令は，この本件届出表示について不当表示（優良誤認表示）であると認定したものではないという点である。すなわち，関係人 16 社は，あたかも，本件商品を摂取するだけで，誰でも容易に，内臓脂肪及び皮下脂肪の減少による，外見上，身体の変化を認識できるまでの腹部の痩身効果が得られるかのように示す表示（本件痩身効果表示）をしていたところ，本件科学的根拠は，体重やウエスト周囲が，それぞれ，約1 kg，約1 cm 程度減少することを示すにとどまるものであったことから，本件痩身

---

[61] 健食留意事項第4，1 (2)。
[62] 機能性表示食品制度は，食品の表示に対する景品表示法の適用を排除しない（食品表示法 14 条）。
[63] 田中誠ほか「葛の花由来イソフラボンを機能性関与成分とする機能性表示食品の販売事業者に対する措置命令及び課徴金納付命令について」（公正取引 No.820）91 頁。

効果表示の裏付けとなる合理的な根拠とは認められないとされたものである。

なお，本件痩身効果表示の中には体験談の表示も含まれており，体験談を用いる場合の打消し表示に関する論点もあるが，これについての考え方は，☞ *No.15* を参照されたい。

One Point

　本事案の他にも，機能性表示食品に関する表示について措置命令が下された事案としては，さくらフォレスト株式会社に対する件（消表対第 707 号（2023 年 6 月 30 日）），株式会社アリュールに対する件（消表対第 1242 号（2023 年 11 月 27 日））及び株式会社ハハハラボに対する件（消表対第 1281 号（2023 年 12 月 7 日））等がある。

　このうち，さくらフォレスト株式会社に対する措置命令に関しては，科学的根拠に基づく届出表示から逸脱した表示について措置命令がなされた本事案とは異なり，機能性表示食品の科学的根拠が不十分であるとして，届出表示そのものについて不当表示を認定しており，今後の運用・執行が注目されるところである。

No.24	有利誤認表示の各要件該当性
	大阪地判令和3年4月22日（令和元年（行ウ）第73号）措置命令取消請求事件[ライフサポート事件]

◆ 事案

　通信販売事業者である株式会社ライフサポート（以下「ライフサポート」という）は，おせち料理合計7商品（以下「本件7商品」という）を一般消費者に販売するにあたり，例えば，平成29年12月1日から同月13日までの期間，「数量限定　歳末特別価格！年末のおせちお急ぎください！なくなり次第終了！通常価格28,800円（税別）　↓↓↓残りわずか!!　今なら!!8,000円お値引き　歳末特別価格20,800円　税別」と表示すること等により，あたかも，「通常価格」と称する価額は，ライフサポートにおいて本件7商品について通常販売している価格であり，「歳末特別価格」と称する実際の販売価格（以下「セール価格[64]」という）が当該通常販売している価格に比して安いかのように表示（以下本件7商品に関する表示を「本件各表示」という）していたが，実際には，「通常価格」と称する価額は，ライフサポートにおいて本件7商品について最近相当期間にわたって販売された実績のないものであった。

公正取引委員会HP（https://www.jftc.go.jp/houdou/pressrelease/2019/mar/190306.pdf）より抜粋

---

[64] 「歳末特別価格」のほか，「スーパー早割価格」，「早割価格」，「特別価格」，又は「テレショップ特別価格」を指し，ライフサポートにおいて「通常価格」よりも安価な価格として使用されていた。

消費者庁長官は，本件各表示が有利誤認表示（5条2号）に該当するとして，7条1項に基づき措置命令（消表対第260号（平成31年3月6日）。以下「本件措置命令」という）を行った。本事案は，ライフサポートが本件措置命令の取消しを求めた事案である。

◆ 判決要旨

請求棄却。

1　5条2号の判断枠組み

景品表示法5条2号にいう「一般消費者に誤認される表示」とは，当該商品又は役務についてそれほど詳しい情報・知識を有していない通常レベルの消費者，一般レベルの常識を有している消費者が，通常誤認を生ずる程度の表示をいうものと解される。また，ここにいう「誤認」とは，実際のものと一般消費者が当該表示から受ける印象・認識との間に差が生ずることをいい，「誤認される」とは，誤認が生ずる可能性が高いと認められれば十分であり，現実に多数の消費者が誤認したことや，まして，その表示に基づいて商品又は役務を実際に購入した者が存在する必要はないものと解される。

そして，一般消費者は，商品等の内容，取引条件という商品等の選択上重要な要素について誤認させられた状態において，自主的かつ合理的な選択を行うことができないことは明らかであるから，「一般消費者に誤認される表示」であると認められれば，通常，「一般消費者による自主的かつ合理的な選択を阻害するおそれがある」と認めることができる。

2　5条2号該当性（あてはめ）

本件各表示における「通常価格」と称する比較対照価格は，いずれも8週間ルールの過半基準又は2週間以上基準に照らして，最近相当期間価格に当たらない。そうすると，本件7商品に係る本件各表示は，価格表示ガイドラインにおける「過去の販売価格等を比較対照価格とする二重価格表示」として，一般に「不当表示」に該当するということができる。そして，原告においては，「通常価格」による本件7商品の販売数が極めて少なく，一般消費者からの要望に応じて広くセール価格による販売を行っていたのであって，一般消費者が希望すれば本件7商品をセール価格によって購入することができたというのである。

160　第2章 景品表示法　重要判例・命令

以上の事情に照らせば，本件7商品に係る本件各表示は，「通常価格」による販売の実績がないにもかかわらず「通常価格」による販売がされていたかのように表示するものとして，実際のものと一般消費者が当該表示から受ける印象・認識との間に差を生じさせるものであり，実際のものよりも取引の相手方に著しく有利であると一般消費者に誤認される表示であったというべきである。

◆ 解　説

1　5条2号の判断枠組み

本事案においては，まず，5条2号における「一般消費者」の意義が争点となった。この点，ライフサポートは「一般消費者」の意義を「健全な常識を備えた一般消費者」であると主張したものの，本判決は，1条に定める目的に照らし，「一般消費者」について，【判決要旨】1に記載のとおり，「当該商品又は役務についてそれほど詳しい情報・知識を有していない通常レベルの消費者，一般レベルの常識を有している消費者」と積極的にその意義を判示し，ライフサポートの主張のように，「一般消費者」の文言を限定的に解釈する必要がない旨も判示した。かかる判示は，消費者庁の立場とも合致するものである[65]。

次に，本判決は，「誤認」とは，実際のものと一般消費者が当該表示から受ける印象・認識との間に差が生ずることをいうとしたうえで，「誤認される」の意義を，誤認が生ずる可能性が高いと認められれば十分であって，現実に多数の消費者が誤認したことや，その表示に基づいて商品又は役務を実際に購入した者が存在する必要はないと解される旨を判示している。

さらに，本判決は，「一般消費者による自主的かつ合理的な選択を阻害するおそれがある」との要件については，「一般消費者に誤認される表示」の要件を満たせば，「通常」は充足されるとして，具体的に検討することは不要と解している[66]。

---

[65] 高居67頁

[66] 判決は「通常」との言い回しを用いて，例外を認め得るような判示をしているが，例外に該当するケースは実質的には考えられないと解される。笠原宏「通信販売業者による過去の販売価格を比較対照価格とする二重価格表示に対する景品表示法に基づく措置命令取消訴訟判決」（公正取引 No.853）30頁。なお，本判決に先立つ株式会社日本交通公社に対する審決（平成2年（判）第1号（平成2年8月10日））も，「顧客を誘引する手段として事業者が自己の供給する商品又は役務の取引について行う表示で『実際のものよ

2　5条2号の該当性（あてはめ）

　価格表示ガイドラインでは，過去の販売価格等を比較対照価格とする二重価格表示を行う場合には，比較対照価格となる過去の販売価格は，最近相当期間にわたって販売された価格であることを求め，その具体的判断基準として8週間ルールの過半基準や2週間以上基準を定めている（価格表示ガイドライン第4，2(1)ア（ウ），本書第1部第1，5(4)イ（イ）c参照）。

　本事案においても，セール価格の比較対照価格としての「通常価格」が，価格表示ガイドライン上の「最近相当期間価格」に該当するか否かが問題とされたが，これについて，裁判所は価格表示ガイドラインの8週間ルールの過半数基準及び（本件7商品のうち1つは）2週間以上基準を満たさないことを認定し，また，「通常価格」での販売数が極めて少なく一般消費者からの要望に応じて広くセール価格による販売を行っており，一般消費者が希望すれば本件7商品をセール価格によって購入することができたことを考慮して[67]，有利誤認表示に該当する（すなわち，セール価格の比較対照価格としての「通常価格」は，価格表示ガイドライン上の「最近相当期間価格」に該当しない）と判示した。

　この点，ライフサポートは，価格表示ガイドラインにおける最近相当期間価格というためには，事業者が通常の販売活動において当該商品を販売していたことで足り，一般消費者による当該商品の購入実績を要求してはいないうえ，景品表示法の趣旨からすると，一般消費者が商品購入をしようと意思決定をする局面が重要であるから，購入しようという意思決定後の割引等をその意思決定の評価に遡及的に影響させることはその解釈として不当である旨を主張したものの，本判決は，「比較対照価格とされる『通常価格』と称する過去の販売価格としては，現実にいくらの価格によって購入・入手することができたかという販売の実態に着目すべきであって，仮に，一般消費者が交渉等を通じて割引価格による購入をすることができていたとすれば，この点を含めて考慮せざるを得ない。」としている。

りも著しく優良であると一般消費者に誤認される』ものは，通常『不当に顧客を誘引し，公正な競争を阻害するおそれがある』ものと解される。」との判示をしており，参照されたい。

[67] 本件7商品の中で差異はあるものの，販売期間中における本件7商品の合計販売個数のうち，通常価格での販売個数の百分率は，7商品いずれも1％未満（約0.1％〜0.6％）であった。

関連して，価格表示ガイドラインにおいては，「『最近相当期間にわたって販売されていた価格』についての考え方」として，「『販売されていた』とは，事業者が通常の販売活動において当該商品を販売していたことをいい，実際に消費者に購入された実績のあることまでは必要ではない。」旨が示されており（第4，2(1)ア（イ）），本判決と当該記載との整合性が一応問題となり得る。しかしながら，当該記載はあくまでも，当該期間内において比較対照価格以外の販売が行われていないことが前提であると考えられ，セール価格での販売を行っていた本件は，上記前提を満たしていないことは明らかであって，矛盾するものではないとされている[68]。

One Point

本事案は有利誤認表示における各要件該当性全般について判示するものであり，条文や価格表示ガイドラインの記載をどのように解釈すべきかを検討するうえで，参考になる。

---

[68] 前掲脚注66・31頁参照

	インターネット通販における定期購入に関する表示の有利誤認表示該当性
No.25	名古屋高判令和3年9月29日（令2（ネ）74号） 不当表示等差止請求控訴事件[ファビウス事件]

※条数は当時のものである。

◆ 事 案

　ファビウス株式会社（以下「ファビウス」という）は，インターネットによる通信販売業等を営み，健康食品「すっきりフルーツ青汁」（以下「本件商品」という）を「ラクトクコース」と呼称する方法で販売していたが，これは，本件商品を毎月1回，最低4回継続して購入することを条件として，初回分の支払金額を定価（3,980円（税抜））から84％割引した価格（630円（税抜））とするものであった（以下「本件契約」という）。

　適格消費者団体である特定非営利活動法人消費者被害防止ネットワーク東海（以下「消費者被害防止ネットワーク東海」という）は，本件商品に関する表示が，実際は最低4回継続して本件商品を購入しなければならないのに，初回分の支払金額を低額とすることにより，一般消費者をして，本件商品を1回だけ購入する契約（お試し購入）であると誤認させるとともに，最低4回継続して本件商品を購入しなければならない以上，初回分の支払金額を4回の平均支払金額よりも低額とする必要性及び合理性がないのに，初回分の支払金額を強調して表示することで，一般消費者をして，実際の商品代金よりも安価であると誤認させるもので，5条2号の「有利誤認表示」に当たるとして，ファビウスに対し，30条1項2号（現34条1項2号）に基づき，自ら又は第三者をして初回分の支払金額を強調する表示等をしてはならないことを求めた。

　原判決が，消費者被害防止ネットワーク東海の請求を棄却した[69]ことから，消費者被害防止ネットワーク東海が控訴した。

　なお，消費者被害防止ネットワーク東海は，控訴審において，申込内容確認画面において初回分の支払金額と解約が許されない期間の商品代金総額とを殊

---

[69] 名古屋地判令和元年12月26日判決（平30（ワ）171号不当表示等差止請求事件）。

更分離した表示等をしてはならないことを求める請求を追加した。

　※本事案のインターネット上の表示は, 大要, 以下の表のように整理される。

本件広告表示	・スマートフォン等で最初に一般消費者が本件商品を目にし, ファビウスのウェブサイトに誘導されるきっかけとなる広告表示（いわゆるポップアップ広告） ・本件契約の初回分の代金（630円）等の表示 ・タップすると, 本件トップ画面が表示
以下，本件表示	
本件トップ画面	・「通常価格 3,980円」に「×」印が付され, 大きな黄色文字で「630円」等の表示
本件特典	・特典2　初回なんと 3,350円お得 等の表示
本件申込ボタン	・ボタンをタップすると本件注意事項に遷移
本件募集要項	・「初回の1カ月は84％OFF（630円税抜）で送料無料！」 ・「2回目以降は12％OFF（3,480円税抜）送料無料でお届け！」 ・「初回を含め最低4回（4カ月）以上のご継続がお申し込みの条件です。」 等の表示
本件注意事項	・「毎月自動でお届けする定期コースとなります。」 ・1回目から4回目までの各回の支払金額と割引率 ・「特別価格コースのため, 途中解約は出来ません。ご了承のうえ, ご注文ください。」 等の表示
申込フォーム	・入力欄に氏名住所等を順次入力する仕様
本件申込内容確認ボタン	・ボタンの下に「※必ずお読みください※」との表示があり, さらにその下に「4回以上のご継続（ご購入）をお約束頂く代わりに, 初回が特別価格, 2回目以降も割引価格となるため, 単品でご購入頂くよりもお得なコースとなっております。」 等の表示 ・ボタンをタップすると本件申込内容確認画面に遷移
本件申込内容確認画面	・商品合計「630円」, 消費税「50円」, 合計「680円」等（黒色の枠に囲われている） ・（以下, 上記枠の外（下）に, より小さなフォントで）「初回商品代金は680円(税込, 送料, 手数料無料), 2回目以降は商品代金3,758円（税込・送料・手数料無料）となります。」 ・「初回を含めた4回のご継続（ご購入）での合計金額は, 11,954円（税込・送料・手数料無料）です。」 等の表示
本件申込内容確定ボタン	・タップすると注文が確定

◆**判決要旨**

控訴棄却。

1　一般論

商品の価格その他の取引条件について，実際のものよりも「取引の相手方に著しく有利であると誤認される表示」（30条1項2号（現34条1項2号））とは，健全な常識を備えた一般消費者の認識を基準として，社会一般に許容される誇張の程度を超えて商品等の有利性があると誤って認識される表示をいうと解するのが相当である。そして，当該表示がインターネット上に存在し，スマートフォン（携帯電話）やパソコン等の画面において表示される場合には，文言や文字等の体裁のみならず，画面の遷移等も含め，当該表示を総合的に考慮して判断すべきである。

2　本件表示の検討

（1）　本件広告表示は，商品名，価格（¥630），割引率（−82％），本件商品の画像が表示されているにすぎず，一般消費者が本件広告表示だけを見て，本件契約の具体的な内容を知ることはできないから，本件広告表示をもって，一般消費者が本件契約を初回1回だけの契約であると誤認するとは認め難い。

本件トップ画面は，「通常価格3,980円」に「×」印が付され，大きな黄色文字で「630円」と表示されており，この表示だけを見ると，本件商品のラクトコースでの購入が商品代金を大幅に割り引いた初回1回だけの契約（お試し購入）であることをうかがわせるものといえなくもない。

しかし，本件トップ画面をスクロールすると，順次，本件特典，本件申込ボタン，本件募集要項が表示され，本件募集要項には，赤色及び黒色文字で「初回を含め最低4回（4カ月）以上のご継続がお申し込みの条件です」と表示されている。また，本件申込ボタンをタップすると，本件注意事項が表示され，そこには，緑色背景に白色文字で「ラクトコースをお申し込みの前に必ずご確認の上，ご購入ください。」との表示があり，その下に白色背景で黄色で囲われた枠内に赤色及び黒色文字で「毎月自動でお届けする定期コースとなります。」との表示があり，その下に1回目から4回目までの各回の支払金額と割引率が順次表示され，その下には黄色で囲われた枠内に「特別価格コースのため，途中解約は出来ません。ご了承のうえ，ご注文ください。」との表示がある。

166 第2章 景品表示法 重要判例・命令

そして，本件契約がいかなる内容の契約であるかについて関心を有する一般消費者であれば，本件表示に3箇所ある本件募集要項の少なくともいずれか1つは見ると考えられ，仮に本件募集要項を全く見ることなく本件申込ボタンをタップしたとしても，遷移先である本件注意事項を見ることになる（本件注意事項の最上部には，ウェブサイト閲覧者に対する注意喚起として，黒色線の三角形の枠内（黄色）に黒色文字で「！」があり，見逃してはならない重要事項が記載されていることが視覚的にも明示されているから，この部分にすら全く目を通さない一般消費者がいるとすれば，それはもはや保護に値するものとはいい難い）ところ，上記のような本件募集要項及び本件注意事項の表示内容からすれば，健全な常識を備えた一般消費者は，本件商品のラクトクコースでの購入（本件契約）が商品代金を大幅に割り引いた初回1回だけの契約（お試し購入）でないことを容易に理解することができるというべきである。

(2)　本件申込内容確認画面については，黒色の枠に囲われた初回分の商品代金のすぐ下に2回目以降の商品代金等が表示され，両者が殊更に分離されているとは認め難いし，すでに判示したように，本件表示全体の表示内容や表示方法等に照らせば，本件申込内容確認画面の表示をもって，一般消費者をして本件契約が初回1回だけの契約（お試し購入）であると誤認させるものとは認め難い。

◆ 解 説

1　はじめに

本事案では，インターネット通販における定期購入の取引条件に関する表示が，有利誤認表示に該当するか，より具体的には，本件商品に関する表示が，一般消費者[70]をして，実際は4回の定期購入である本件契約につき，初回1回だけの契約であると誤認させるものであるか否かが争点となった。本判決は，この点に関する具体的な判断を示すものであり，その判断のプロセスは，同種事案を検討するうえでも参考になろう。

---

[70] 不当表示における「一般消費者」（の知識レベル）に関する判例の動向，分析については，渡辺39～40頁参照。

2 本件広告表示が，初回1回だけの契約であると誤認させるものであるか否か

　裁判所は，「画面の遷移等も含め，当該表示を総合的に考慮」して検討し，結論として，本件の表示が，一般消費者をして，初回1回だけの契約であると誤認させるものではなく，有利誤認表示には該当しないと結論付けた。

　この点，「本件契約がいかなる内容の契約であるかについて関心を有する一般消費者であれば」本件トップ画面をスクロールして，本件募集要項（のいずれか1つ）を見るとまで断定できるかについては若干の疑問はあるところではある（本件募集要項を見る前に本件申込ボタンを押す消費者も一定数いるのではなかろうか）。

　他方で，本件申込ボタンを押した後に，本件注意事項の画面（4回の定期購入であること，途中解約不可を示す注意事項）に遷移することになっており，また，一定の注意喚起（最上部の「!」，「申し込みの前に必ずご確認の上‥」）や注意事項の下に「申込フォーム」を設置する等，申込確定前に，注意事項を確認させるための一定の工夫（一定の注意喚起や注意事項の記載位置の工夫）も講じられており，これらの点が決め手になったものと考えられる。

　また，本件申込内容確認画面については，裁判所は，初回代金と2回目以降の商品代金額との位置関係や全体の表示内容・方法を考慮のうえ，有利誤認表示には該当しないものとした。しかし，申込内容確認画面の重要性を考慮するに，初回代金額のみ黒枠で囲んで表示し，2回目以降の金額や初回を含めた代金合計額を枠の外に，小さい文字で表示することは，一般消費者に誤認を生じさせることを意図するものであると評価される危険がないとはいえない[71]。

　事業者としては，有利誤認表示に該当しないよう，画面遷移を含め，全体として誤認が生じないようにするというスタンスが重要である。それに加え，訴求力とのバランスを考慮する必要はあるものの，一般消費者からのクレームや無用なトラブルを避けるため，個別の画面単体においても，誤認が生じないよう工夫することが望ましいといえるだろう（例えば，初回代金を過度に目立た

---

[71] 植村幸也「独禁法事例速報」（ジュリスト1571号）7頁は，確認画面の表示が欺瞞的であるとし，一旦注意事項で誤認が正されたとしても，確認画面を含む本件表示全体として有利誤認表示に該当するという判断もあり得たのではないかとの見解を示す。

せる一方で，総額代金を目立たせないようにすることは控えるべきであろう。また，一般消費者が最初に目にする画面，最終確認画面等においては，より慎重な検討が求められるであろう）。

> **One Point**
>
> 事業者としては，画面遷移を含めた全体として誤認が生じないようにするのはもちろんのこと，一部の画面においても，一般消費者に誤解を生じさせる可能性のある表示内容・方法は避けるのが望ましいと考えられる。

	オンラインゲームにおける不当表示
No.26	アワ・パーム・カンパニー・リミテッドに対する措置命令 （消表対第 54 号（平成 30 年 1 月 26 日））

◆ 事 案

〈対象となる商品・役務〉

・アワ・パーム・カンパニー・リミテッド（以下「アワ・パーム」という）が供給する「THE KING OF FIGHTERS '98 ULTIMATE MATCH Online」と称するオンラインゲーム（以下「本件ゲーム」という）内において，平成 28 年 12 月 31 日から平成 29 年 1 月 4 日までの間に実施した，本件ゲーム内で使用する「クーラ」と称するキャラクターを提供する「クーラ限定ガチャ」と称する役務（以下「本件役務」という）。

〈前提事実等〉

・アワ・パームは，ネットオンラインゲーム等インターネットを利用した各種情報提供サービス事業等を営む事業者である。

・本件役務に係る「クーラ」と称するキャラクターの出現確率は，本件役務の取引 1 回ごとに独立したものとして算出されている。

〈表示〉

アワ・パームは，本件役務を一般消費者に提供するにあたり，平成 28 年 12 月 31 日から平成 29 年 1 月 4 日までの間，本件ゲーム内の本件役務の取引画面において，「クーラ」と称するキャラクターの画像とともに，「ガチャでピックアップの格闘家があたる」，「クーラ」，「出現確率：3 ％」，「購入」並びに「万能破片と格闘家確定」及び「10 回購入」と記載することにより，あたかも，本件役務を 1 回ごとに取引する場合にあっては，本件役務の取引 1 回あたりの，「クーラ」と称するキャラクターの出現確率が 3 ％であるかのように，また，本件役務を 10 回分一括して取引する場合にあっては，「万能破片」と称するアイテムの出現に割り当てられる 1 回を除く 9 回における本件役務の取引 1 回あたりの「クーラ」と称するキャラクターの出現確率が 3 ％であるかのように表示していた。

〈実際〉

　実際には，本件役務を1回ごとに取引する場合の本件役務の取引1回あたりの「クーラ」と称するキャラクターの出現確率は，0.333％であり，また，本件役務を10回分一括して取引する場合の「万能破片」と称するアイテムの出現に割り当てられる1回を除く9回における本件役務の取引1回あたりの「クーラ」と称するキャラクターの出現確率は，9回のうち8回については0.333％であった（有利誤認表示）。

〈本事案で問題となった表示〉

　国立国会図書館 HP（WARP）より抜粋（https://warp.ndl.go.jp/info:ndljp/pid/12901284/www.caa.go.jp/policies/policy/representation/fair_labeling/pdf/fair_labeling_180126_0001.pdf）

◆ 解 説

1 オンラインゲームにおけるガチャと景品表示法に関する規制の動向

　近年オンラインゲーム[72]の市場規模が拡大しており，2021 年の市場規模は 1 兆 6,127 億円と推定されている[73]。オンラインゲームは，プレイすること自体は無料であるがゲームを有利に進めるキャラクターやアイテムなどをガチャ[74]で販売しそれにより収益を得る，といったビジネスモデルがほとんどである。

　もっとも，ガチャが実際にどのような抽選方法（抽選の仕組み）となっているのかについては一般消費者が具体的に把握する手段が乏しく，事業者と一般消費者の情報格差が大きい分野である[75]。そして，事業者は，故意の場合だけでなく，過失により（意図せず），ガチャに係る表示が示している内容・取引条件と実際の内容・取引条件が異なるガチャを一般消費者に提供してしまうこともあり得る。実際に，「説明された内容と実際のガチャが異なっているのではないか」というように，一般消費者からの批判が当該事業者に殺到することも度々起こっているところである（いわゆる「炎上事件」）。

　したがって，事業者としてもそのような事態が起こらないよう注意をする必要があり，特に措置命令（7条1項）との関係においては事業者の故意過失を問わないものであるから，表示と実際に齟齬が起きないように適切に管理することが求められているといえよう[76]。

　なお，このような事態を受け，一般社団法人コンピュータエンターテインメント協会（CESA）や一般社団法人日本オンラインゲーム協会（JOGA）は，そ

---

[72] ここでは携帯電話ネットワークやインターネット上で提供されるゲームのことをいうものとする（「オンラインゲームの『コンプガチャ』と景品表示法の景品規制について」（平成 24 年 5 月 18 日消費者庁）1 参照）。

[73] 経済産業省「令和 3 年度　電子商取引に関する市場調査　報告書」72 頁。

[74] オンラインゲームの中で，オンラインゲームのプレーヤーに対してゲーム中で用いるキャラクターやアイテムを供給する仕組みのこと。駄菓子屋の店頭などに設置されることが多い「ガチャガチャ」であるとか「ガチャポン」などと呼ばれる自動販売機になぞらえて「ガチャ」と呼ばれることが一般的である（「オンラインゲームの『コンプガチャ』と景品表示法の景品規制について」（平成 24 年 5 月 18 日消費者庁）2 参照）。

[75] 渡辺大祐ほか「株式会社 gumi 及び株式会社スクウェア・エニックスに対する措置命令について」（公正取引 No.860）73 頁。

[76] なお，いわゆるコンプガチャは，カード合わせに該当するものであるとして全面的に禁止されている（懸賞制限告示 5 項，懸賞運用基準 4(1)）が，これについては「オンラインゲームの『コンプガチャ』と景品表示法の景品規制について（平成 24 年 5 月 18 日消費者庁）」を適宜参照されたい。

れぞれ「ネットワークゲームにおけるランダム型アイテム提供方式運営ガイドライン」,「ランダム型アイテム提供方式を利用したアイテム販売における表示および運営ガイドライン」を自主規制として定めているところである。

2 本事案の解説

本事案では5条2号違反（有利誤認表示）が認定されている。

この点，事件担当官解説では，ガチャの取引画面における出現確率は取引条件に係る表示である旨の説明がなされているところである[77]。すなわち，本事案においては，本件役務（クーラ限定ガチャ）は「クーラ」というキャラクターを一定確率で手に入れることができるガチャであったところ，「クーラ」の出現確率が表示と異なっていたということは，「クーラ」をどのくらいの確率で手に入れることができるかという取引条件に係る（内容に係るものではない）誤認であるとして，有利誤認表示を認定したと解釈することができるだろう[78]。

One Point

オンラインゲーム，とりわけガチャに関しては，それが実際に景品表示法違反を構成するものであるか否かはさておき，いわゆる炎上事件を招きやすい分野ではある。事業者としては，どのように表示をすれば一般消費者（ユーザー）の誤解を招かないものとなっているかについて，よくよく検証する必要があるだろう。

---

[77] 有松昌ほか「アワ・パーム・カンパニー・リミテッドに対する措置命令及び課徴金納付命令について」（公正取引 No.856）91頁。

[78] もっとも，本事案における本件役務に係る表示は，優良誤認表示であると認定する余地もあったように思われる。本件役務はクーラ限定ガチャであるが，この「クーラ」というキャラクターの出現確率が異なるということは，表示から一般消費者が認識するガチャの態様とは異なっていたともいうことができるだろう。そうすると，本件表示はガチャの態様という，ガチャの内容について誤認させるものであるから優良誤認表示である，と整理することも可能であったように思われる。この点に関し，株式会社gumi及び株式会社スクウェア・エニックスに対する措置命令においては，ガチャの抽選方法について表示と実際が異なっていたことをもって，当該役務（ガチャ）の内容は一般消費者に対し著しく優良であると誤認されるものであるとして，当該表示について優良誤認表示が認定されているようである（渡辺大祐ほか「株式会社gumi及び株式会社スクウェア・エニックスに対する措置命令について」（公正取引 No.860）72頁）。

No.27	懸賞企画と有利誤認表示，顧客誘引性の要件
	株式会社秋田書店に対する措置命令 （消表対第 370 号（平成 25 年 8 月 20 日））

◆ 事 案

〈対象となる商品・役務〉

・株式会社秋田書店（以下「秋田書店」という）が一般消費者に販売する「ミステリーボニータ」,「プリンセス」及び「プリンセス GOLD」と称する漫画雑誌（以下「本件商品」という）

〈前提事実等〉

・秋田書店は出版印刷製本等を営む事業者である。

・秋田書店は，本件商品の誌面上で実施する懸賞企画の当選者数等の表示内容を自ら決定している。

〈表示〉

秋田書店は，本件商品を一般消費者に販売するにあたり，例えば，本件商品のうち，平成 23 年 1 月 6 日発売の「ミステリーボニータ 2011 年 2 月号」の誌面上で実施した「ミステリーボニータ 2 月号 冬のハッピーアイテムプレゼント！」と称する懸賞企画において，「1 ワンセグポータブル DVD プレイヤー…2 名」,「2 リストレット…2 名」と記載するなど，あたかも，本件商品の誌面上で実施した懸賞企画においてはそれぞれの景品類について誌面上に記載された当選者数と同数の景品類が提供されるかのように表示していた。

〈実際〉

実際には，例えば，「ミステリーボニータ 2011 年 2 月号」にあっては，下表のとおりであるなど，本件商品の誌面上で実施した懸賞企画においては誌面上に記載された当選者数を下回る数の景品類の提供を行っていた。

景品類		記載された当選者数	実際の当選者数
1	ワンセグポータブルDVDプレイヤー	2名	1名
2	リストレット	2名	1名
3	バッグ	2名	1名
4	バッグインバッグ	5名	1名
5	デジタルオーディオプレイヤー	2名	1名
6	デイモイスチャーナノケア	2名	1名
7	時計	3名	1名
8	メイクセット	3名	1名
9	ニンテンドー DS Lite	2名	0名
10	電気グリル鍋	3名	1名
11	おでかけセット	5名	1名
12	手帳	2名	1名
13	マフラー	3名	1名
14	全国百貨店共通商品券1万円分	1名	0名
ボニータ賞（リボン型ヘアクリップ）		50名	3名

国立国会図書館 HP（WARP）より抜粋（URL: https://warp.ndl.go.jp/info:ndljp/pid/11277367/www.caa.go.jp/policies/policy/representation/fair_labeling/pdf/130820premiums.pdf）

〈本事案で問題となった表示（抜粋）〉

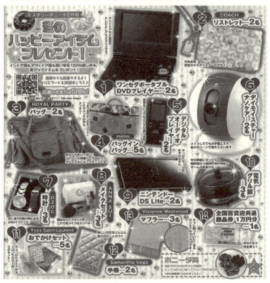

国立国会図書館 HP（WARP）より抜粋（URL は同上）

No.27 懸賞企画と有利誤認表示,顧客誘引性の要件　175

◆ 解 説

1　景品類の提供と不当表示及び本事案の検討

　本事案は事業者の提供する景品類に関する表示が不当表示(有利誤認表示)とされた事案である。本事案における企画は,本件商品の紙面上で実施した,応募者の中から抽選により景品類を提供する企画(懸賞企画)である。景品類を提供する場合には,その内容が景品規制の範囲内で行われる必要があるところ,本事案のような,応募者の中から抽選で景品類の提供の相手方を定める懸賞企画であれば,懸賞制限告示における景品類の最高額や総額等の規制が問題となり得る[79]。

　もっとも,景品類を手に入れることができる(可能性がある)ということは,事業者が供給する商品等を購入しようとする一般消費者にとっては,取引の内容や取引条件と認識されるものである。したがって,事業者が,自己の供給する商品等の購入者に景品類として提供する物品等の内容や提供の条件につき一般消費者を誤認させる場合も,不当表示として景品表示法上問題となり得る[80]。そして,本事案のように紙面上に記載された当選者数を下回る数の景品類の提供を行っていたことは,取引条件について一般消費者を誤認させるものであるとして,有利誤認表示の規制対象となるものである。

　なお,景品類に関する不当表示としては,他にも,本事案と同様に当選本数を実際のものよりも多く表示していたグリー株式会社に対する措置命令(消表対第1049号(平成29年7月19日))などがある。

2　顧客誘引性の要件及び本事案の検討

　雑誌における懸賞企画は誌面上に掲載されることが多いものの,表紙に掲載されることは基本的に多くはない。そして,書店に並んでいる雑誌は紐などで結ばれており,実際に購入して紐をほどくまでその中身を確認することができない場合も多いし,電子書籍の場合にも,購入するまでは読むことはできない。

　このように,一般消費者は,雑誌における懸賞企画を把握することなく当該

---

[79] ただし,本事案における事業者は雑誌の発行を業とする者であり,本件商品は漫画雑誌であるところ,「雑誌業における景品類の提供に関する事項の制限」(平成4年公正取引委員会告示第3号)が別途定められている。

[80] 伊従寛ほか『広告表示規制法』(青林書院,2009)426~427頁。

雑誌を購入する場合が圧倒的に多いと考えられるが，そうすると，懸賞企画は「顧客を誘引するための手段として」行っているものではない（顧客誘引性がない）として，懸賞企画に係る表示は景品表示法上の「表示」（2条4項）の要件を満たさないのではないかとの点が一応問題となり得る。

しかしながら，顧客誘引性の要件は，新たな顧客の誘引に限らず，取引の継続又は取引量の増大を誘引するための手段も含まれると解されている（指定告示運用基準1(2)）。したがって，懸賞企画に係る表示のように，購入前に一般消費者の目に触れることが少ない表示であっても，購入後目に触れるものであれば，例えば「当選の結果を知りたいので，次もこの雑誌を購入しよう」というように，購入する契機となり得る[81]。このように，雑誌の懸賞企画に係る表示は取引の継続又は取引量の増大を誘引するための手段に該当するものであり，顧客誘引性の要件を満たすものといえる（したがって，景品表示法上の「表示」に該当する）。

One Point

　景品類の提供がなされている場合，景品表示法上，常に景品規制のみが問題となり得るわけではなく，当該景品類の提供に関する表示について，別途不当表示の問題となり得ることは注意を要する。

---

[81] 関口岳史ほか「株式会社秋田書店に対する措置命令について」（公正取引 No.762）66〜67頁。

No.28	過去の販売価格を比較対照価格とする二重価格表示，表示主体性
	株式会社イエローハットに対する措置命令 （消表対第 1669 号（平成 29 年 12 月 1 日））

◆ 事 案

〈対象となる商品・役務〉
・株式会社イエローハット（以下「イエローハット」という）が，同社の子会
社を通じて供給するカー用品 33 商品（以下「本件商品」という）

〈前提事実等〉
・イエローハットは，カー用品の販売業等を営む事業者である。

・イエローハットは，自ら又は子会社若しくは加盟店事業者の要望等を受けて，
本件商品に係る日刊新聞紙に折り込んだチラシの素案を作成して，これを子
会社又は加盟店事業者に提案し，とりわけ，同チラシのうち「通」と称する
価額と実際の販売価格とを併記する記載方法及び「通」と称する価額に係る
記載内容については，自ら案を作成して子会社又は加盟店事業者に提案し，
当該案が原則として最終稿となっており，同チラシの表示内容の決定に関与
している。

〈表示〉
　イエローハットは，本件商品を一般消費者に販売するにあたり，例えば，平
成 28 年 8 月 5 日に札幌市の地域内に配布された日刊新聞紙に折り込んだ札幌
白石店における同日に開始したセール企画に係るチラシにおいて，「通は当店
通常価格」と記載したうえで，「ECLIPSE オーディオ一体型カーナビ AVN-G05」
と称する商品について「通 ¥69,800（税込 ¥75,384）の品　¥54,800（税込
¥59,184）」と記載する等により，あたかも，「通」と称する価額は，所定の店
舗における所定の商品について通常販売している価格であり，実際の販売価格
が当該通常販売している価格に比して安いかのように表示していた。

〈実際〉
　実際には，「通」と称する価額は，所定の店舗における所定の商品について
最近相当期間にわたって販売された実績のないものであった（有利誤認表示）。

178　第2章 景品表示法 重要判例・命令

〈本事案で問題となった表示（抜粋）〉

表示例 平成28年8月5日配布の新聞折り込みチラシ

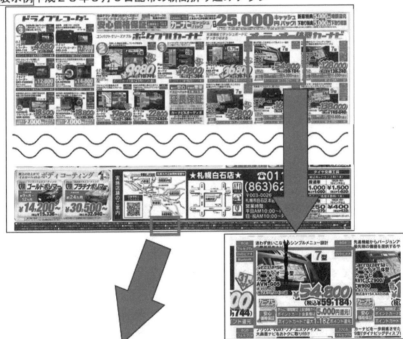

※「¥54,800」の左に当店通常価格として「⑳ ¥69,800」との記載がなされている。

国立国会図書館 HP（WARP）より抜粋（https://warp.ndl.go.jp/info:ndljp/pid/11719671/
www.caa.go.jp/policies/policy/representation/fair_labeling/pdf/fair_labeling_171201_0001.pdf ）

◆ 解 説

1 表示主体性

すでに述べたとおり，実務上，表示主体性が認められるのは，表示内容の決定に関与した事業者であるとして解釈・運用されている。

本事案において，イエローハットは，本件商品に係る日刊新聞紙に折り込んだチラシ（本件表示）について，自ら又は子会社若しくは加盟店事業者の要望等を受けて素案を作成して，これを子会社又は加盟店事業者に提案していたとの事実認定がなされている（とりわけ，「⑱」と称する価額と実際の販売価格とを併記する記載方法及びその記載内容については，イエローハットが作成して提案した案が原則として最終稿となっていたようである）。表示内容の決定に関与した事業者とは，①自ら若しくは他の者と共同して積極的に表示の内容を決定した事業者，②他の者の表示内容に関する説明に基づきその内容を定めた事業者，③他の事業者にその決定を委ねた事業者のいずれかに該当するものであることを要するが，上記事実のとおり，イエローハットは要望を受けて自ら本件表示の素案を作成・提案しているのであって，このうち少なくとも①にあたることは明白であろう。

事件担当官の解説においても，「イエローハットは，…表示内容の決定に関与していたものと評価され，…チラシについて，表示主体性があるものと認められた。これは，子会社等が運営する店舗におけるセールのチラシであっても，その表示内容の決定に関与している場合には，表示主体性が認められ，景品表示法の規制主体となり得ることを示すものであ…る」と説明されている[82]。

2 過去の販売価格を比較対照価格とする二重価格表示

本事案において，イエローハットは過去の販売価格を比較対照価格とする二重価格表示を行っていたが，実際には当該価額は最近相当期間にわたって販売された実績のないものであった。

過去の販売価格を比較対照価格とする二重価格表示については，同一の商品について最近相当期間にわたって販売されていた価格（最近相当期間価格）とはいえない価格を比較対照価格に用いるときは，原則として不当表示に該当す

---

[82] 並木悠「株式会社イエローハットに対する措置命令について」（公正取引 No.819）60頁。

るおそれがあるとされているところである（価格表示ガイドライン第4,2(1)ア(ア) b)。また，最近相当期間価格の判断基準として，いわゆる8週間ルールがある。

これまでに措置命令（排除命令）がなされた事案を見てみると，過去の販売価格を比較対照価格とする二重価格表示について，当該価格は事業者において任意に設定されたものであり過去に販売された実績が全くないなど，そもそも不当表示（有利誤認表示）であることが明らかであった事案が比較的多い。

もっとも，本事案は，措置命令書からは必ずしも明らかではないものの，事件担当官の解説によると，イエローハットは，セール期間以外は「㊙」と称する価格により本件商品を販売していたものであって，比較対照価格での販売実績が全くないというような事案ではなかったようである。しかしながら，競合他社への対抗上，セールの実施回数を増やしセールを頻繁に行った結果，本件商品について，対象店舗におけるセール開始前8週間におけるセール価格での販売期間が「㊙」と称する価額での販売期間以上となってしまっていたこと等から，「㊙」と称する価格を比較対照価格とする二重価格表示が不当表示に当たると認定されたようである[83]。

One Point

事業者としては，競合他社の動向も踏まえながら商品等の販売戦略を練る必要があり，その中でも販売価格というのは重要な要素の1つである。もっとも，価格表示ガイドラインの内容を理解しておかないと，価格に関する不当表示を招きかねないため，注意を要する。

---

[83] 前掲脚注82

	将来の販売価格を比較対照価格とする二重価格表示，競争事業者の取引条件に関する表示
No.29	ジュピターショップチャンネル株式会社に対する措置命令（消表対第 236 号（平成 30 年 3 月 16 日））

◆ 事案

〈対象となる商品・役務〉

・三菱電機 1 台 4 役！かんたん録画テレビ "リアル" 〈32 V 型〉

・三菱電機 1 台 4 役！かんたん録画テレビ "リアル" 〈40 V 型〉（以下「本件 40 型テレビ」という）

・甘くてぷりっぷり！特大ずわいがに一番脚肉むき身＆かに爪〈計 1.1 k g〉

※以下，基本的に上記 3 商品（以下「本件 3 商品」という）のうち本件 40 型テレビに係るものを念頭に解説していく。

〈概要等〉

・ジュピターショップチャンネル株式会社（以下「ジュピターショップチャンネル」という）は，通信販売事業等を営む事業者である。

・ジュピターショップチャンネルは，地上波放送，CS 放送，BS 放送等を通じて放送するショップチャンネル等において，本件 3 商品の広告を行うとともに，通信販売の方法により本件 3 商品を一般消費者に販売している。

〈表示〉

ジュピターショップチャンネルは，本件 40 型テレビを一般消費者に販売するにあたり，例えば，平成 29 年 3 月 20 日に，地上波放送，CS 放送又は BS 放送を通じて放送したショップチャンネルにおいて，同日に実施した「春いち！家電買い替え大作戦」と称するセール企画として

・「〈51%OFF！〉 明日以降 ￥224,640 ￥107,900」と，実際の販売価格に当該価格を上回る「明日以降」と称する価額を併記した映像を放送することにより，

・「あのー私も実は，ちょっと用がありまして，某家電量販店さんにですねあの行きまして，それでぱっとテレビのコーナー行ったところ，えーこれ現行最新モデルでございますので，40 型が，もし 10 万円台，10 万中盤でね，15 万

円，16万とかでもしあったら，それ相当安いと思うんですよ。」，「あの，ど
うなんだろうというところで，もしあの環境ございましたらこれもお調べい
ただいて，多分，現行モデルなんで，現行の最新モデルの40型が，10万円
台です。私は，実は先日用があって，某家電売り場さんのほうにお邪魔した
んですが，そのとき見ました値段。全然，その10万円台ってのは本当に信じ
られないプライス。」，「40型は，僕はあんまりこれ言いすぎちゃいけません
けどね，10万円台後半でもしこれならんでいたらこれ安いです。安いんです
が，今日は，我々は，15万切って，10万円台。」，「こっちの40型が10万円
台ってのは，まあ，私見かけなかった。だいたい10万円台の，10の後半で
すね，16万，17万とか，18万とかに普通はなるんですね。」等の音声を放送
することにより，

あたかも，「明日以降」と称する価額は，本件40型テレビについて当該セール
企画終了後に適用される通常の販売価格であって，実際の販売価格が当該価格
に比して安いものであり，かつ，本件40型テレビに係る他の販売事業者の販
売価格は，同日時点において最低でも15万円程度であって，ジュピターショ
ップチャンネルの実際の販売価格が当該他の販売事業者の販売価格に比して安
いかのように表示していた。

〈実際〉

実際には，当該セール企画に係る本件40型テレビの販売は，平成29年3月
20日に開始されたところ，本件40型テレビが当該セール企画終了後に販売さ
れる期間は3日間のみであって，ごく短期間のみ「明日以降」と称する価額で
販売するにすぎず，当該価額での販売実績もジュピターショップチャンネルに
おいて実質的に問われないものであって，将来の販売価格として十分な根拠の
あるものとは認められず，かつ，同日時点において，本件40型テレビに係る他
の販売事業者の販売価格は，15万円を下回るものが複数存在し，ジュピターシ
ョップチャンネルの実際の販売価格を下回るものも複数存在していた（有利誤
認表示）。

No.29 将来の販売価格を比較対照価格とする二重価格表示,競争事業者の取引条件に関する表示　　183

〈本事案で問題となった表示（抜粋）〉

国立国会図書館 HP（WARP）より抜粋（https://warp.ndl.go.jp/info:ndljp/pid/11719671/www.caa.go.jp/policies/policy/representation/fair_labeling/pdf/fair_labeling_180316_0001.pdf）

◆ 解　説

1　はじめに

　本事案は，①将来の販売価格を比較対照価格とする二重価格表示及び②競争事業者の取引条件に関する表示が問題となった事案である[84]。

　①について，将来の販売価格を比較対照価格とする二重価格表示に関する事案は，通常販売価格等に代表される過去の販売価格を比較対照価格とする二重価格表示に関する事案と比べると，事例の蓄積が少ない[85]。もっとも，例えば，新商品を販売する場合に「今だけの価格」である旨を謳って販売する手法は行

---

[84] 具体的には，措置命令書の「3　法令の適用」において，「ジュピターショップチャンネルは，自己の供給する本件3商品の各商品の取引に関し，本件3商品の各商品の取引条件について，実際のもの又は自社と同種の商品を供給している他の事業者に係るものよりも取引の相手方に著しく有利であると一般消費者に誤認されるため，…これらの表示は，それぞれ，景品表示法第5条第2号に該当するものであ…る。」と記載されている。上記①将来の販売価格を比較対照価格とする二重価格表示は「実際のものよりも取引の相手方に著しく有利であると一般消費者に誤認される表示」に係るものであり，また，上記②競争事業者の取引条件に関する表示は「自社と同種の商品を供給している他の事業者に係るものよりも取引の相手方に著しく有利であると一般消費者に誤認される表示」に係るものである。

[85] 澤入満里子「ジュピターショップチャンネル株式会社に対する措置命令及び課徴金納付命令について」（公正取引 No.832）85 頁。

われ得るものであるし，実務における重要性が低いものでは決してない。

また，価格表示に関しては価格表示ガイドラインが公表されているが，近時消費者庁は，これを補完するものとして執行方針を公表しており，将来の販売価格を比較対照価格とする二重価格表示は，実務における注目度が高まっている。

②について，有利誤認表示は条文上「実際のものよりも取引の相手方に著しく有利であると一般消費者に誤認される表示」と「当該事業者と同種若しくは類似の商品若しくは役務を供給している他の事業者に係るものよりも取引の相手方に著しく有利であると一般消費者に誤認される表示」の2つの類型に分けられるが，本事案は前者のみならず後者についても問題となった事案である。

2 本事案の検討

(1) ①将来の販売価格を比較対照価格とする二重価格表示について

本事案では，本件40型テレビが当該セール企画終了後に販売される期間はわずか3日間のみであり，かつ，当該価額での販売実績もジュピターショップチャンネルにおいて実質的に問われないものであったようである。この点，将来の販売価格を比較対照価格とする二重価格表示は，表示された将来の販売価格が十分な根拠のあるものでないとき（実際に販売することのない価格であるときや，ごく短期間のみ当該価格で販売するにすぎないときなど）には，一般消費者に販売価格が安いとの誤認を与え，不当表示に該当するおそれがあるとされており（価格表示ガイドライン第4,2(1)イ），本事案は将来の販売価格として十分な根拠が認められない事案であったといえる。

なお，セール期間終了後に，比較対照価格とされた将来の販売価格で販売する期間が具体的にどの程度あればよいかについては，執行方針において基準が示されている。執行方針によれば，消費者庁は，比較対照価格とされた将来の販売価格で販売する期間が「ごく短期間」であったか否かについては，具体的な事例に照らして個別に判断するが，一般的には，事業者が，セール期間経過後直ちに比較対照価格とされた将来の販売価格で販売を開始し，当該販売価格での販売を2週間以上継続した場合には，ごく短期間であったとは考えないよ

うである（執行方針第2,2(3)）[86,87]。

(2) ②競争事業者の取引条件に関する表示について

本件表示に接した一般消費者は，他で購入すると最低 15 万円はかかる本件 40 型テレビが，ジュピターショップチャンネルで購入すれば 11 万円を切る価格（10 万 7,900 円）で購入することができ，安い・お得（有利）であると考えるであろうから，本件表示が有利誤認表示（自社と同種の商品を供給している他の事業者に係るものよりも取引の相手方に著しく有利であると一般消費者に誤認される表示）に該当することは自明である。

One Point

　将来の販売価格は，これを比較対照価格とする二重価格表示を行っている時点においては，未だ現実のものとなっていない価格であり，将来の不確定な需給状況等に応じて変動し得るものである。そのため，消費者庁は，将来の販売価格を比較対照価格とする二重価格表示は，その表示方法自体に，表示と実際の販売価格が異なることにつながるおそれが内在されたものであるとして，比較対照価格とされた将来の販売価格で販売することが確かな場合以外においては，基本的に行うべきではないとの消極的な評価をしている。事業者としては，この点を念頭に置くべきであろう。

---

[86] ただし，クリスマスケーキ，恵方巻，年越しそば等の特定の期間又は特定日（以下「特定の期間等」という）に需要が集中する商品について，当該特定の期間等に販売される価格を比較対照価格として，割引価格に併記した二重価格表示を行い，当該特定の期間等に先立って割引価格で予約販売を行ったりする場合があるものの，このような二重価格表示については，当該特定の期間等が 2 週間未満であったとしても，通常は，有利誤認表示として取り扱うことはない（執行方針（注6））。

[87] なお，執行方針は本事案より後に公表されているため，執行方針における考え方をそのまま本事案にあてはめて考えられるかという問題はあるが，いずれにせよ，3 日間という期間は通常は「ごく短期間」と評価されるであろう。

186 第2章 景品表示法 重要判例・命令

No.30	期間限定表示
	株式会社セドナエンタープライズに対する措置命令 （消表対第362号（令和4年3月15日））

◆ 事案

〈対象となる商品・役務〉

・「脱毛ラボ ホームエディション」と称する商品（以下「本件商品」という）

〈前提事実等〉

・株式会社セドナエンタープライズ（以下「セドナエンタープライズ」という）は，美容，医療及び健康関連施設の運営並びに通信販売業等を営む事業者である。

〈表示〉

　セドナエンタープライズは，本件商品を一般消費者に販売するにあたり，自社ウェブサイトにおいて，例えば，令和3年5月10日に，時計のイラストと共に，「限定5／10（月）23：59まで ケア4点セット13,728円相当プレゼント＋最大1,000ポイント進呈」等と表示するなど，あたかも，所定の期限までに本件商品を購入した場合に限りプレゼントが提供されるとともに，700円相当のポイントが付与され，さらに，レビューを投稿すれば300円相当のポイントが付与されるかのように表示していた。

〈実際〉

　実際には，所定の期限後に本件商品を購入した場合であっても，700円相当のポイントが付与され，さらに，レビューを投稿すれば300円相当のポイントが付与されるものであり，また，プレゼントは，1日又は3日の間隔で繰り返し提供されるものであった（有利誤認表示）。

No.30 期間限定表示   187

〈本事案で問題となった表示（抜粋）〉

〈プレゼントの内容〉

表示期間	表示期間中におけるケア（脱毛）4点セットの表示状況		
	顔用シェーバー スクラブ ボディピンク 脱毛エステ券	顔用シェーバー 毛穴ローション ジュレウォーター 脱毛エステ券	顔用シェーバー 毛穴ローション ＢＢＵＶジェル 脱毛エステ券
令和3年5月10日			●
令和3年5月11日	●		
令和3年5月12日		●	
令和3年5月13日	●		
令和3年5月14日			●
令和3年5月15日	●		
令和3年5月16日		●	
令和3年5月17日	●		

※ ●は、それぞれのケア（脱毛）4点セットが「脱毛ラボ通販イーラボ公式ストア」と称する自社ウェブサイトで表示期間欄の期間に一般消費者に提供されていたものである。

消費者庁HPより抜粋（https://www.caa.go.jp/notice/assets/representation_220315_1.pdf）

◆ 解 説

1 期間限定表示

本事案は，いわゆる期間限定表示が問題となった事案である。期間限定表示とは，表示されたキャンペーン等の期間内又は期限までに限定して値引き等の利益が受けられる旨の表示のことをいう[88]。

期間限定表示に接した一般消費者は，当該キャンペーン期間中に申し込めば（購入すれば）利益が受けられるものの，当該期間を過ぎれば利益が受けられなくなると認識するものと考えられる。要するに「今だけ，このキャンペーンを利用すれば得になる」，と認識する可能性があり，この点に顧客誘引効果が認められるのである。しかしながら，かかる認識とは異なり，実際には当該キャンペーンが期間外も行われるのであれば，当該表示（から受ける認識）と実際が異なるものであり，一般消費者の自主的かつ合理的な選択を阻害するおそれがあるものとして，有利誤認表示として違法となる。

2 本事案の検討

本事案は，セドナエンタープライズが，当日限定でプレゼントやポイントがもらえる旨のキャンペーン表示(期間限定表示)を繰り返し行っていたところ，当該表示が有利誤認表示に該当するとされた事案である。

ここで，キャンペーンの内容が実際はどのようなものであったかをもう少し詳しく見ていくと，まず，プレゼントは上記表のとおり，①顔用シェーバー・スクラブ・ボディピンク・脱毛エステ券の4点セットがもらえる日，②顔用シェーバー・毛穴ローション・ジュレウォーター・脱毛エステ券の4点セットがもらえる日，③顔用シェーバー・毛穴ローション・BBUVジェル・脱毛エステ券の4点セットがもらえる日をローテーションで繰り返すものであった。①②③を比較すればわかるとおり，顔用シェーバーと脱毛エステ券はいずれにも共通しており，また毛穴ローションは②③に共通するものである。さらに，①は14,278円相当，②③は13,728円相当であったようである[89]。次に，付与されるポイントについては，いずれの日においても同内容（すなわち，700円相当

---

[88] 渡辺174頁。

[89] 「セドナエンタープライズに対する措置命令書」（消表対第362号（令和4年3月15日））別表2参照。

のポイント＋レビュー投稿で 300 円相当のポイント）であったようである。

　このように，プレゼントについては（一部重複するものがあるが）組み合わせに一応のバリエーションがあり，全くの同内容のものが毎日もらえるわけではない。そうすると，かかる点をもって有利誤認表示ではない（期間限定である旨の表示は実際どおりである）との反論が理論的には考えられるかもしれない。

　しかしながら，付与されるポイントについては全くの同内容であり，プレゼントについては重複しているものもあり，4 点セットの相当額も①は 14,278 円，②③は 13,728 円であって大きな差があるとまではいえないものであった。そうすると，プレゼントの 4 点セットの組み合わせが一部変わっていたとしても，キャンペーン自体は継続して行われていたものとみるべきであろう（一般消費者も，そのように認識するものと考えられる）。

　したがって，やはり本事案においてなされた期間限定表示は，有利誤認表示として違反となるものと考えられ，結論は妥当であろう。

One Point

　一般論として，キャンペーン内容をわずかでも変更すれば有利誤認表示とならないと考えることは早計である。例えば期間限定で 1 万円安くなるキャンペーンと 1 万 1 円安くなるキャンペーンを交互に繰り返せば，そのような期間限定表示は，基本的には有利誤認表示にあたるものと考えられる。

190　第2章 景品表示法　重要判例・命令

| No.31 | 実質的な変更をもたらす行為 |
| | 株式会社ウルシハラに対する排除命令
（平成15年（排）第17号（平成15年11月10日）） |

◆ 事 案

〈対象となる商品・役務〉

・株式会社ウルシハラ（以下「ウルシハラ」という）が一般消費者に販売する，「BURBERRY」，「PRIVATE LABEL」，「PINKY ＆ DIANNE」，「SYBILLA」，「ICB」，「組曲」及び「23区」と称する7つの商標のうち，いずれか1つを付したニット製手袋並びにこれら7つの商標から「BURBERRY」を除いた6つの商標のうち，いずれか1つを付した繊維製手袋（以下，総称して「本件商品」という）

〈前提事実等〉

・ウルシハラは，手袋等の製造販売業を営む事業者である。

・ウルシハラは，平成3年以降，順次「BURBERRY」，「PRIVATE LABEL」，「PINKY ＆ DIANNE」，「SYBILLA」，「ICB」，「組曲」及び「23区」と称する7つの商標について，それぞれ，国内又は外国の商標権者等と使用許諾契約を締結し，国内において，これらの商標を付したニット製手袋，繊維製手袋等の製造販売権を取得している。

・ウルシハラは，本件商品について，それぞれ中国に所在する事業者に製造を委託して中国の工場で製造されたものを輸入した後，国内において商標名の縫付け等の加工又は蒸気による整形加工を行い，一般消費者に販売している。

〈表示〉

　ウルシハラは，遅くとも平成11年2月ころから平成15年8月ころまでの間，本件商品のほとんどについて，一般消費者に販売するにあたり，国内において，輸入する際に当該製品に付されていた「中国製」との記載のある表示物を取り去り，新たに「日本製」と記載のある下札を取り付けることにより，あたかも，本件商品が国内で製造されたものであるかのように表示していた。

〈実際〉
　実際は，本件商品は，中国で製造されたものであった（原産国告示2項違反）。

◆ 解 説

1 総説

(1) 原産国告示2項の規定

　本事案は，事業者の行う手袋についての表示が，原産国告示2項に違反するものとされた事案である。

　2項は外国産品についての

①その商品の原産国以外の国の国名，地名，国旗，紋章その他これらに類するものの表示

②その商品の原産国以外の国の事業者又はデザイナーの氏名，名称又は商標の表示

③文字による表示の全部又は主要部分が和文で示されている表示

のいずれかの表示であって，当該商品が当該原産国で生産されたものであることを一般消費者が判別することが困難であると認められるものが，不当表示となると規定している。

(2) 原産国の基準（実質的な変更行為）

　商品によっては，完成品として販売するまでに様々な過程を経るものもある。食品や衣類，機械製品などの生産・製造工程を考えると，容易に想像がつくだろう。したがって，その生産・製造工程に複数の国が役割を分担していた場合に，どこの国が原産国告示にいう「原産国」となるかが問題となり得る。

　これについては，「原産国」は，その商品の内容について実質的な変更をもたらす行為が行なわれた国であるとされている（原産国告示備考1）。この点，原産国運用細則は，実質的な変更行為について具体的な品目ごとに列挙しており，例えば，下着，寝着，外衣（洋服，婦人子供服，ワイシャツ等），帽子，手袋については「縫製」が実質的な変更行為にあたるものとされている。

2 本事案の検討

　本事案において，ウルシハラは，本件商品すなわちニット製手袋及び繊維製

手袋について，それぞれ，中国に所在する事業者に製造を委託して中国の工場で製造されたものを輸入した後，国内において商標名の縫付け等の加工又は蒸気による整形加工を行い，一般消費者に販売していたものである。

本件商品のうち，繊維製手袋については原産国運用細則どおり縫製が実質的な変更行為となり，ニット製手袋については縫製に相当するものとして編み立てが実質的な変更行為となるだろう[90]。このように，本件商品のような手袋であれば，基本的には，手袋自体を形成することが実質的な変更行為にあたると解されることとなるから，商標名の縫付け等の加工や蒸気による整形加工が国内で行われていたとしても，これらの行為が手袋についての実質的な変更行為に該当するものでないことは明らかであろう。

One Point

商品についての生産工程のうちどのような行為が実質的な変更行為に該当するかについては，当該商品の性質等を踏まえながら，具体的に判断することとなる。事業者としては，原産国の表示を行う際には，当該原産国が，その商品について実質的な変更行為を行った国を正確に表しているか確認する必要がある。

---

[90] 小倉武彦ほか「原産国表示をめぐる最近の不当表示事件について」（公正取引 No.642）62頁。

| No.32 | 不動産おとり広告告示 |
| | 株式会社エイブルに対する排除命令
（平成 20 年（排）第 41 号（平成 20 年 6 月 18 日）） |

◆ 事 案

〈対象となる商品・役務〉

・株式会社エイブル（以下「エイブル」という）が媒介する複数の賃貸住宅（以下総称して「本件各物件」という）

〈前提事実等〉

・エイブルは，宅地建物取引業法（昭和 27 年法律第 176 号）の規定に基づき，国土交通大臣の免許を受けて，宅地建物取引業を営む事業者である。

〈表示〉

エイブルは，一般消費者に対し，本件各物件の賃貸借を媒介するにあたり，

① 交通の利便についての表示（以下，当該表示に係る物件を「物件①」という）

物件①について，平成 19 年 8 月 28 日から同月 29 日までの間，自社ウェブサイトにおいて，「東武東上線／柳瀬川【徒歩 16 分】」と表示することにより，あたかも，物件①は東武東上線柳瀬川駅から徒歩 16 分の地点に所在するかのように示す表示をしていた。

② 建物の建築年月についての表示（以下，当該表示に係る物件を「物件②」という）

物件②について，例えば，平成 19 年 2 月 4 日から同月 5 日までの間，自社ウェブサイトにおいて，「築年 1996/05」等と表示することにより，あたかも，物件②は 1996 年 5 月に建築されたものであるかのように示す表示をしていた。

③ 存在しない物件の表示（以下，当該表示に係る物件を「物件③」という）

物件③について，例えば，平成 19 年 5 月 24 日から同年 6 月 6 日までの間，自社ウェブサイトにおいて，「この物件のお問い合わせ番号：904-017987308」，「【ＪＲ鹿児島本線／博多 徒歩 15 分】」，「福岡県福岡市博多区美野島」，「家

賃 管理費・共益費 ¥40,000 ¥0」等と表示することにより，あたかも，当該表示内容のとおりの物件（物件③）を賃借することができるかのように示す表示をしていた。

④　賃借中の物件の表示（以下，当該表示に係る物件を「物件④」という）

物件④について，例えば，平成18年11月23日から同年12月11日までの間，自社ウェブサイトにおいて，「【西武池袋線／ひばりヶ丘　徒歩15分】東京都東久留米市浅間町」等と表示することにより，あたかも，物件④を賃借することができるかのように示す表示をしていた。

〈実際〉

①　交通の利便についての表示

実際には，物件①は東武東上線柳瀬川駅から約2,100メートル離れた地点に所在し，同駅から徒歩約26分を要するものであった（優良誤認表示）。

②　建物の建築年月についての表示

実際には，物件②は1979年2月に建築されたものであった（優良誤認表示）。

③　存在しない物件の表示

実際には，物件③は存在しないため，取引することができないものであった（不動産おとり広告告示1号違反）。

④　賃借中の物件の表示

実際には，物件④は，いずれも所定の期間よりも前にすでに賃借されており，当該期間において取引の対象となり得ないものであった（不動産おとり広告告示2号違反）。

◆ 解　説

1　不動産のおとり広告

おとり広告のうち，不動産に関する取引に係る表示については，不動産おとり広告告示が定められている。

不動産おとり広告告示では，自己の供給する不動産の取引に顧客を誘引する手段として行う次の表示を，不当表示として指定している。ここでいう「取引」

No.32 不動産おとり広告告示　195

には，売買だけでなく賃貸も対象となる[91]。

---

① 取引の申出に係る不動産が存在しないため，実際には取引することができない不動産についての表示
② 取引の申出に係る不動産は存在するが，実際には取引の対象となり得ない不動産についての表示
③ 取引の申出に係る不動産は存在するが，実際には取引する意思がない不動産についての表示

---

2 検 討

　本事案では，上記〈表示〉の①から④にある4つの表示について、①及び②の表示については優良誤認表示（4条1項1号，現5条1号），③及び④の表示についてはおとり広告告示違反（4条1項3号，現5条3号）が認定されている。

　このうち，③の表示及び④の表示についてより具体的に見ていくと，まず，③の表示は，不動産おとり広告告示1号に該当するものと認定されている。③の表示に係る物件（物件③）は現実には存在しない物件であるから，そうであるにもかかわらず，賃借物件として表示したのであれば，「取引の申出に係る不動産が存在しないため，実際には取引することができない不動産についての表示」に該当することは明らかである。

　④の表示は，不動産おとり広告告示2号に該当するものと認定されている。④の表示に係る物件（物件④）は，存在はするものの，排除命令で認定した表示期間においてすでに賃借されており，賃貸借契約の対象とはなり得ない物件であるから，そうであるにもかかわらず，賃借物件として表示したのであれば，「取引の申出に係る不動産は存在するが，実際には取引の対象となり得ない不動産についての表示」に該当することとなる。

One Point

　不動産おとり広告告示は，広告物件の購入（賃借も含む）可能性について誤認されるおそれがある表示を規制するものである。同告示の各号に示されている違反類型について，よく理解する必要がある。

---

[91] 高居188頁

	おとり広告告示
No.33	株式会社あきんどスシローに対する措置命令 （消表対第 744 号（令和 4 年 6 月 9 日））

◆ 事 案

〈対象となる商品・役務〉

　株式会社あきんどスシロー（以下「あきんどスシロー」という）が供給する以下の料理

・「新物！濃厚うに包み」と称する料理（以下「本件料理①」という）

・「とやま鮨し人考案 新物うに 鮨し人流 3 種盛り」と称する料理

・「冬の味覚！豪華かにづくし」と称する料理（以下「本件料理③」という）

※以下，これらの料理のうち本件料理①及び本件料理③に関し解説していく。

〈前提事実等〉

・あきんどスシローは，飲食業等を営む事業者である。

〈表示〉

① 　本件料理①について

　あきんどスシローは，「世界のうまいもん祭」と称するキャンペーン（以下「本件企画①」という）において，本件料理①を一般消費者に提供するにあたり，例えば，令和 3 年 9 月 14 日から同月 20 日までの間，自社ウェブサイトにおいて，「新物！濃厚うに包み 100 円（税込み 110 円）」，「9 月 8 日（水）〜9 月 20 日（月・祝）まで！売切御免！」等と表示することにより，あたかも，令和 3 年 9 月 8 日から同月 20 日までの間，店舗において，本件料理①を提供するかのように表示していた。

② 　本件料理③について

　あきんどスシローは，「冬の大感謝祭 冬のうまいもん」と称するキャンペーン（以下「本件企画③」という）において，本件料理③を一般消費者に提供するにあたり，例えば，令和 3 年 11 月 24 日から同年 12 月 10 日までの間，自社ウェブサイトにおいて，「旬 冬の味覚！豪華かにづくし 780 円（税込 858 円）1 日数量限定」，「新登場の『三重尾鷲ぶりとろのレアしゃぶ』や，スシローと

っておきのかにを集めた『冬の味覚！豪華かにづくし』など、冬の味覚を大満喫！今だけの旨さを是非ご賞味ください！」、「●対象期間 2021年11月26日（金）～12月12日（日） 期間限定！売切御免！」等と表示することにより、あたかも、令和3年11月26日から同年12月12日までの間、店舗において、本件料理③を提供するかのように表示していた。

〈実際〉
① 本件料理①について

実際には、あきんどスシローは、本件料理①の材料であるうにの在庫が本件企画①の実施期間の途中に足りなくなる可能性があると判断したため、令和3年9月13日に、同月14日から同月17日までの4日間は店舗における本件料理①の提供を停止することを決定し、店長等に対しその旨周知し、その後、上記決定に基づき、所定の店舗において、所定の日に本件料理①を提供しなかった（おとり広告告示4号違反）。

② 本件料理③について

実際には、あきんどスシローは、所定の店舗において、所定の日に、本件料理③を提供するための準備をしておらず、取引に応じることができないものであった（おとり広告告示1号違反）。

〈本事案で問題となった表示（抜粋）〉
本件料理①に係る表示

本件料理③に係る表示

消費者庁 HP より抜粋（https://www.caa.go.jp/notice/assets/representation_cms208_220609_01.pdf）

◆ 解 説

1 おとり広告告示

　おとり広告とは，商品等が実際には購入できないにもかかわらず，購入できるかのように表示するものである。

　おとり広告において表示されている商品は実際には存在しないのであるから，一般消費者が当該商品自体を購入することはない。しかしながら，当該商品に誘引された一般消費者は，おとり広告を行った事業者が販売する別の商品を売りつけられることがある。このように，おとり広告は一般消費者の自主的かつ合理的な選択を阻害するおそれがある。

　そこで，おとり広告告示は，一般消費者に商品を販売し，又は役務を提供することを業とする者が，自己の供給する商品又は役務の取引（不動産に関する取引を除く）に顧客を誘引する手段として行う次の表示を，不当表示としている。

① 取引の申出に係る商品又は役務について，取引を行うための準備がなされていない場合その他実際には取引に応じることができない場合のその商品又は役務についての表示
② 取引の申出に係る商品又は役務の供給量が著しく限定されているにもかかわらず，その限定の内容が明瞭に記載されていない場合のその商品又は役務についての表示
③ 取引の申出に係る商品又は役務の供給期間，供給の相手方又は顧客1人当たりの供給量が限定されているにもかかわらず，その限定の内容が明瞭に記載されていない場合のその商品又は役務についての表示
④ 取引の申出に係る商品又は役務について，合理的理由がないのに取引の成立を妨げる行為が行われる場合その他実際には取引する意思がない場合のその商品又は役務についての表示

2 本事案の検討

(1) 本件料理①について

本件料理①については，あきんどスシローが，本件料理①の材料であるうにの在庫が，本件企画①の実施期間の途中で足りなくなる可能性があると判断したため，令和3年9月13日に，同月14日から同月17日までの4日間は本件料理①の提供を停止することを決定し，店長等に対しその旨周知し，その後，上記決定に基づき，各店舗において，所定の日に本件料理①を提供しなかったとして，おとり広告告示4号に該当するとの認定がなされている。

この点，おとり広告告示4号は，「合理的理由がないのに」取引の成立を妨げる行為が行われる場合その他実際には取引する意思がない場合における表示を規制するものであるが，ここでいう「合理的理由」とは，例えば未成年者に酒類を販売しない場合のことをいうと解されている[92]。同基準はあくまでも例示であるが，本件のように材料の在庫が足りなくなる可能性があったことの一事をもって，「合理的理由」があったとはいい難い。そして，そのような状況に鑑みて，本件料理①の提供を停止することを決定し，各店舗において所定の日に提供していないのであるから，「実際には取引する意思がない」ことも明らかで

---

[92] おとり広告告示運用基準第2，4-(2)

あろう。したがって，本件料理①に係る表示については，おとり広告告示4号に該当するものである[93]。

(2) 本件料理③について

次に，本件料理③については，あきんどスシローが，実際は各店舗において，所定の日に，本件料理③を提供するための準備をしておらず，取引に応じることができないものであったとして，おとり広告告示1号に該当するものとの認定がなされている。

このような事情がある場合には，おとり広告告示1号における「取引を行うための準備がなされていない場合」に該当することは明らかであろう。したがって，本件料理③に係る表示については，おとり広告告示1号に該当するものである[94]。

One Point

おとり広告告示は，おとり広告による表示が，広告商品等の入手可能性という，商品選択上の大前提となる要素について一般消費者に誤認されるおそれがあることに着目して，これを不当表示として規制しようとするものである[95]。事業者は，おとり広告告示の各号に示されている4つの違反類型について，よく理解する必要がある。

---

[93] 本事案における措置命令書「3　法令の適用」(1)において，「本件料理①…の取引に関し，…合理的理由がないのに実際には取引をする意思がない場合の本件料理①…についての表示を行ったものであり，この表示は，おとり広告告示4号に該当するものである。」との認定がなされている。

[94] 本事案における措置命令書「3　法令の適用」(2)において，「本件料理③の取引に関し，取引を行うための準備がなされていない場合の本件料理③についての表示を行ったものであり，この表示は，おとり広告告示1号に該当するものである。」との認定がなされている。

[95] 高居179頁

No.34	景品類の該当性（供給主体性），景品類の限度額（一般懸賞における景品類の総額）
	日本ペプシコーラ株式会社及び北海道飲料株式会社対する排除命令（昭和46年（排）第36号（昭和47年7月29日))

◆ 事 案

〈対象となる商品・役務〉

・北海道飲料株式会社（以下「北海道飲料」という）が販売するペプシコーラ
レギュラーサイズ及びファミリーサイズ（以下「本件2商品」という）

〈前提事実等〉

・日本ペプシコーラ株式会社（以下「日本ペプシコーラ」という）は，「ペプシ
コーラ」及び「ミリンダ」という商標名の清涼飲料水の原液を製造し，その
一部をもって自ら缶入りの当該商品を製造販売するとともに，その大部分を
北海道飲料その他のペプシコーラ及びミリンダの製造販売業者（以下総称し
て「ボトラー」という）に一手に供給している。

・日本ペプシコーラは，ボトラーに対し，「ペプシコーラ」及び「ミリンダ」と
いう商標の使用を許諾し，当該商品の製造方法を指示し，製造技術，販売業
務等について統一的に指導監督を行い，また，当該商品の宣伝広告も自ら又
はボトラーと共同して行っている。

・北海道飲料は，日本ペプシコーラから原液の供給を受けて，ペプシコーラ及
びミリンダを製造し，北海道一円の地域においてこれを販売することを業と
する事業者である。

〈違反の内容〉

日本ペプシコーラ及び北海道飲料は，共同して，北海道飲料の販売地域にお
ける一般消費者を対象に，「ペプシのキャップがキャッシュにかわる！」と称し，
昭和45年10月6日から昭和46年1月15日までを期間とし，本件2商品の王
冠の裏に「¥500 プラスファミリー3本」，「¥100」，「¥50」，「ペプシもう1本」
または「このつぎにご幸運を」と印刷し，購買者のうち「¥500 プラスファミリ
ー3本」と印刷された王冠を当てた者には現金500円とペプシコーラファミリ
ーサイズ3本（180円相当），「¥100」と印刷された王冠を当てた者には現金100

円，「¥50」と印刷された王冠を当てた者には現金50円，「ペプシもう1本」と印刷された王冠を当てた者にはペプシコーラレギュラーサイズ1本（35円相当），総額約4,129万円相当の景品類を提供することを企画し（以下「本件懸賞①」という），また，昭和46年3月1日から同年6月5日までを期間とし，本件懸賞①と同様の方法により，総額約1億7,211万円相当の景品類の提供を企画し（以下「本件懸賞②」という），この企画を実施した。

　しかるに，本件懸賞①に係る取引の予定総額は約3億5,700万円であって，本件懸賞①により提供することができる景品類の総額は，約714万円である。また，本件懸賞②に係る取引の予定総額は約14億520万円であって，本件懸賞②により提供することができる景品類の総額は，約2,810万円である。よって，懸賞により提供することができる景品類の総額の限度額を超えるものであった。

◆ 解 説

1　景品類の限度額

　懸賞[96]において，提供する景品類の総額の限度額は，「当該懸賞に係る取引の予定総額」に基づいて算定することとなるが，「懸賞に係る取引の予定総額」とは，懸賞販売実施期間中における対象商品の売上予定総額をいう（懸賞制限告示3，懸賞運用基準7）。もっとも，合理的に算定された売上予定総額であれば，結果的に実際の売上総額が売上予定総額を下回り，景品類の総額が売上総額の2％を超えたとしても，直ちに問題となるものではない[97]。

2　本事案の検討

(1)　景品類の限度額

　本事案で実施された企画において，景品類の提供に係る取引の商品は，本件2商品である。これらは1本35円又は60円相当の商品であるところ，提供で

---

[96] 本事案において適用される告示は，昭和37年公取委告示第5号である。当該告示の内容のうち一般懸賞についていえば，現行のもの（平成8年2月16日公正取引委員会告示第1号）と比べ，最高額に関する定めが異なっている。具体的には，一般懸賞の場合，提供できる景品類の最高額は，取引価額が500円未満／取引価額の20倍，500円以上5万円未満／1万円，5万円以上10万円未満／3万円，10万円以上／5万円と定められていた。

[97] 高居244頁

きる景品類の最高額は取引価額の 20 倍である，700 円となる（懸賞制限告示 2（脚注 96 参照））。本件の景品類は一番高額なものでも 680 円相当（現金 500 円とペプシコーラファミリーサイズ 3 本（180 円相当））に留まっているため，提供する景品類の最高額に関して違反はない。

　一方，提供する景品類の総額についてみてみると，排除命令における認定によれば，本件懸賞①に係る取引の予定総額は，約 3 億 5,700 万円であり，本件懸賞②に係る取引の予定総額は，約 14 億 520 万円であったとのことである。一般懸賞において提供できる景品類の価額の総額は，懸賞に係る取引の予定総額の 2 ％であるところ（懸賞制限告示 3），上記予定総額に照らすと，本件懸賞①により提供することができる景品類の価額の総額は約 714 万円，本件懸賞②により提供することができる景品類の価額の総額は約 2,810 万円となる。本事案では，本件懸賞①では約 4,129 万円相当の景品類を，本件懸賞②では約 1 億7,211 万円相当の景品類を提供することが企画され，実施されており，限度額を超過していたため，違反が認定されている。

(2)　その他本事案の特徴

　「景品類」の定義において「…事業者が自己の供給する商品又は役務の取引…に付随して」とあるとおり（2 条 3 項），当該事業者に，当該商品又は役務について供給主体性が認められることが必要となる。

　ペプシコーラは北海道飲料の販売する清涼飲料水であるから，本件 2 商品の販売について，北海道飲料に供給主体性が認められることは明らかであるが，本事案では，ペプシコーラの原液を提供していた日本ペプシコーラにも本件 2 商品について供給主体性が認められたことが注目される。この点，排除命令で認定された事実をみるに，日本ペプシコーラは，ペプシコーラの原液を一手にボトラーに供給していた他，「ペプシコーラ」という商標の使用許諾も行っていたことから，かかる事実を踏まえ日本ペプシコーラにも供給主体性を認定するに至ったと考えられる。その他，日本ペプシコーラは，商品の製造方法の指示や製造技術，販売業務等に関する統一的な指導監督，商品の宣伝広告を行っており，ボトラーがペプシコーラを販売するにあたり多分に関与していた点も特

徴的であり，かかる事実が供給主体性の認定において考慮された可能性も否定できないだろう[98]。

> **One Point**
>
> 　定義告示運用基準では，供給主体性に関し，商品（乙）の原材料として商品（甲）が用いられていることが，商品（乙）の需要者に明らかである場合は，商品（乙）の取引は，商品（甲）の供給業者にとっても，「自己の供給する商品の取引」に当たるとの考え方が示されており，当該ケースに該当する例として「例えば，コーラ飲料の原液の供給業者が原液を使用したびん詰コーラ飲料について景品類の提供を行う場合」とされている（定義告示運用基準3(5)）。
>
> 　上記例示は，本事案で認定された事実に近似しており，告示運用基準が制定された時期から考えて，本事案を念頭に定められたものであることが推測される。

---

[98] 上野敏郎「ペプシコーラの景表法事件」（公正取引 No.254）26頁〜27頁。

	景品類の限度額（一般懸賞における景品類の最高額及び総額）
No.35	呉羽化学工業株式会社に対する措置命令 （平成2年（排）第3号（平成2年3月12日））

◆ 事案

〈対象となる商品・役務〉

・呉羽化学工業株式会社（以下「呉羽化学工業」という）が供給するニュークレラップと称する食品包装用ラップフィルム等の家庭用台所用品（以下「クレハ製品」という）

〈前提事実等〉

・呉羽化学工業は，食品包装用ラップフィルム等家庭用台所用品の製造販売業を営む事業者である。

〈景品類〉

・ランドリーワゴン（9,800円相当），ヘルシーコンポ（8,500円相当），充電ハンドミキサー（5,000円相当）等（以下総称して「本件景品類」という）

〈違反の内容〉

　呉羽化学工業は，クレハ製品について，「クレラップ販促キャンペーン」と称する景品付販売を行うこととし，同キャンペーンの下に，クレハ製品を販売する総合スーパー等の小売業者ごとに，個別キャンペーン名を付し，それぞれに応募期間を設け，クレハ製品を購入する一般消費者を対象に，同製品の包装の一部を切り取り，これを店内に配置した応募はがき又は官製はがきに貼付して郵送させ，抽選により本件景品類を提供することを企画し，33回にわたりキャンペーンを実施した。

　個別キャンペーンにおける取引の価額のうち最低のものは128円から178円であり，これに対応して呉羽化学工業が個別キャンペーンごとに懸賞により提供することができる景品類の最高額は，2,560円から3,560円までであるところ，上記33回のうち18回の個別キャンペーンにおいて提供した本件景品類のほとんどの価額は，この制限を超えるものであった。

　また，呉羽化学工業が個別キャンペーンごとに懸賞により提供することがで

206 第2章 景品表示法 重要判例・命令

きる景品類の価額の総額は，それぞれの取引の予定総額の100分の2までであるところ，上記33回のうち28回の個別キャンペーンにおいて提供した本件景品類の価額の総額は，この制限を超えるものであった。

◆ 解 説

1 はじめに

景品類については，その提供方法ごとに，提供できる限度額（最高額・総額）が設定されている。

景品類の提供方法は，「懸賞」により提供するか，「懸賞」の方法によらずに提供するかの2つに大別される。「懸賞」とは，①くじその他偶然性を利用して定める方法，②特定の行為の優劣又は正誤によって定める方法によって，景品類の提供の相手方又は提供する景品類の価額を定めることをいう（懸賞制限告示1）。また，「懸賞」のうち，一定の条件の下で複数の事業者が共同して行うものは「共同懸賞」（☞ *No.36* 参照）といい，それ以外の懸賞は「一般懸賞」という。そして，「懸賞」の方法によらずに提供する場合を「総付（景品）」という。

懸賞における景品類の限度額は下表のとおりである[99]（第1部第2，4(2)再掲）。

	取引の価額	景品類の限度額	
		景品類の最高額	景品類の総額
一般懸賞	5,000円未満	取引価額の20倍	懸賞に係る取引の売上予定総額の2%
	5,000円以上	10万円	
共同懸賞	－	30万円（取引の価額にかかわらず）	懸賞に係る取引の売上予定総額の3%

---

[99] 本事案において適用される告示は，昭和56年6月6日公正取引委員会告示第13号である。当該告示の内容のうち一般懸賞についていえば，現行のもの（平成8年2月16日公正取引委員会告示第1号）と比べ，最高額に関する定めが異なっている。具体的には，一般懸賞の場合，提供できる景品類の最高額は，取引の価額が500円未満／取引価額の20倍，500円以上5万円未満／1万円，5万円以上10万円未満／3万円，10万円以上／5万円と定められていた。

2 本事案の検討

(1) 提供方法

本事案で実施されたキャンペーンは，クレハ製品を購入した一般消費者を対象に，抽選により物品（本件景品類）を提供する相手方を決定するというものであった。物品の提供はクレハ製品の購入（取引）を条件としており，当該物品は「顧客を誘引するための手段として，…事業者が自己の供給する商品又は役務の取引に付随して相手方に提供する物品，金銭その他の経済上の利益」として，「景品類」に該当する（定義告示運用基準4(1)）。そして，景品類の提供の相手方は，抽選という偶然性を利用して定めるものであったところ，このような景品類の提供方法は「懸賞」に該当する（懸賞制限告示1①）。

そして，本事案は，「クレラップ販促キャンペーン」と称する景品付販売を行うとの1つの企画に基づいて複数の小売業者が個別のキャンペーンを行ったものであるが，排除命令をみるに，共同懸賞を行ったとの認定はなされていない。したがって，本事案は，一般懸賞として提供する景品類の限度額を考えることとなる。

また，本事案は，景品類の限度額について，小売業者ごとの個別のキャンペーン単位で判断しているところに特徴があるといえる。これは，各キャンペーンについて，各小売業者との間で，個別のキャンペーン名を付し，それぞれ応募期間を設けていた他，提供する景品類の種類や提供数等を決めて実施されていたという事情による。つまり，個別のキャンペーンは，呉羽化学工業の上記企画に小売業者それぞれの意思が加わったものであることから，排除命令では，個別のキャンペーンごとに景品類の限度額について違反がないかを認定したのである[100]。

(2) 景品類の限度額

個別のキャンペーンにおけるクレハ製品に係る取引の価額のうち最低のものは128円から178円であった。当時の懸賞制限告示によれば，一般懸賞において，取引価額が500円未満の場合，景品類の最高額は取引価額の20倍とな

---

[100] 二瓶寿郎「過大な景品提供事件について（ヤマハ㈱に対する件，呉羽化学工業㈱に対する件）」（公正取引No.475）60頁～61頁。

るから（懸賞制限告示2（脚注99参照）），本事案の個別のキャンペーンにおいて提供することができる景品類の最高額は，2,560円から3,560円までとなる。そうであるにもかかわらず，33回実施された個別のキャンペーンのうち18回のキャンペーンでは，ランドリーワゴン（9,800円相当），ヘルシーコンポ（8,500円相当），充電ハンドミキサー（5,000円相当）等，当該最高額を超える景品類の提供を行っていたことから，同項違反が認定された。

　また，一般懸賞において提供できる景品類の価額の総額は，当該懸賞に係る取引の予定総額の2％であるところ，「懸賞に係る取引の予定総額」とは，懸賞販売実施期間中における対象商品の売上予定総額をいう（懸賞制限告示3，懸賞運用基準7）。本事案では，33回実施された個別のキャンペーンのうち28回のキャンペーンで，提供した景品類の総額が告示の定める限度額を超えていたことから，同項違反が認定されたものである。

One Point

　景品表示法は，事業者が過大景品類を提供することにより，一般消費者が過大景品類に惑わされて質の良くないものや割高なものを買わされてしまうことや，過大景品類により競争がエスカレートし，事業者が商品等そのものでの競争に力を入れなくなること等の一般消費者への不利益を考慮し，「景品類」の提供に関して規制を設けている（4条）。本事案は，一般懸賞に関する典型的な事案として参考となると思われる。

	共同懸賞の該当性
No.36	株式会社イワセエンタープライゼズほか 17 名に対する排除命令 （昭和 52 年（排）第 18 号（昭和 52 年 12 月 7 日））

◆ 事 案

〈前提事実等〉

・株式会社イワセエンタープライゼズほか 17 名（以下「イワせら」という）
は，それぞれ，「3D青山ビル」内の 1 階又は地下 1 階に店舗を有し，小売業，
サービス業又は飲食業を営む事業者である。

・イワせらは，上記「3D青山ビル」の 1 階及び地下 1 階を「Plaza246」と称
している。

〈対象となる商品・役務〉

・イワせらが Plaza246 において提供する商品又は役務

〈景品類〉

賞	景品類	本数
特賞	ハワイ 6 日間の旅行（21 万 2,000 円相当）へ自己負担金 3 万 2500 円で優待	1 本
1 等	カメラ及びフイルム（約 1 万 6,000 円相当）	2 本
2 等	ハンガーケース（約 3,000 円相当）	10 本

　上記は一例であり，以下本事案で提供された景品類を総称して「本件景品類」
という。

〈違反の内容〉

　イワせらは，共同して，一般消費者を対象に「Plaza246 オープン記念」と称
し，昭和 52 年 8 月 31 日から同年 9 月 4 日までを期間として，Plaza246 の各店
舗内等にクイズの応募用紙を置き，入店者に応募させ，正解者の中から抽選に
より，期間中毎日，本件景品類を提供することを企画し，この企画に基づき本
件景品類の提供をしたが，当該企画（懸賞）に係る通常行われる取引の価額の
うちの最低のものは，コーヒー 1 杯 350 円であり，懸賞により提供することの
できる景品類の最高額は 7,000 円であるから，特賞及び 1 等の景品類の価額は

210　第2章　景品表示法　重要判例・命令

この制限を超えるものであった。

◆ 解　説

1　共同懸賞

　（共同）懸賞における景品類の限度額はすでに ☞ *No.35* 等で述べたとおりであるから省略する[101]。共同懸賞とは，①一定の地域における小売業者又はサービス業者の相当多数が共同して行う場合，②一の商店街に属する小売業者又はサービス業者の相当多数が共同して行う場合，③一定の地域において一定の種類の事業を行う事業者の相当多数が共同して行う場合のいずれかに当てはまる懸賞をいう（懸賞制限告示4）。単に複数の事業者が参加して行う懸賞が共同懸賞に該当するわけではない。

　上記①ないし③における「一定の地域」や「相当多数」等の解釈については懸賞運用基準8項以下に定められており，その概要は下表のとおりである。

「一定の地域」	・小売業者又はサービス業者の行う上記①又は③の共同懸賞については，その店舗又は営業施設の所在する市町村の区域を「一定の地域」として取り扱う。 ・小売業者及びサービス業者以外の事業者の行う共同懸賞については，同種類の商品をその懸賞販売の実施地域において供給している事業者の相当多数が参加する場合は，上記③の共同懸賞に当たる。
商店街の共同懸賞	・商店街振興組合法の規定に基づき設立された商店街振興組合が主催して行う懸賞は，上記②の共同懸賞に当たる。
「相当多数」	・共同懸賞の参加者がその地域における「小売業者又はサービス業者」又は「一定の種類の事業を行う事業者」の過半数であり，かつ，通常共同懸賞に参加する者の大部分である場合は，「相当多数」に当たる。

---

[101] 本事案において適用される告示は，昭和52年3月1日公正取引委員会告示第3号である。当該告示の内容のうち一般懸賞についていえば，現行のもの（平成8年2月16日公正取引委員会告示第1号）と比べ，最高額に関する定めが異なっている。具体的には，一般懸賞の場合，提供できる景品類の最高額は，取引価額が500円未満／取引価額の20倍，500円以上5万円未満／1万円，5万円以上10万円未満／3万円，10万円以上／5万円と定められていた。さらに，共同懸賞についても，現行のものと比べ，最高額に関する定めが異なっている。具体的には，提供できる景品類の最高額は，取引価額にかかわらず10万円と定められていた。

| 「一定の種類の事業」 | ・日本標準産業分類の細分類として掲げられている種類の事業は，原則として，「一定の種類の事業」に当たるが，これにより難い場合は，当該業種及び関連業種における競争の状況等を勘案して判断する。 |

2 あてはめ

　本件景品類の提供方法は，抽選に当たるという偶然性を利用しており，懸賞に該当する（懸賞制限告示1①）。そして，本事案は，「3D青山ビル」内に店舗を有する事業者が複数人参加し，懸賞を実施しているところ，「②一の商店街に属する小売業者又はサービス業者の相当多数が共同して行う場合」として共同懸賞に該当するだろうか[102]。

　この点，「一の商店街」について，懸賞運用基準9項で示されている「商店街振興組合法の規定に基づき設立された商店街振興組合が主催して行う懸賞」は，②の共同懸賞に当たるものの例示であるが，これを参考にすると，同法は商店街復興組合の区域を小売業者又はサービス業者の30人以上が接近していることをその要件の1つとしてあげていることから（同法6条），30人以上の小売業者又はサービス業者が連なっていることは，「一の商店街」の該当性を判断する1つの指標になり得る。また，30人以上の小売業者又はサービス業者が近接しているのであれば，その形態が同一ビル内で形成されていたとしても問題はない。

　しかしながら，本事案で懸賞が行われた「3D青山ビル」は，30以上の小売業者又はサービス業者が連なるものではないことから，「一の商店街」を形成しているとみなされず，イワせらが行った懸賞は，共同懸賞には該当しないものとして，一般懸賞であることを前提として違反の認定がなされたものと考えられる[103]。

One Point

　②商店街の共同懸賞について，30人以上の小売業者又はサービス業者が近接している場合には，共同懸賞に該当する可能性があることは一応念頭に置くべきであろう。

---

[102] ①及び③の共同懸賞については，「一定の地域」の要件を満たさずあたらないものと考えられる。
[103] 公正取引委員会「排除命令の動き（五十二年一〇月～一二月）」（公正取引 No.328）53頁。

212　第2章 景品表示法　重要判例·命令

| No.37 | 総付景品の該当性 |
| | 株式会社フレンズオブフリージアに対する排除命令
（昭和57年（排）第5号（昭和57年3月30日）） |

◆ 事　案

〈対象となる商品・役務〉
・ゴルフセット等の商品（最低39,500円，最高980,000円。以下「本件商品」
　という）

〈前提事実等〉
・株式会社フレンズオブフリージア（以下「フリージア」という）は，電気製
　品，スポーツ用品等の通信販売業等を営む事業者である。

〈景品類〉
・V字0.5カラット等の景品類（最低24,000円，最高28,000円。以下「本件
　景品類」という）

〈違反の内容〉
　フリージアは，一般消費者を対象に，「祝・毎日新聞創刊110年謝恩プレゼン
トセール」と称し，昭和57年2月22日から，本件商品の購入者に対し，先着
順に，本件景品類を提供することを企画し実施した。本件商品の価額のうち最
低のものは，0.5カラットシルバー台プラチナ仕上げ印台及びタイピンの
39,500円であるから，一般消費者に対して懸賞によらないで提供することがで
きる景品類の最高額は3,950円である。したがって，本件景品類の価額は，こ
の制限を超えるものである。

◆ 解　説

1　総付景品

　事業者が提供できる景品類の限度額については，景品類の提供方法により適
用される規定が異なる。景品類の提供方法は，懸賞により提供される場合と懸
賞によらないで提供される場合があるが，前者は懸賞制限告示が，後者は総付

制限告示がそれぞれ適用される（また，後者により提供される景品類は，一般的に「総付景品」等と呼ばれる）。

このように，景品類の提供が，偶然性等によって定まるか否かで適用される規定が異なり，いずれの規定が適用されるかに応じて提供できる景品類の限度額にも差異が生じることとなる。なお，来店又は申込みの先着順によって定めることは，「懸賞」に該当しないこととされており（懸賞運用基準3），先着順の方法により提供される景品類は，原則として総付景品に該当し得る。もっとも，区別の基準が，景品類の提供が偶然性等によって定まるか否かであるという点を踏まえれば，例えば，先着1名に限って景品類を提供するというように，形式的には先着順という方法をとっていたとしても，来店者が一万名あったというように，偶然の要素が強い場合には，「懸賞」により景品類を提供していたと認められる余地は残り，その場合には懸賞制限告示の適用対象となり得るため，留意すべきである[104]。

また，総付景品の最高額は，以下のとおりである（懸賞の場合とは異なり，景品類の総額は特に規定されていない。第1部第2，5(2)再掲）[105]。

取引の価額	景品類の最高額※
1,000円未満	200円
1,000円以上	取引価額の20%

2 あてはめ

(1) 提供方法

本事案で実施された企画は，本件商品を購入した先着110名を対象として行われたものであるが，本件商品の販売個数も限定されており[106]偶然の要素も弱いため，本事案の企画に基づき提供される景品類は「総付景品」に該当する。

---

[104] 石川信義「ゴルフセットの品質に係る不当表示及び過大な景品類提供等に対する排除命令」（公正取引No.379）49頁。

[105] 本事案において適用される告示は，昭和52年3月1日公正取引委員会告示第5号であり，当該告示は現行のものとは定めが異なっている。具体的には，最高額について，取引価額が1,000円未満の場合／100円，1,000円以上50万円未満の場合／取引価額の10%，50万円以上の場合／5万円と定められていた。

[106] 前掲脚注104

(2) 景品類の限度額

本件商品の価額のうち最低のものは 39,500 円である。

当時の総付制限告示によれば，総付景品の提供において，取引価格が 1,000 円以上 50 万円未満の場合，提供できる景品類の最高額は，取引価額の 10% であるから（総付制限告示 1（脚注 105 参照）），本事案において一般消費者に対して懸賞によらずに提供することができる景品類の最高額は 3,950 円となる。そうであるにもかかわらず，本事案では当該最高額を超える景品類の提供を行う企画を実施していたことから，総付制限告示の規定に違反するとの認定がなされたものである。

One Point

　景品類をどのような方法で提供しているかによって，適用される告示が異なる（懸賞の方法で提供されるのであれば懸賞制限告示が，懸賞以外の方法で提供されるのであれば総付制限告示が適用されることとなる）ため，この点を正確に把握したうえで，それぞれの告示の内容（規制）について検討する必要がある。

No.38	業種別告示，景品類の価額制限
	株式会社産業経済新聞社に対する措置命令 （令和5年3月30日）

◆ 事 案

〈対象となる商品・役務〉

・産業経済新聞（以下「産経新聞」という）の購読契約

〈前提事実等〉

・措置命令の対象となった事業者は株式会社産業経済新聞社（以下「産経新聞社」という）であり，措置命令の主体は大阪府である。

・大阪府の報道発表資料[107]によると，本事案の措置命令は，大阪府への通報及び産経新聞社からの申告（産経新聞社景品問題調査委員会報告書[108]の提出）に基づき大阪府が調査を行った結果，違反行為が認められたことによりなされたものである。

〈景品類〉

・大阪府の報道発表資料や産経新聞社の公表文[109]によると，産経新聞社が提供していた景品類は，「8本入り缶ビールギフトセット」や「米3キログラム」等であったようである。

〈違反の内容〉

　産経新聞社は，同社が運営する産経新聞販売店において，産経新聞購読者の確保・獲得のため，一般消費者との新聞購読契約の勧誘及び締結に際し，1個では新聞業告示による制限の範囲内の景品類を，複数個提供（以下「景品類の重ね使い」という）していた。

---

[107] https://www.pref.osaka.lg.jp/o070120/shouhi/syobun/sankei2.html
[108] 概要版 URL：https://www.pref.osaka.lg.jp/documents/1763/04_debrief20report.pdf
[109] 産経新聞社「景品表示法に基づく措置命令に関するお知らせとお詫び」（令和5年3月30日）

◆ 解 説

1 業種別告示

　景品規制のうち，懸賞に関する規制や総付景品に関する規制は全ての業種について適用されるものであるが，特定の業種については，業界の実情等を踏まえ，一般的な景品規制とは異なる内容の業種別の規制が告示により別途指定されている。

　現状指定を受けている業種は，①新聞業，②雑誌業，③不動産業，及び④医療用医薬品業，医療機器業及び衛生検査所業の4つであり，告示によりそれぞれの業界において提供される景品類に制限が設けられている。

　産経新聞社は新聞の発行・販売等，つまり，①新聞業を営む者であることから，本事案では，新聞業告示に対する違反が問題となったものである。

2 新聞業告示

　新聞業告示は，新聞業における景品類の限度額（最高額及び総額）について，次のとおり，景品類の提供方法によって区別している。

【懸賞景品（新聞業告示1①及び②）】

一般懸賞	最高額：懸賞に係る取引の価額の10倍又は5万円のいずれか低い金額
	総額：懸賞に係る取引の予定総額の1000分の7
共同懸賞	懸賞制限告示における共同懸賞の制限と同じ

【総付景品（新聞業告示1③）】

イ	景品類の提供に係る取引の価額の100分の8又は6カ月分の購読料金の100分の8のいずれか低い金額の範囲（次のロ又はハに該当するものを除く）
ロ	自己が発行し，又は販売する新聞に付随して提供する印刷物であって，新聞に類似するもの又は新聞業における正常な商慣習に照らして適当と認められるもの
ハ	その対象を自己が発行し，又は販売する新聞を購読するものに限定しないで行う催し物等への招待又は優待であって，新聞業における正常な商慣習に照らして適当と認められるもの

3 あてはめ

　産経新聞社が提供していた景品類は，くじ等の偶然性，特定行為の優劣等によって提供していたものではなく，産経新聞の購読契約を締結した場合にもれ

なく提供していたものであるから，総付景品に当たる。したがって，産経新聞社は，景品類の提供を行うに当たり，新聞業告示1③に規定されている制限を受けることになる。

この点，同号イでは，総付景品について，取引の価額の8％又は6カ月分の購読料金の8％のいずれか低い金額の範囲に制限されることを定めている。大阪府の報道発表資料及び産経新聞社の公表文によると，産経新聞社が提供していた8本入り缶ビールキフトセット，米3キログラム等の各物品は，それ単体では同号イによる制限（1,900円程度（当時））の範囲内であったとの認定がなされたようであるが，景品類の重ね使いを行っていたようであり，これにより，限度額を超えるものであったようである。

One Point

　本事案は，提供される個別の物品（景品類）の価額が，それ単体で見れば限度額の範囲内であったとしても，1つの取引において複数の物品（景品類）が提供された場合には，その提供される複数の物品（景品類）の総額をもって限度額の範囲内であるか否かについて判断することを明確にしている。提供する物品（景品類）を細分化すれば景品規制を免れることができるとするのは結論としては不合理であるから，当然の帰結といえるだろう。

	公正競争規約の認定に対する不服申立ての不服申立適格
No.39	最判昭和53年3月14日（昭和49年（行ツ）第99号） 審決取消請求事件［主婦連ジュース事件］

※条数は当時のものである。

◆ 事案

　公正取引委員会は，社団法人日本果汁協会等の申請を受けて，昭和46年3月5日，果汁飲料等の表示に関する公正競争規約を認定した。この規約によれば，無果汁含有率5％未満のもの又は果汁を含まないものであっても，「合成着色飲料」，「香料使用」等とのみ表示すればよいとされていた。

　これに対し，主婦連合会とその会長（以下「主婦連合会ら」という）は，そのような表示では，一般消費者に果汁を含有しない旨を誤りなく伝えるものではないことなどを理由に，当該認定は，10条2項1号ないし3号に違反するとして，同条6項に基づき，公正取引委員会に対して不服申立てをしたところ，公正取引委員会は，主婦連合会らには不服申立適格がないとして，不服申立てを却下する審決をした。

　主婦連合会らは，審決の取消しを求める訴えを提起したが，東京高裁は，不服申立適格がないとして請求を棄却したため，主婦連合会らは，上告した。

◆ 判決要旨

　上告棄却。

　不当景品類及び不当表示防止法（以下「景表法」という）10条1項により公正取引委員会が公正競争規約の認定に対する行政上の不服申立は，これにつき行政不服審査法（以下「行審法」という）の適用が排除され（景表法11条），専ら景表法10条6項の定める不服申立手続によるべきこととされている（行審法1条2項）が，行政上の不服申立の一種にほかならないのであるから，景表法の右条項にいう「第一項（略）の規定による公正取引委員会の処分について不服があるもの」とは，一般の行政処分についての不服申立の場合と同様に，当該処分について不服申立をする法律上の利益がある者，すなわち，当該処分に

より自己の権利若しくは法律上保護された利益を侵害され又は必然的に侵害されるおそれのある者をいう，と解すべきである。

　法律上保護された利益とは，行政法規が私人等権利主体の個人的利益を保護することを目的として行政権の行使に制約を課していることにより保障されている利益であって，それは，行政法規が他の目的，特に公益の実現を目的として行政権の行使に制約を課している結果たまたま一定の者が受けることとなる反射的利益とは区別されるべきものである。この点を公正競争規約の認定に対する不服申立についてみると，景表法は，私的独占の禁止及び公正取引の確保に関する法律（以下「独禁法」という）が禁止する不公正な取引方法の一類型である不当顧客誘引行為のうち不当な景品及び表示によるものを適切かつ迅速に規制するために，独禁法に定める規制手続の特例を定めた法律であって，景表法１条は，「一般消費者の利益を保護すること」をその目的として掲げている。ところが，まず，独禁法は，「公正且つ自由な競争を促進し（略）一般消費者の利益を確保するとともに，国民経済の民主的で健全な発達を促進することを目的とする。」と規定し（１条），公正な競争秩序の維持，すなわち公共の利益の実現を目的としているものであることが明らかである。したがつて，その特例を定める景表法も，本来，同様の目的をもつものと解するのが相当である。さらに，景表法の規定を通覧すれば，同法は，３条において公正取引委員会は景品類の提供に関する事項を制限し又は景品類の提供を禁止することができることを，４条において事業者に対し自己の供給する商品又は役務の取引について不当な表示をしてはならないことを定めるとともに，６条において公正取引委員会は３条の規定による制限若しくは禁止又は４条の規定に違反する行為があるときは事業者に対し排除命令を発することができることを，９条１項，独禁法90条３号において排除命令の違反に対しては罰則の適用をもつてのぞむことを，それぞれ定め，また，景表法10条１項において事業者又は事業者団体が公正取引委員会の認定を受けて公正競争規約を締結し又は設定することができることを定め，同条２項において公正取引委員会が公正競争規約の認定をする場合の制約について定めている。これらは，同法が，事業者又は事業団体の権利ないし自由を制限する規定を設け，しかも，その実効性は公正取引委員会による右規定の適正な運用によって確保されるべきであるとの見地から公正取引

委員会に上記のような権限を与えるとともにその権限行使の要件を定める規定を設け，これにより公益の実現を図ろうとしていることを示すものと解すべきであつて，このように，景表法の目的とするところは公益の実現にあり，同法1条にいう一般消費者の利益の保護もそれが直接的な目的であるか間接的な目的であるかは別として，公益保護の一環としてのそれであるというべきである。してみると，同法の規定にいう一般消費者も国民を消費者としての側面からとらえたものというべきであり，景表法の規定により一般消費者が受ける利益は，公正取引委員会による同法の適正な運用によって実現されるべき公益の保護を通じ国民一般が共通してもつにいたる抽象的，平均的，一般的な利益，換言すれば，同法の規定の目的である公益の保護の結果として生ずる反射的な利益ないし事実上の利益であって，本来私人等権利主体の個人的な利益を保護することを目的とする法規により保障される法律上保護された利益とはいえないものである。したがって，仮に，公正取引委員会による公正競争規約の認定が正当にされなかったとしても，一般消費者としては，景表法の規定の適正な運用によって得られるべき反射的な利益ないし事実上の利益が得られなかったにとどまり，その本来有する法律上の地位には，なんら消長はないといわなければならない。そこで，単に一般消費者であるというだけでは，公正取引委員会による公正競争規約の認定につき景表法10条6項による不服申立をする法律上の利益をもつ者であるということはできない。

◆ 解 説

当時の10条6項は，「公正取引委員会の処分について不服があるものは，…公正取引委員会に対し，不服の申立てをすることができる」と規定していた。本事案では，この「不服があるもの」の該当性，すなわち，公正競争規約の認定に関し，第三者[110]である一般消費者（本事案でいえば，主婦連合会ら）に不服申立適格が認められるか（第三者である一般消費者が，当該認定が違法であると主張し，不服申立てをすることができるか）が問題になった。

---

[110] 公正競争規約の認定が拒否された場合に，当事者である，当該申請をした事業者に不服申立適格が認められることに争いはない。

最高裁は，10 条 6 項の不服申立適格を，一般法である行政不服審査法の不服申立適格と同じものであると捉え，「法律上の利益がある者，すなわち，当該処分により自己の権利若しくは法律上保護された利益を侵害され又は必然的に侵害されるおそれのある者」をいうとした。そして，「公正取引委員会による公正競争規約の認定が正当にされなかったとしても，一般消費者としては，景表法の規定の適正な運用によって得られるべき反射的な利益ないし事実上の利益が得られなかったにとどまり，その本来有する法律上の地位には，なんら消長はないといわなければならない」とし，単に一般消費者であるというだけでは法律上の利益をもつ者であるとはできないことを示し，主婦連合会らの不服申立適格を否定した。

当時の 10 条 6 項の内容を定めた景品表示法の条項は，平成 21 年の改正時に削除されており，現行法上，公正競争規約の認定に対する不服申立ては，行政不服審査法に基づく審査請求（同法 2 条）によることになる。同法は，不服申立適格に関し，「（行政庁の処分に）不服がある者」と規定するのみであるが，当該要件の検討にあたっても，本判決の判示が参考とされる[111]。

One Point

本判決は，公正競争規約の認定を含む行政庁の処分に対する不服申立てについて，その不服申立適格（誰が不服申立てを行うことができるか）を検討するうえで参考になる。景品表示法はその所管が公正取引委員会から消費者庁へと移管したことに伴い，現在では消費者法の体系に位置付けられている。これが今後の判例の展開に影響を及ぼすのか（及ぼさないのか）についても注目していきたい。

---

[111] 本判決は，行政事件訴訟法上の取消訴訟における原告適格（同法 9 条）に関する先例としても引用されている。ただし，不服申立適格と取消訴訟の原告適格が同一であるかについては，学説上議論があるようである（宇賀克也『行政不服審査法の逐条解説（第 2 版）』（有斐閣，2017）17 頁）。

No.40	景品表示法違反に対する措置の適法性
	金沢地判昭和53年8月2日（昭和50年（ワ）第278号） 損害賠償請求事件[中日新聞事件]

※条数は当時のものである。

◆ 事 案

　石川県内において北國新聞等の販売事業を行う原告らは，競争関係にある株式会社中日新聞及び石川県下におけるその販売店（以下「訴外人ら」という）が，バスタオル，洋傘等の景品類の提供による不当顧客誘引行為を反復継続しているとして，昭和49年9月24日，公正取引委員会に対し，独占禁止法45条1項に基づく報告をし，訴外人らに6条に定める排除命令等の適当な措置をとることを要請した[112]。

　公正取引委員会は，上記報告を受けて，報告事案の一部について実態調査を実施し，訴外人らに対し，行政指導として口頭による警告のみを行い，その余の報告事案については，北陸地区新聞取引協議会に通知して，その処理を業界の自主規制にゆだねる措置を採った。

　これに対して，原告らは，公正取引委員会が6条による排除命令をせずに，行政指導による警告及び10条所定の公正競争規約による自主規制に委ねる措置を採ったのは排除命令が法規裁量であることに反する行為であり，また，仮に，排除命令を出すか否かが自由裁量行為であるとしても，本件においては，裁量権の範囲を逸脱し，又は濫用したものである旨主張し，もし，公正取引委員会が排除命令を発していれば，原告らは，独占禁止法25条に基づく無過失損害賠償請求権の行使が可能なところ，上記のとおり違法な措置が採られたため，その行使が不可能になったとして，国を被告として，訴外人らに請求し得る額と同額の損害賠償を求めた。

---

[112] 当時の新聞業告示は，日刊新聞の発行又は販売を業とする者が，新聞購読者に対して景品類を提供することを原則として禁止していた（その後の改正により，所定の範囲内での景品類の提供が可能となった）。

No.40 景品表示法違反に対する措置の適法性　223

◆ 判決要旨

　請求棄却。

　景品表示法6条の排除命令は，同法3条に基づく公正取引委員会の制限，禁止がある場合に，これに違反する行為をした事業者に対し命ずることができるものであり，同委員会は昭和39年公正取引委員会告示第15号「新聞業における景品類の提供に関する事項の制限」によつて，日刊新聞の発行又は販売を業とする者が，新聞の購読者に対し景品類を提供することを原則として禁止しているところである。

　一方，景品表示法10条は，新聞事業者又は事業者団体の自主的な公正競争規約について規定しており，公正取引委員会は，新聞業における景品類の提供に関する事項の制限を励行するための公正競争規約を認定しているが，同規約は，右告示にいう景品類の意義，禁止行為の範囲などを明らかにすると共に，その違反行為に対し，新聞公正取引協議会による行為の停止撤回，違約金の支払いその他のいわゆる自主規制措置を定めているから，ある景品類提供行為が，右自主規制の要件をみたすと同時に，景品表示法に基づく公正取引委員会の排除命令の要件にも一応該当する場合が当然予想される。そして，同法第6条又は第10条には，排除命令と自主規制の選択に関する定めはないから，公正取引委員会は，この選択について，結局，事業の公正な競争を確保し，国民経済の民主的で健全な発達を促進する法の目的に照らし，違反事実の内容，公正競争への影響，自主規制に対し予想される当該事業者の態度その他を勘案して，合目的的な裁量（自由裁量）をするほかはないと考えられる。景品表示法6条の文言上も，公正取引委員会に排除命令の権限を与えているのにとどまり，一定の場合にはこれを発するよう覊束する趣旨には解せられない。

　一般に，行政庁の裁量処分は，行政事件訴訟法30条の趣旨等によつて明らかなとおり，その処分が裁量権の範囲をこえ，又はその濫用があつた場合には違法性を帯びることになる。しかしながら，裁量権の行使に対しては，その前提事実の認定あるいはその行使仕方（原文ママ）が，その手続的側面を含め，社会観念上著しく妥当を欠いて，裁量権を付与した法の目的を逸脱し，あるいはその行政が法の許容しない動機に基づく等，これを濫用したと認められる場合でない限り，司法裁判所が違法の判定をなしえないものと解される。

原告らの報告に係る訴外会社又はその販売店等の本件一連の景品表示法違反の行為に関して，公正取引委員会は，当初自ら調査をして，行政指導としての警告を訴外会社及び販売店に対して行ない，のちには地区協議会に調査と厳正な措置及びその結果の報告を求めた結果，自主規制機関である地区協議会及び支部協議会において，運営細則等に則り，あるいは関係新聞社等の協議をも加えて，金銭支払，陳謝等の自主的な制裁を決定し，一応の落着をみたものである。

　そして，右の経過からすると，公正取引委員会が，事案の前提事実自体を誤認したとは考えられないが，本件の違反行為の主体，確認された件数，拡材の種類等からみて，その規模が必ずしも小さくないことからすると，公正取引委員会が，その裁量により，自ら排除命令の措置を選ぶことは可能であつたということができる。又，一般に，自主規制がその効果をあげ，これによつて事案が適正に処理されることは望ましいことであるが，その実施機関が同業者により組織される関係上，違反事実の正確な把握，これに基づく厳正な措置の両面にわたつて，その能力に限界のあることは明らかであるから，公正取引委員会としては，自主規制機能が発揮されないために弊害の起ることがないよう十分注意を払うことが要請されると考えられる。

　しかし，景品表示法が公正競争規約による自主規制の制度を設けた趣旨は，第一次的には，自主規制の可能な限りはこれを機能させる点にあると考えられること，又，本件の違反の規模が前条の程度に達していることを前提にしても，前示認定のように公正取引委員会の指導のもとで，自主規制がその機能を一応果していること。さらには，〈証拠省略〉によると，原告らの本件公正取引委員会へのいわゆる直訴等を契機として，拡材使用の実態又は自主規制の組織や実効性の問題があらためて業界の反省を呼び，関連して昭和52年7月1日には公正競争等に関する日本新聞協会の宣言が発表された事情が認められ，前示法の目的からみても，民主的な自主規制の組織，機能は，今後業界の末端までの信頼にこたえるよう強化育成されることを期待すべきであり，本件の経過はその一過程ともみられることを彼此勘案し，又，前示〈証拠省略〉によつて認められる排除命令，警告の事例に対比して本件の措置がいわゆる平等原則に反していることは結論できないこと，なお，本件の措置に関し手続面のかし，他事

考慮等の点の裁量権逸脱も認められないことなどからすると，本件に関する自主規制と排除命令の合目的的な選択についての同委員会の裁量が，その裁量権の範囲をこえ，あるいは濫用にわたり違法なものであるとは到底いえない。

そうすると，特段の事情のない限り，同委員会の措置が国家賠償法上の違法性を帯びるということもできない。

◆ 解 説

本判決は，景品表示法に違反する景品類の提供を繰り返す訴外人らの行為について，原告らが，公正取引委員会に排除命令等の適正な措置を採ることを要請したのに対し，公正取引委員会は，排除命令の措置を採ることなく，行政指導としての口頭注意及び公正競争規約（10条（現36条））による自主規制に委ねる措置を採ったことについて，それが裁量権の範囲を逸脱又は濫用したものか否かが争われた事案である。

本判決は，まず，訴外人らの行為が，公正競争規約による自主規制の要件に該当するとともに，6条（現7条）所定の排除命令の要件に該当する場合に，公正取引委員会は排除命令の措置を採ることを覊束されているか否かという点については，これを否定し，公正取引委員会の自由裁量によるものと判断した。

そのうえで，本件において公正取引委員会がその裁量によって排除命令の措置を選択することが可能であったとしながらも，公正競争規約が設けられた趣旨は第一次的には自主規制が可能な限りこれを機能させる点にあると考えられることや，他の排除命令，警告の事例と比較しても平等原則に反しないこと等に言及したうえで，公正取引委員会の裁量権の逸脱もしくは濫用はないと判断した。

One Point

　事業者の行った行為が，景品表示法違反であると同時に公正競争規約に違反するものであることはあり得るところである。

　本判決においては，公正取引委員会に裁量権の逸脱・濫用がなかったことの理由として，景品表示法が公正競争規約による自主規制の制度を設けた趣旨について言及していることが特徴といえる。

226　第2章 景品表示法　重要判例・命令

No.41	執行停止の各要件
	東京地決平成27年4月20日（平成27年（行ク）第70号） 執行停止の申立て事件［翠光トップライン事件］　※本案は ☞ *No.17*

◆ 事 案

　翠光トップラインらは，窓に貼って使用するフィルム商品（以下「本件商品」という）を供給し，リーフレットやウェブページにおいて，本件商品が高い断熱効果を有するなどの表示（以下「本件表示」という）を行っていた。翠光トップラインとジェイトップラインは親子会社関係にあり，親会社である翠光トップラインが本件商品の製造を，100%子会社であるジェイトップラインがその販売（納品，施工）を行っていた。

　消費者庁は，本件表示の裏付けとなる合理的な根拠がないとして，平成27年2月27日，翠光トップラインらに対し，それぞれ措置命令（消表対第254号及び第255号。以下「本件措置命令」という）を下した。翠光トップラインらは，同年3月18日，本件措置命令の取消等を求める訴訟（本案事件）を提起したうえで，行政事件訴訟法25条2項本文に基づき，国を相手方として，本案事件の判決が確定するまで，本件措置命令の効力を停止するよう求めた。

◆ 判決要旨

　一部認容。

1　積極要件「重大な損害を避けるため緊急の必要があるとき」

　(1)　重大な損害

　本件措置命令に関する先行報道や本件措置命令の公表がされた結果，翠光トップラインらにおいては，本件商品に関する全ての取引がキャンセルされ，新規受注も全く得られなくなり，取引先事業者やエンドユーザーから多数の苦情や返金の要求を受けている。ジェイトップラインの事業は，本件商品に係る事業に依存して成り立っており（本件商品等の販売や施工に関するものが全体の約99%を占めている），本件措置命令の効力が維持され，周知措置等を取らざるを得なくなれば，倒産をするおそれもある。

本件商品等のフィルムに係る事業の営業が事実上できなくなったとしても，翠光トップラインの事業活動の全体が継続困難となるとまでは認められないものの，売上高自体が高額である上，本件商品等のフィルムに係る事業に関するものは全体の約30％という高い割合を占めているのであるから，本件措置命令によるその営業活動に対する影響と経済的損失は重大なものといえる。また，ジェイトップラインが倒産した場合，翠光トップラインは，翠光トップラインによる本件商品の製造，ジェイトップラインによる販売（納品，施工）という事業形態そのものを失うことになりかねない。

以上より，本件措置命令の効力が停止されない場合に翠光トップラインらに生じる損害の程度は大きなものであり，損害の回復には困難を伴うものであるから，本件措置命令によって重大な損害が生ずるものということができる。

(2) 処分の内容・性質を勘案したうえでの重大な損害の検討（一般消費者の利益保護と翠光トップラインらに生じる損害との利益衡量）

他方，本件措置命令は，一般消費者の利益を保護することを目的とするものであって，本件措置命令が違法であるか否かが明らかでない段階において，その効力を停止することは，上記利益との間での緊張関係を生じ得るものである。しかしながら，本件措置命令については，先行報道や消費者庁の公表により，事実上，一般消費者に広く周知されており，上記目的はある程度達成されている。また，翠光トップラインらは，本件措置命令を受ける前に，本件表示のうち，遮蔽係数等に関係する一部表示を自主的に中止しているところである。そして，本件商品のエンドユーザーには一般消費者も含まれるものの，本件表示により，不当に顧客を誘引し，一般消費者による自主的かつ合理的な選択を阻害するおそれが従前と同じようにあるとまではいえない。

本件措置命令という処分の内容及び性質を勘案しても，本件においては当該処分により申立人らに重大な損害が生ずるものというべきである。

(3) 執行停止の必要性

本件措置命令の効力を維持し，翠光トップラインらが，本件措置命令の内容に従って周知措置を自ら行うこととなれば，翠光トップラインら自身の信用や取り扱う商品の信用は失墜し，本件商品に係る事業の再建が不可能となるという決定的な打撃を被るおそれが高い。そうすると，本件措置命令の効力を停止

することが，損害を避けるために緊急に必要であるということができる。

（4）　結　論

したがって，「重大な損害を避けるため緊急の必要があるとき」（行政事件訴訟法25条2項本文）に該当する事実の疎明があるものというべきである。

2−1　消極要件「公共の福祉に重大な影響を及ぼすおそれがあるとき」

一般消費者の利益を保護するという目的については，本件措置命令の発令自体によってある程度達成されている状況にあるといえる一方で，本件措置命令によって翠光トップラインらが被る損害は重大なものであり，上記目的との関係で一時的に緊張関係が生じ得るにしてもなお翠光トップラインらを救済しなければならない緊急の必要性が存在する。

2−2　消極要件「本案について理由がないとみえるとき」

翠光トップラインらが合理的な根拠を示す資料であるとして消費者庁長官に提出した資料の内容の合理性や，相手方が本件において疎明資料として提出した2名の専門家の意見書の内容の当否については，本案事件の審理を尽くしたうえで決せられるべきことであり，現段階ではその帰趨を判定し難い。

◆　解　説

1　積極要件「重大な損害を避けるため緊急の必要があるとき」の検討

（1）　解　釈

行政事件訴訟法25条2項の「重大な損害」の判断に関しては，「損害の回復の困難の程度」を考慮し，「損害の性質及び程度」並びに「処分の内容及び性質」をも勘案するものとされている（同条3項）。「処分の内容及び性質」を勘案することについては，一方で，処分によって得られる公益を考慮し，他方で，処分により失われる処分の名あて人の利益を考慮するとともに，さらに，第三者の利益についてもみることを通して，重大な損害の有無を総合的，かつ相対的に判断する利益衡量の枠組みを提供していると説明される[113]。また，「緊急の

---

[113] 室井力ほか『コンメンタール行政法Ⅱ　行政事件訴訟法・国家賠償法（第2版）』（日本評論社，2006）298頁。なお，西川知一郎『リーガル・プログレッシブ・シリーズ6　行政関係訴訟（改訂版）』（青林書院，2021）214頁では，この場合の利益衡量は，処分が適法であることを前提とするのではなく，当該処分が違法であったとしても（当該処分が違法である可能性があるとしても），本案判決で違法である旨が確

必要」については，重大な損害と緊急の必要とは，一体として判断するのが相当であるとされており，裁判例においてもこのように判断される場合が多い[114]。

(2) 検 討

本決定は，【判決要旨】1 (1)で，「損害の回復の困難の程度」並びに「損害の性質及び程度」を検討している。本事案における損害として，本件商品の事実上の販売の困難及び信用毀損に加え，現に発生している，本件商品に関する取引のキャンセル，新規受注の困難，取引先等からの苦情・返金要求，風評被害，本件商品に係る事業以外の事業への影響といった状態の悪化のおそれを指摘する。そして，ジェイトップライン，翠光トップラインのそれぞれの関係で，以下のような要素につき，詳細に事実を認定したうえで，損害の程度は大きいものと判断している。重大な損害を主張するうえで，これらの要素は重要となろう[115]。

・本件商品に係る事業の売上高
・全体の売上高、売上総利益に占める、本件商品に係る事業に関するものの割合（依存度）
・企業規模
・事業形態（親会社及び子会社の製造と販売機能の分担）の存続性

加えて，上記各損害が，本件商品に対する消費者からの信用低下を原因とするものであることを前提に，競合商品に顧客を奪われるなどするおそれを指摘したうえで，損害の回復に困難を伴うものと判断している。

次に，本決定は，【判決要旨】1 (2)で，「処分の内容及び性質」を勘案したうえでの，重大な損害を検討している。具体的には，景品表示法の目的・趣旨から，本件の処分によってもたらされる利益を，一般消費者の利益（一般消費者による自主的かつ合理的な選択）と位置づけ，(a)先行報道や消費者庁の公表に

定されるまでは申立人の利益より公共的利益又は第三者の利益を優先させるべきであるといえるかどうかが問題とされなければならないように思われるとの指摘がなされている。

[114] 西川知一郎『リーガル・プログレッシブ・シリーズ6　行政関係訴訟（改訂版）』（青林書院，2021）214頁～215頁。

[115] これらの判断要素は基本的には他の事案においても当てはまるものと考えられ，同様の観点からの検討は重要であると思われる。

より，事実上，一般消費者に広く周知され，目的はある程度達成されており，(b)直接の販売先等がマンション販売事業者等の中間業者であり，現在の状況下で本件商品を購入等することの利害得失を判断する相応の能力を有していることから，本件表示により，不当に顧客を誘引し，一般消費者による自主的かつ合理的な選択を阻害するおそれが従前と同じようにあるとまではいえないとして，「重大な損害」を肯定することができる旨判断したものである。

　最後に，本決定は，【判決要旨】1(3)で，効力停止の必要性（「避けるため」の「緊急の必要」性）について検討する。上記(1)のとおり，効力停止の必要性は重大な損害との関係と一体で検討されることが相当であるとされることが多いようである。本決定は，重大な損害という観点に加え，翠光トップラインらが信用の回復とフィルム事業の再開に努めていること，本件措置命令が発令されて未だ間もない時期にあることなどを考慮のうえ，本件措置命令の効力を維持し，本件措置命令の内容に従って周知措置を自ら行うこととなれば，翠光トップラインら自身の信用や取り扱う商品の信用は失墜し，本件商品に係る事業の再建が不可能となるという決定的な打撃を被るおそれが高いとして，「損害を避けるため緊急の必要がある」旨判断した。

2　消極要件

　【判決要旨】2-1及び2-2のとおり，それぞれ「公共の福祉に重大な影響を及ぼすおそれがあるとき」，「本案について理由がないとみえるとき」に該当するとはいえないとした[116]。

> **One Point**
>
> 　本決定は，執行停止の各要件該当性につき具体的な事実関係を基に判断したものであり，実務上参考となるものである。

---

[116] なお，上記「本案について理由がないとみえるとき」に該当するか否かの判断は，あくまで現段階における疎明資料を踏まえたものにすぎず，本案事件の第一審判決の結論によって影響を受けるものであるとして，本件措置命令の効力停止の期間は，本案事件の第一審判決の言渡しまでとするのが相当であるとの判断がなされている。

	「償うことのできない損害」の解釈，表示から一般消費者が受ける印象・認識と打消し表示
No.42	東京地判令和4年4月13日（令和4年（行ス）第8号）不当景品類及び不当表示防止法に基づく措置命令処分仮の差止め申立一部却下決定に対する抗告事件[大幸薬品事件]

◆ 事 案

　大幸薬品株式会社（以下「大幸薬品」という）は，医薬品，日用品雑貨等の製造，販売等の事業を行う事業者であるところ，本件に係る2つの商品（以下総称して「本件各商品」という）を含む6つの商品を製造販売していた。

　大幸薬品は，6つの商品に関して，自社ウェブサイトや動画広告において，二酸化塩素ガスを徐放することにより空間に浮遊するウイルス，菌等を除去・除菌する効果があるかのように示す表示をしていた（ただし，これらの表示の中には，「※イメージです」，「※大幸薬品調べ6畳相当（25㎡）の閉鎖空間で本件各商品により，浮遊・付着ウイルスの一種，浮遊・付着菌の一種を180分間で99.9%除去できることを確認。」，「※すべてのウイルス・菌を除去できるものではありません。」，「※ご利用環境により，成分の広がりは異なります。」などの表示もあった（以下「本件打消し表示」という））。

　大幸薬品は，消費者庁長官から，7条2項の規定に基づき，6つの商品の表示について，その裏付けとなる合理的な根拠を示す資料の提出を求められ，提出したものの，消費者庁長官から，同条1項の規定に基づく措置命令（以下「本件措置命令」という）をすることを予定しているとして，行政手続法13条1項2号の規定に基づき，弁明の機会を付与する旨の通知を受けた。

　そこで，大幸薬品は，行政事件訴訟法37条の4第1項の規定に基づき，本案として本件措置命令の差止めを求める訴えを提起するとともに，同法37条の5第2項の規定に基づき，本件措置命令の仮の差止めを申し立てた。原審（東京地決令和4年1月12日（令和3年（行ク）第331号））は，6つの商品のうち本件各商品に係る表示の一部については申立てに理由があるとして，本件各商品に係る表示のうち，大幸薬品の自社ウェブサイト及び動画において，「99.9%」と表示する部分（音声を含む）を除いた部分について，本件措置命令を仮に差し止

める旨を決定し，その余の申立てを却下した（以下「原決定」という）。本決定は，原決定に対する[117]即時抗告審の決定である。

◆ 判決要旨

本件措置命令により売上高が著しく減少するとまで認めることは困難である上，本件措置命令がされることにより財務状況が一時的に悪化するなどしたとしても，それをもって本件措置命令により生ずる「損害」であると認めることは直ちには困難であるというべきである。そして，…本件措置命令が，一般消費者による自主的かつ合理的な選択を確保するという重要な公益を保護するためのものであることも勘案すれば，「償うことのできない損害」であると直ちに認めることはできないというべきである。

5条1号における「著しく優良であると示す表示」（優良誤認表示）に該当するか否かを判断するに際しても，その対象となる特定の表現媒体における「広告」というひとまとまりの表示を全体として，一般消費者を基準に，一般消費者による商品の選択等に影響を与えるか否かという観点から検討すべきであって，表示上の特定の文章，図表，写真等を分断し，これらの当該各要素から個別に一般消費者が受ける印象・認識ではなく，表示内容全体から一般消費者が受ける印象・認識を基準とするのが相当というべきである。

（ウェブサイトの動画及び動画広告について，音声，字幕ともに，当該商品が瞬時に効果を発揮するものである旨の文言は見当たらないものの）一般消費者は，一般に，二酸化塩素ガスと空間に浮遊するウイルス等との化学反応が瞬時に起きるのか等について何ら科学的な知識を有しているわけではなく，本件各商品から徐放される二酸化塩素ガスが，本件各商品がそれぞれ想定されている使用場所の空間においてウイルス等を除去する効果を発揮するまでにどの程度の時間を要するのかについても何ら知識を有しないところ，このような一般消費者を基準として上記各動画を全体としてみれば，二酸化塩素ガスを表す「C」の物体によりウイルス等を表す物質が次々に捕捉される状態が映像として表現

---

[117] なお，消費者庁は，原決定後，6つの商品のうち仮の差止めが認められなかった4商品の表示について措置命令を行った（消表対第77号（令和4年1月20日））ことから，大幸薬品は，同月28日，当該措置命令に係る部分についての即時抗告は取り下げた。

されていることが明らかであるから，一般消費者において，本件各商品により
ウイルス等が瞬時に除去される印象を受けるものというべき（である）。

　（「室内空間に浮遊するウイルス又は菌を 99.9%除去又は除菌される効果」
を有している旨の表示について）打消し表示によっても，上記の効果は何ら打
ち消されていると認めることはできないというべきである。

　以上のとおり，ウェブサイトおよび動画広告における表示については，「瞬時
に，室内空間に浮遊するウイルス又は菌が 99.9%除去又は除菌される効果」を
示すものと認められる。

◆ 解 説

1　仮の差止めにおける「償うことのできない損害」の要件について

　本事案は，仮の差止めにおける「償うことのできない損害」の要件充足性，
具体的には本件措置命令による生ずる損害がどのようなものであるのか，大幸
薬品の主張するところの損害が本件措置命令による損害であるのか等について
詳細に判断をしているものであり，実務上参考となる。

2　表示から一般消費者が受ける印象・認識と打消し表示

　本事案において，大幸薬品は，本件各商品につき，①「瞬時に」との表示を
明示的にはしておらず，また，②ウイルス等が「99.9%除去又は除菌される効
果」に関する表示については本件打消し表示をしていた。これについて，本決
定は，①「瞬時に」との表示をしている（瞬時に除去されるとの印象・認識を
受ける）旨を認定するとともに，②本件打消し表示は「99.9%除去又は除菌さ
れる効果」を何ら打ち消すものではない（したがって，99.9%除去又は除菌さ
れる効果があるとの印象・認識を受ける）旨を認定した。そして，大幸薬品が
提出した資料は，実験の条件設定に問題点があることや資料により実証された
内容が本件各商品の表示に係る効果と対応していないことを理由に，不実証広
告規制（7条2項）の「表示の裏付けとなる合理的な根拠を示す資料」に該当
せず，原決定のうち，申立てを容認した部分を取り消した。

　このうち，①に関して，原決定は，「瞬時に」との表示をしている（瞬時に除
去されるとの印象・認識を受ける）旨の認定はしなかったものの，本決定は，
優良誤認表示の判断枠組みとして，表示内容全体から一般消費者が受ける印象・

認識を基準とするのが相当であるとしたうえで，一般消費者としては，本件各商品から徐放される二酸化塩素ガスが空間のウイルス等を除去するまでにどれくらいの時間を要するかについての知識を有しておらず，動画を全体としてみれば，二酸化塩素ガスを表す「C」の物体によりウイルス等を表す物質が次々に捕捉される状態が映像として表現されていることから，「瞬時に」との表示をしている（瞬時に除去されるとの印象・認識を受ける）ものと判断した。

特にウェブサイトでの動画広告やテレビ CM 等によって宣伝する商品においては，宣伝を受けた一般消費者の受け取り方が，事業者側の想定と異なる場合もあり得るため，動画・CM 等の内容にも十分に留意して広告内容を決定しなければならないと考えられる[118]。

また，本決定は，②「99.9％除去又は除菌される効果」に関する表示を認定するに際して，本件打消し表示の内容を判断している（本件打消し表示によっても一般消費者が受ける印象・認識を打ち消すものではないと判断している）。具体的には，本件打消し表示の表示方法，及び，打消し表示の表示内容の観点から検討し，打消しの効果を認めなかった。この点，打消し表示の考え方については，☞ *No.13* や ☞ *No.14* 等も参照されたい。

One Point

　本決定は，措置命令がなされる前に差止めの提訴（及び仮の差止めの申し立て）をした事例であり，仮の差止めの要件充足性を検討するにあたって参考となる。また，一般消費者に著しく優良であると誤認される表示であるか否かの判断は，表示内容全体から一般消費者が受ける印象・認識が基準となるが，それを再確認し，当てはめがなされた事例でもある。

---

[118] 笠原宏「不実証広告規制事案において，資料により根拠を示すべき『表示』の範囲及び資料の合理性等について判示した事例」（公正取引 No.887）27 頁参照。

| No.43 | **裁量権と先例拘束の法理，法の選択的執行と平等原則** |
| | 東京高判平成8年3月29日（平成6年（行ケ）第232号）
審決取消請求事件［東京もち事件］ |

※条数は当時のものである。

◆ 事 案

　東京もち株式会社（以下「東京もち」という）は，「杵つき生きり餅」と称する1kg入りの包装もち（以下「本件商品」という）を製造，販売していたが，その包装袋にあたかも本件商品がもち米のみを原材料として製造されたもちであるかのような表示（以下「本件表示」という）をしていた。しかし，本件商品は，原材料として，もちとうもろこしでん粉が約15%の割合で使用されていた。公正取引委員会は，調査を開始し，平成4年5月21日，聴聞を行い，平成5年2月25日，原告に，4条1号に違反する行為があるとして，6条1項に基づき，排除命令を行った。

　公正取引委員会は，東京もちの請求により，審判手続を開始し，平成6年9月29日，誤認排除措置等を内容とする審決を行った。

　これに対し，東京もちは，本件審決の取消訴訟を提起した。

◆ 判決要旨

　請求棄却。

1　裁量権と先例拘束の法理

　景品表示法は，同法の趣旨・目的を効果的に達成するために，公正取引委員会に対し，同法3条の規定による制限若しくは禁止又は4条の規定に違反する行為が認められる場合に，当該不当な表示行為等の実態に即応して，機動的，迅速に規制権限を行使することができるように，排除命令をし又は排除措置を命じるについても，また，いかなる内容の措置をとるか等についても，広範な裁量権を付与していることが明らかである。そして，景品表示法は，5条所定の場合を除いて，公正取引委員会が右規制権限を行使するにあたって，準則又は裁量基準を予め定立し，これを規制対象事業者等に周知させることを求める

規定を設けていないのであるから，同法4条1号の規定に違反する行為については，公正取引委員会は，規制権限を行使するにあたり，準則若しくは裁量基準を予め定立して，これに基づき排除命令をし若しくは排除措置を命ずるか又はこれらを定立しないで個々の事案ごとに右規制権限を行使するか若しくはいかなる内容の措置を講ずるか等をその裁量権に基づいて定めることができるものというべきである。

　もっとも，同号の規定に違反する行為につき，公正取引委員会が排除命令又は審決において示した準則又は裁量基準が先例として確立し，これに基づく規制を受ける立場にある事業者も右先例に従っているような状態が継続していた場合に，公正取引委員会が，右先例を変更し，従前とは異なった内容の新たな準則又は裁量基準に基づいて規制権限を行使しようとするときであって，その結果が右先例に従っていた右事業者に不利益を課すことになるときには，右事業者に不意打的に不利益を課すことになるのを避けるため，準立法的機能・権限をも有する公正取引委員会としては，新たな準則又は裁量基準を定立し，これを右事業者に周知させる措置を講じたうえ，合理的な期間が経過した後にはじめて新たな準則又は裁量基準に基づく規制権限を行使するのが相当であるというべきであり，このようなときに，公正取引委員会が，右の措置を講ずることなく，上記先例に従って表示をしていた事業者に対し，新たな準則又は裁量基準に基づいて行政処分をするときには，当該行政処分は裁量権を濫用したものとして違法となる余地があるものというべきである。

2　法の選択的執行と平等原則

　景品表示法4条1号の規定に違反する行為につき排除命令をし又は排除措置を命じるについて裁量権を与えていることは，上記のとおりであるから，右規定に違反する行為が認められる限り，当該行為について排除措置を命じることは原則として違法となるものではないが，当該排除措置を命じることが，右裁量権の濫用あるいはその範囲を逸脱してされたものであるときには，当該審決は違法として取消を免れないものというべきである。

　景品表示法4条1号の規定に違反する同種・同様・同程度の行為をした事業者が多数ある場合に，公正取引委員会が，そのうちの少数の事業者を選別し，これらに対してのみ排除命令をし又は排除措置を命じるという法の選別的執行

をしたときであっても，これによって，爾後，同号の規定に違反する行為を抑止する等の効果があり得るのであるから，公正取引委員会が，右違反行為をした事業者に対して一般的に規制権限を行使して行政処分をする意思を有している限り，そのうちの少数の事業者を選別してした上記行政処分をもって直ちに平等原則に違背する違法なものとはいえないものというべきである。そして，当該行政処分が右原則に違背する違法なものとなるのは，公正取引委員会が，右処分の相手方である事業者以外の違反行為をした事業者に対しては行政処分をする意思がなく，右処分の相手方である事業者に対してのみ，差別的意図をもって当該行政処分をしたような場合に限られるものと解すべきである。

◆ 解 説

1 はじめに

本事案では，東京もちから，公正取引委員会による本事案の処理に関し，①聴聞手続上の違法主張や，②裁量基準の設定義務に関する主張，③裁量権濫用逸脱の主張など，数々の主張がなされたが，いずれの主張も認められず，請求棄却となった[119]。以下，②の主張に関し，先例拘束の法理に関する部分，及び，③の主張に関し，法の選択的執行と平等原則に係る部分について取り上げる。

なお，本件は，消費者庁発足前，公正取引委員会所管時の事案であり，また，行政手続法施行前のもの[120]であるが，現在の法体系での法解釈を検討するうえでも参考になるものと考えられる。

2 裁量権と先例拘束の法理

公正取引委員会が規制権限を行使するに際し，裁量基準を定立する等の義務が条理上存在するか否かが問題となったが，裁判所は，景品表示法でそのような義務を定める規定がないことから，裁量基準を定立するか等についても，公正取引委員会の裁量に委ねられているとした。本件は，行政手続法施行前の事

---

[119] 本件は最高裁に上告されたが，「原審の適法に確定した事実関係の下においては，本件審決に上告人主張のような手続的違法及び裁量権の濫用，その範囲逸脱の違法がないとした原審の判断は，正当として是認することができ，その過程に所論の違法はない。」として，上告棄却となった（最判平成12年3月14日判決（平成8年（行ツ）第151号）審決取消請求上告事件）。

[120] 現行法下では，措置命令に関して，聴聞は不要であり，弁明の機会の付与で足りるものとされている（行政手続法13条1項）。

案であったところ，現在においては，行政庁一般を対象に，処分基準を作成し，公にする努力義務を定める行政手続法 12 条が適用されることとなり，制度上は，努力義務であるということになろう。

また，傍論として示された【判決要旨】1 の部分は，先例拘束の法理を示したものであり，注目すべきである（事業者の予測可能性を保護するものであるが，「合理的な期間」の経過までも求める点は特徴的である）。

3 法の選択的執行と平等原則

裁判所は，同様の不当表示を行っている事業者が複数ある場合に，そのうちの一部の事業者を選別して行政処分を行うことについて，【判決要旨】2 のとおり示した。

この点，裁判所は，選択的執行につき，平等原則に違背し，違法とされる場合として，行政庁が「差別的意図を有する」場合をあげている[121]。実務上，同種事案が発生した場合の対応を検討するうえで参考になるであろう。

One Point

　本判決は，①先例拘束の法理や，②法の選択的執行の問題に関する一般論を示すものであり，同種事案を検討するうえで示唆に富むものであるといえる。

---

[121] 内田耕作「判例評論」458 号 37, 38 頁（「判例時報」1591 号 199, 200 頁）は，主観的意図だけから認定することには問題があるとして，処分が客観的にみて，処分の相手方である事業者とそれ以外の違反事業者との間の競争秩序に有意の影響を及ぼす場合にも違法になる旨の見解を示す（同見解は，当該判断の主要な考慮要素として，①他の違反事業者に対する処分の有無，②業界団体に対する違反防止の要望の有無をあげている。もっとも，本事案は，①②の両方が行われていたという事案であった）。

	「課徴金対象行為に係る商品」（8条1項）の対象
No.44	株式会社はぴねすくらぶに対する課徴金納付命令 （消表対第264号（令和元年6月26日））

◆ 事案

〈対象となる商品・役務〉

・株式会社はぴねすくらぶ（以下「はぴねすくらぶ」という）が供給する「酵母と酵素 de さらスルー」と称するカプセル状93粒入りの健康食品（以下「93粒入りの商品」という）及び「酵母と酵素 de さらスルー」と称するカプセル状42粒入りの健康食品（以下「42粒入りの商品」といい，93粒入りの商品と併せて「本件商品」という）

〈前提事実等〉

・はぴねすくらぶは，健康食品等の販売業等を営む事業者である。

〈表示〉

　はぴねすくらぶは，本件商品を一般消費者に販売するにあたり，自社ウェブサイトにおいて，例えば，93粒入りの商品について，食事の画像と共に，「食べることが大好きなあなたへ！」，「『酵母と酵素 de さらスルー』は，生きた酵素と酵母，乳酸菌，さらに白キクラゲ由来のエイドライフリーWJをたっぷり配合した新しいダイエットサプリ。」等と記載することにより，あたかも，本件商品を摂取するだけで，特段の食事制限をすることなく，本件商品に含まれる成分の作用により，容易に痩身効果が得られるかのように示す表示をしていた。

〈不実証広告規制〉

　消費者庁長官は，当該表示の裏付けとなる合理的な根拠を示す資料の提出を求めたところ，はぴねすくらぶの提出資料は，当該表示の裏付けとなる合理的な根拠を示すものであるとは認められないものであった。

〈本事案で問題となった表示（抜粋）〉
【93粒入りの商品に関する表示】

【42粒入りの商品に関する表示】

公正取引委員会HPより抜粋
（https://www.jftc.go.jp/houdou/pressrelease/2019/jun/kyusyu/190626_keihyo-1.pdf）

〈課徴金対象行為〉
　上記表示をした行為

No.44 「課徴金対象行為に係る商品」(8条1項)の対象　241

〈課徴金対象行為をした期間等〉

次の表のとおり。

課徴金対象行為をした期間	最後に取引をした日※	課徴金対象期間	売上額	課徴金額
平成28年4月1日〜平成29年8月3日	平成30年2月3日	平成28年4月1日〜平成30年2月3日	527,192,683円	15,810,000円

※課徴金対象行為をやめた後そのやめた日から6月を経過する平成30年2月3日までの間に最後に取引をした日

◆ 解　説

1　措置命令と課徴金納付命令での認定の差異

　消費者庁長官は，はぴねすくらぶに対し，平成31年1月17日，課徴金納付命令に先立ち，同様の事案に係る措置命令（消表対第34号）を行っている。

　そして，措置命令においては，本件商品すなわち93粒入りの商品と42粒入りの商品を区別し，それぞれの商品について不当表示を認定している。

　一方，課徴金納付命令では，93粒入りの商品と42粒入りの商品を区別することなく，2つの商品を合わせて「課徴金対象行為に係る商品」に該当するものとしており，その結果，93粒入りの商品と42粒入りの商品の売上額を合計したうえで課徴金が算定されている[122]。

2　検　討

　課徴金額は，「課徴金対象行為に係る商品又は役務」の売上額に100分の3を乗じて得た額に相当する額である（8条1項本文）が，これにより算出された金額が150万円未満の場合，その納付を命じることはできない(同項ただし書)。ここで，「課徴金対象行為」は優良・有利誤認表示をする行為であるから，「課徴金対象行為に係る商品又は役務」は，優良・有利誤認表示をする行為の対象となった商品又は役務である[123]。

　上記1に示したとおり，措置命令と課徴金納付命令における認定の差異に照

---

[122] 93粒入りの商品と42粒入りの商品を総称する定義として，措置命令は「本件2商品」としているが，課徴金納付命令では「本件商品」としている。これは上記の差異によるものと推察される。

[123] 課徴金ガイドライン第4，2柱書。

らすと、「課徴金対象行為に係る商品又は役務」すなわち優良・有利誤認表示をする行為の対象となった商品又は役務は，措置命令で認定された不当表示の対象たる商品又は役務と常に一致するわけではないと考えられる。

そこで「課徴金対象行為に係る商品又は役務」をどのように捉えるべきであるが，まず，課徴金ガイドライン第4の2柱書において「『商品又は役務』は，課徴金対象行為に係る表示内容や当該行為態様等に応じて個別事案ごとに異なる」と述べられている。また，「座談会　最近の景品表示法違反事件をめぐって」（公正取引 No.842）13頁において，「商品の内容とか，取引の態様とか，個別の事情を踏まえて，一体として捉えるものについては，それらをまとめて課徴金のベースにするというのが基本的な考え方だろうと思ってい」る旨の，当時の担当審議官の発言もある[124]。

上記1のとおり，本事案は，93粒入りの商品と42粒入りの商品が一体として捉えられ，これら商品（本件商品）の売上額がまとめられて1つの課徴金額のベースとされている。これは，93粒入りの商品と42粒入りの商品は，容量が異なるに過ぎずその内容自体は同一の商品であるところ，93粒入りの商品と42粒入りの商品のいずれについても，当該商品を摂取するだけで特段の食事制限をすることなく，容易に痩身効果が得られるかのように示す表示がなされていたこと等を踏まえての整理であると考えられる[125]。

One Point

　本事案は，容量が異なる商品について不当表示を行った場合における「課徴金対象行為に係る商品（又は役務）」の捉え方について参考となる事案である。ただし，事案に応じて，商品又は役務がどのようなものであり，どのような表示がなされているか等の検討をする必要があることはいうまでもない。

---

[124] その他，渡辺390〜399頁参照。

[125] さらに，「座談会　最近の景品表示法違反事件をめぐって」（公正取引 No.842）14頁においても，「…容易に痩身効果が得られるかのように示す点では共通しており，一般消費者は，両者が同じ機能・効用を有していると認識するものと考えられることから，商品としては同一の商品として捉え，両者の売上額を合算して課徴金算定を行っています。」との発言がなされている。

	規模基準，「課徴金対象行為に係る商品…の…売上額」（8条1項）の対象
No.45	株式会社エー・ピーカンパニー対する課徴金納付命令 （消表対第 241 号及び第 242 号（平成 31 年 3 月 1 日））

◆ 事案

〈対象となる商品・役務〉

・株式会社エー・ピーカンパニー（以下「エー・ピーカンパニー」という）が運営する「宮崎県日南市塚田農場」及び「宮崎県日向市塚田農場」と称する店舗（以下これらを併せて「本件店舗①」という）において供給する「チキン南蛮」及び「月見つくね」と称する料理（以下これらを併せて「本件2料理①」という）

・エー・ピーカンパニーが運営する「鹿児島県霧島市塚田農場」と称する店舗（以下「本件店舗②」という）において供給する「チキン南蛮」と称する料理（以下「本件料理②」という）

〈表示〉

エー・ピーカンパニーは，本件2料理①及び本件料理②の各料理を一般消費者に提供するにあたり，それぞれ，本件店舗①及び本件店舗②の各店舗におけるメニュー表において，あたかも，本件2料理①及び本件料理②の各料理に地鶏を使用しているかのように示す表示をしていた。

〈実際〉

実際には，本件2料理①及び本件料理②の各料理について，「チキン南蛮」と称する料理にはブロイラーを，「月見つくね」と称する料理にはほとんどブロイラーを，それぞれ使用していた（優良誤認表示）。

〈課徴金対象行為〉

上記表示をした行為

〈課徴金対象行為をした期間等〉

次頁の表のとおり。

店舗	料理名	課徴金対象行為をした期間	最後に取引をした日※	課徴金対象期間	売上額	課徴金額
本件店舗①	「チキン南蛮」と称する料理（本件2料理①）	平成29年4月17日～平成29年8月22日	平成30年2月22日	平成29年4月17日～平成30年2月22日	192,823,964円	5,780,000円
	「月見つくね」と称する料理（本件2料理①）	平成29年4月17日～平成29年8月22日	平成30年2月22日	平成29年4月17日～平成30年2月22日	64,907,870円	1,940,000円
本件店舗②	「チキン南蛮」と称する料理（本件料理②）	平成29年4月17日～平成29年8月22日	平成30年2月22日	平成29年4月17日～平成30年2月22日	69,934,521円	2,090,000円

※課徴金対象行為をやめた後そのやめた日から6月を経過する平成30年2月22日までの間に最後に取引をした日

◆ 解 説

1 措置命令と課徴金納付命令における認定の差異

　エー・ピーカンパニーに対する措置命令（消表対第555号ないし第557号（平成30年5月22日）。なお，消表対第557号の措置命令については ☞ *No.2* を参照されたい）では，不当表示の対象商品（料理）として，本件店舗①において提供する本件2料理①及び「塩つくね」，本件店舗②において提供する本件料理②，「月見つくね」及び「塩つくね」，そして，「宮崎県日南市じとっこ組合」，「宮崎県日向市じとっこ組合」及び「～宮崎日南　幻の地鶏焼～　じとっこ」と称する店舗（以下これらを併せて「本件店舗③」という）において提供する「チキン南蛮」及び「椎茸つくね南蛮」（以下これらを併せて「本件2料理③」という）をそれぞれ認定している。そして，これらの命令では，本件店舗①ないし③の

No.45 規模基準,「課徴金対象行為に係る商品…の…売上額」(8条1項)の対象 245

各店舗のメニュー表における表示が景品表示法に違反するものである（優良誤認表示）との認定を行っている。

　かかる認定を踏まえると，本件店舗①ないし③の各店舗のメニュー表における，上記の各料理に地鶏を使用しているかのように示す表示は「第5条の規定に違反する行為」つまり「課徴金対象行為」であり，上記の本件店舗①ないし③において提供する各料理が「課徴金対象行為に係る商品」となり，これらの料理の売上額から課徴金額が算定され得る。

　しかし，実際になされた課徴金納付命令では，措置命令の対象となったこれらの料理のうち，一部の店舗において提供する一部の料理の売上のみから課徴金額が算定されている。これをまとめると下表のとおりである。

提供店舗	対象商品（料理）	措置命令	課徴金納付命令
本件店舗①※1	本件2料理①	○	○
	塩つくね	○	×
本件店舗②※1	本件料理②	○	○
	月見つくね	○	×
	塩つくね	○	×
本件店舗③※2	本件2料理③	○	×

※1　エー・ピーカンパニーが運営する店舗
※2　エー・ピーカンパニーとライセンス契約を締結したライセンシーが運営する店舗

2　検　討

　措置命令と課徴金納付命令において，認定された提供店舗や対象商品（料理）に差異が生じた理由としては，例えば以下の内容が考えられる。

(1)　規模基準

　課徴金納付命令での認定をみるに，本事案は，メニュー表という1つの媒体において複数の料理に関する課徴金対象行為が行われたものであるが，課徴金額の算定は料理ごとに行われている[126]。このことから，措置命令において対象

---

[126] 例えば，本事案では，本件店舗①において提供する料理のうち課徴金対象行為が行われた商品は本件2料理①（チキン南蛮及び月見つくね）であるとの認定がなされているが，課徴金額の算定では課徴金対象行為におけるチキン南蛮及び月見つくねの売上の総額（合算）ではなく，それぞれの売上額から，それぞれの課徴金額を算定している。

商品とされていた料理で，課徴金納付命令において対象商品とならなかった料理は，課徴金対象期間における各料理のそれぞれの売上額が 5,000 万円を下回っており，課徴金額が 150 万円未満であったため，8 条 1 項ただし書の規定により，課徴金の納付が命じられなかったということは考えられる。

(2) 「課徴金対象行為に係る商品…の…売上額」

次に，店舗について着目してみると，一部の料理については課徴金納付命令の対象となっていないものの，本件店舗①であれば本件 2 料理①が，また，本件店舗②であれば本件料理②が対象となっている。その一方で，本件店舗③については，本件 2 料理③のうちいずれの料理についても課徴金納付命令の対象となっていない。

このように，本件 2 料理③のうちいずれの料理も課徴金納付命令の対象とならなかった理由としては，上記(1)のとおり，本件課徴金対象期間における本件 2 料理③のそれぞれの料理の売上額が 5000 万円を下回っており課徴金額が 150 万円未満であった（規模基準を満たさなかった）ということが考えられる。

もっとも，本件店舗①及び本件店舗②と，本件店舗③との間には，経営態様が異なるという事情がある。そこで，本件 2 料理③のうちいずれの料理も課徴金納付命令の対象とならなかった理由について，かかる観点からも検討する。

この点，「課徴金対象行為に係る商品…の…売上額」とは，課徴金対象行為を行った事業者の直接の取引先に対する売上額を意味する[127]。ここで，措置命令での認定をみるに，本件店舗①及び②はエー・ピーカンパニーの直営店であるのに対し，本件店舗③は，同社とライセンス契約を締結する事業者（ライセンシー）が経営する店舗である。

直営店である本件店舗①及び②は，エー・ピーカンパニーの手足として稼働しているものであるから，そのような店舗において提供する商品（料理）の売上額は，エー・ピーカンパニー自らが提供する商品の対価であるといえるだろう。

一方，本件店舗③はライセンシーが経営する店舗であるところ，措置命令において，ライセンシーは，ライセンサーであるエー・ピーカンパニーから特定

---

[127] 課徴金ガイドライン第 4，3。

の商標等を使用する権利や，ライセンシーによる飲食店の経営について，統一的な方法で，統制，指導及び援助を受け，これらの対価としてエー・ピーカンパニーに金銭（ライセンス料）を支払っていたとの認定がなされている。このように，本件店舗③は，本件店舗①及び②とは異なり，エー・ピーカンパニーと胴体と手足の関係にはないため，本件店舗③の課徴金対象期間における本件2料理③の売上額は，あくまでもライセンシーの経営する店舗における売上額であって，エー・ピーカンパニーの「課徴金対象行為に係る商品…の…売上額」とはいえない（課徴金対象行為を行った事業者の直接の取引先に対する売上額とはいえない）との評価が考えられる。

そして，エー・ピーカンパニーの直接の取引先は一般消費者ではなく本件店舗③となるところ，本件店舗③からエー・ピーカンパニーへ支払われる金銭は，使用料や指導対価等様々なものが含まれたものであり，本件店舗③で提供された本件2料理③の売上額そのものではない。そうすると，本件店舗③からエー・ピーカンパニーへ支払われた金銭を，「課徴金対象行為に係る商品…の…売上額」そのものと解することは，基本的には難しいものと考えられる[128]。

このような判断から，本件店舗③において提供する本件2料理③については，エー・ピーカンパニーの「課徴金対象行為に係る商品…の…売上額」を観念できないとして，課徴金額の算定対象とならなかった可能性もあると考えられる。

> **One Point**
>
> 措置命令と課徴金納付命令においては，それぞれにおいてなされた認定について，差異が生じ得る。本稿は，具体的事例を用いながらその差異について検討したものである。

---

[128] この点，「特集　景品表示法違反事件の動向　座談会　最近の景品表示法違反をめぐって」（公正取引No.830）16頁では，フランチャイズ店舗からフランチャイザーに対して支払われるロイヤリティに関して，ロイヤリティは商品の売上とはいいがたく，フランチャイザーによる指導の対価等様々なものが含まれており，基本的には課徴金の計算の基礎となる売上とは認められない（ただし，名目上はロイヤリティであってもフランチャイズ店舗がフランチャイザーから仕入れた対象商品の対価であると認められるような場合には，それを売上として課徴金の計算の基礎にすることはできる）旨の当時の担当審議官の発言がある。本事案はフランチャイズ契約ではなくライセンス契約が事業者間において締結されている事案であるが，ライセンス料についてもロイヤリティと同様に考える余地もあるものと思われる。

248　第2章 景品表示法　重要判例・命令

| No.46 | 「相当の注意を怠つた者でないと認められる」の解釈 |
| | 消費者庁平成30年12月21日（消総総第710号）
日産自動車景表法課徴金取消裁決 |

◆ 事 案

　日産自動車株式会社（以下「日産自動車」という）は，「デイズ」と総称する軽自動車及び「デイズルークス」と総称する軽自動車の計27商品（以下「本件27商品」という）を，三菱自動車工業株式会社（以下「三菱自動車」という）からOEMによる供給を受け，ディーラーを通じて一般消費者に販売していた。

　日産自動車は，本件27商品について，遅くとも平成28年4月1日から同月20日までの間，ディーラーを通じて配布したカタログ及び自社ウェブサイトに掲載したウェブページにおいて，各商品の燃費性能は，国が定める試験方法に基づくものではなかったにもかかわらず，あたかも，国が定める試験方法に基づく燃費性能であるかのように示す表示をしていたが，実際には，各商品の燃費性能は，国が定める試験方法に基づくものとはいえないものであった。

　消費者庁長官は，平成29年1月27日，日産自動車に対し，本件27商品の各商品の取引について，それぞれ，5条1号に該当する不当な表示を行っていたとして，7条1項の規定に基づき，措置命令を行った（消表対第73号）。

　また，消費者庁長官は，平成29年6月14日，日産自動車に対し，ディーラーを通じて一般消費者に供給する本件27商品のうちの計6商品の各商品の取引について，それぞれ，5条1号に該当する不当な表示を行っていたとして，8条1項の規定に基づき，317万円を納付するよう命ずる課徴金納付命令（消表対第769号。以下「本件課徴金納付命令」という）を行った。

　日産自動車は，平成29年9月13日，本件課徴金納付命令を不服として，消費者庁長官に対し，行政不服審査法に基づく審査請求を行った。

◆ 裁決要旨

　消費者庁長官は，平成30年7月6日に，行政不服審査会へ諮問をし，同年10月31日，本件課徴金納付命令は取り消されるべきとの答申を受け，総合判

断の結果，本件課徴金納付命令を取り消す裁決をした。

1　相当注意義務の主体

(1)　判断枠組み

　（8条1項ただし書に規定する）主観的要件を充足するか否かは，その表示内容の決定や真実性の確認を行う実質的権限を有する者の認識及び行為を基準として判断するのが相当である。この点，表示を行う事業者が法人である場合には，代表機関がそのような権限を有することはもとより，実際には，代表機関のみならず，その他の役員や従業員らが役割を分担しながらその業務を遂行しているのであり，一般消費者に対する表示を行うのが，代表機関から表示を行う権限を付与された者であったり，その表示内容の真実性を確認するのが，その者とは別の調達部門や開発部門の者であったりすることも多く，調達部門や開発部門の者が実質的に表示内容を決定し，表示を行う権限を有する者は表示の仕方を決定しているというべき場合も少なくない。

　よって，法人である事業者が行う表示について，代表機関や表示を行う権限を有する者のみならず，その法人内における業務上の地位及び権限等に照らし，表示内容の決定や真実性の確認を行う実質的権限を付与された者がいる場合には，その者も，8条1項ただし書にいう相当の注意を怠ったか否かの判断の基準となる主体たり得るとするのが相当である。

(2)　判　断

　当時の日産自動車のカスタマーパフォーマンス＆実験技術部主管であるXは，「デイズ」及び「デイズルークス」の次期型車の開発を担当する現場責任者の地位にあり，その職責の一環として，基点となる現行車の燃費性能等の調査確認を行う調査権限を付与されていたと認められる。かかる職務権限は，「デイズ」及び「デイズルークス」の燃費性能に係る表示内容の真実性の確認を行う実質的権限と評価できるものである。したがって，Xは，相当の注意を怠ったか否かの判断の基準となる主体たり得るというべきである。

2　相当注意義務の内容，水準及び判断方法

(1)　判断枠組み

　8条1項ただし書に主観的要件が定められた趣旨は，事業者が表示を行うにあたり，表示内容の真実性を確認するインセンティブを確保することにあり，

同項ただし書にいう「相当の注意」は，表示内容の真実性の調査確認をすべき注意義務を事業者に課すものである。

課徴金対象行為をした事業者が，そのような相当の注意を怠ったか否かは，当該事業者の業態や規模，課徴金対象行為に係る商品又は役務の内容，課徴金対象行為に係る表示内容や課徴金対象行為の態様等を勘案して，当該事業者が課徴金対象行為に係る表示をする際に，当該表示の根拠となる情報を確認するなど，正常な商慣習に照らし必要とされる注意，すなわち当該分野に適用する正常な商慣習に照らし通常払うべき程度の注意を書いていたか否かにより判断するのが相当である。そして，1条所定の目的に照らせば，いかなる商慣習であってもそれに従って表示をすれば足りるとするのは不当であり，一般消費者の利益の保護の見地から是認されないようなものが「正常な商慣習」にあたらないことはいうまでもない。

もとより，事業者が相当の注意を怠ったか否かは，具体的な事実関係に基づいて，当該事業者に，いかなる表示について，いかなる徴表を契機として，いつの時点で，いかなる内容の調査確認をすべき注意義務が発生し，当該事業者のいかなる作為又は不作為をもって，そのような調査確認義務に違反したものと認められるか否かを個々の事案ごとに決するほかないが，当該事業者が，自ら行う表示の内容の真実性に疑義を生じさせる情報に接した場合には，一般消費者の利益の保護の見地から，通常，当該事業者には，当該疑義を払拭するに足りる程度の調査確認を尽くす注意義務が課せられるものというべきである。

ただし，当該事業者がある表示の内容の真実性について十分に調査確認をしたとしても，その表示が8条1項各号に該当することを知り得ないと認められるならば，そのような場合にまで「知らないことにつき相当の注意を怠つた」ということはできないと解される。

(2) 判　断

処分庁（消費者庁長官）の主張する事実をXが認識した時点において走行抵抗について重大な疑義を持ってしかるべき状態が生じていたとして走行抵抗の基礎データの提示を求めるべき調査確認義務が直ちに発生したと認めることは困難といわざるを得ず，日産自動車が相当の注意を怠ったとは認められないとした答申の結論的判断には相応の合理性がある。それゆえ日産自動車が相当の

注意を怠ったとは認められない。

◆ 解 説

1 はじめに

　本事案は，景品表示法における課徴金制度の導入後初めて課徴金納付命令の取消がなされた事案[129]である。本事案に関する論点は複数あるが，本裁決は，8条1項ただし書の「相当の注意を怠つた者でないと認められる」か否かを争点としてあげ，詳細な事実認定のもと，事案に即した判断をしている。具体的には，相当の注意義務を怠ったかどうかを判断するにあたって主体となる者の範囲を明らかにしつつ，相当の注意義務の内容や判断枠組みについて一定の規範を示したうえで，事実経緯を踏まえ，日産自動車は相当の注意を怠った者ではないと認めている。

　本裁決は，課徴金ガイドラインを前提に，OEM 製品の供給を受けて表示を行う事業者に求められる相当の注意義務の判断枠組み等を具体的に示している。

2 相当の注意義務の主体

　課徴金ガイドラインにおいては，課徴金の対象となる行為をした事業者が法人のような場合，組織内の誰の行為や認識をもって相当の注意義務を怠ったかを判断するかまでは明らかにされていない。本事案では，日産自動車及び処分庁との間で，代表取締役等の代表機関のみならず，「一定の権限を有する者」が相当の注意を怠ったか否かの判断の基準となる主体に該当し得ること自体に争いはなかったが，本件課徴金納付命令は，日産自動車の技術職社員であるXの行為及び認識を踏まえてなされたものであったため，「一定の権限を有する者」の範囲が争われた。

　本裁決は，8条1項ただし書の趣旨を踏まえ，日産自動車が主張していた「表示を行う権限を有する者」に主体を限定するような解釈を採ろうとはせず，「法人内における業務上の地位及び権限等に照らし，表示内容の決定や真実性の確認を行う実質的な権限を付与された者」も，相当の注意を怠ったか否かの判断基準の主体になり得る旨を明らかにした。

---

[129] 課徴金制度の導入後に初めてなされた課徴金納付命令が，本件課徴金納付命令及び三菱自動車に対する課徴金納付命令（消表対第 1060 号（平成 29 年 7 月 21 日））でもあった。

本裁決で示された判断枠組みに従えば，Xのように現場責任者として，調査確認を行う一定の職務権限を付与されているような者の行為や認識が，事業者が相当の注意義務を怠ったか否かに直結し得るといえるだろう。

3　相当の注意義務を怠ったか否かの判断

(1)　本裁決で示された判断枠組み

8条1項ただし書の「相当の注意を怠つた者でないと認められる」か否かについては，事業者が課徴金の対象行為に係る表示をするにあたって，当該表示の根拠となる情報を確認するなど，正常な商慣習に照らし必要とされる注意をしていたか否かにより，個別事案ごとに判断するとされている。また，上記判断にあたっては，事業者の業態や規模，課徴金対象行為に係る商品又は役務の内容，課徴金対象行為に係る表示内容及び課徴金対象行為の態様等を勘案することになる一方で，事業者が，必要かつ適切な範囲で，管理措置指針に沿うような具体的な措置を講じていた場合には，「相当の注意を怠つた者でない」と認められる（課徴金ガイドライン第5，1）。

本裁決は，課徴金ガイドラインの考え方を示したうえで，事業者が，「自ら行う表示の内容の真実性に疑義を生じさせる情報に接した場合には，一般消費者の利益の保護の見地から，通常，当該事業者には，当該疑義を払拭するに足りる程度の調査確認を尽くす注意義務が課せられるものというべきである」との判断枠組みを提示している。他方で，「不可能な義務を課すことはできない以上，当該事業者がある表示内容の真実性について十分に調査確認をしたとしても，その表示が8条1項各号に該当することを知り得ないと認められるならば，そのような場合にまで『知らないことにつき相当の注意を怠つた』ということはできない」旨の例外事情も明らかにしており，参考になる。

(2)　相当の注意義務の程度

処分庁は，平成27年12月22日以降のXが認識していた事実（三菱自動車が下方寄りのデータを選択して走行抵抗値を算出していたこと等）からすれば，認証時の走行抵抗について重大な疑義を持ってしかるべき状態が生じていたと主張していた。

もっとも，本裁決では，答申の証拠評価等も踏まえ，処分庁の主張する事実をXが認識した時点において，走行抵抗について重大な疑義を持ってしかるべ

き状態が生じていたとして走行抵抗の基礎データの提示を求めるべき調査確認義務が直ちに発生したとは認められない旨の判断が示されている。併せて，本裁決は，日産自動車が行った調査確認の内容自体についても，事実経過からすれば，不合理な点はなかったとしたうえで，日産自動車が相当の注意を怠ったとは認められないと結論付けている。

One Point

　8条1項ただし書の「相当の注意を怠つた者でないと認められる」か否かについては，個別事案ごとに判断されるものではあるが，OEM製品の供給元から提供された情報に基づいて当該 OEM 製品の供給先が行った表示が不当表示に該当するような場合であっても，供給元から一定の説明や資料提供を受け，その根拠の確認をしていたような場合には，相当の注意義務を尽くしたと認められる可能性があると考えられる[130]。

---

[130] 裏を返せば，OEM 製品の供給先事業者は，供給元から提供された情報の裏取りをしないままに不当な表示を行った場合，課徴金納付命令の対象になる可能性が相応にあると考えられる（「座談会　最近の景品表示法違反事件をめぐって」（公正取引 No.830）22 頁）。

254　第2章 景品表示法　重要判例·命令

No.47	排除命令違反に対する罰則の適用
	東京高判昭和46年1月29日（昭和45年（の）第1号） 独占禁止法違反，宅地建物取引業法違反各被告事件[三愛土地告発事件]

※条数は当時のものである。

◆ 事 案

　公正取引委員会は，宅地建物取引業を営む株式会社三愛土地（以下「三愛土地」という）が，新聞広告等において掲載した住宅用地の内容について，実際のものよりも著しく優良であるかのように表示したことが4条1号に違反し，また，その価格について，実際のものよりも取引の相手方に著しく有利であるかのように表示したことが同条2号に違反するとして，昭和44年1月17日付けで排除命令を行った（昭和44年（排）第7号。以下「本件排除命令」という）。

　本件排除命令には，三愛土地に対し，「今後，住宅用地の取引に関し，新聞，ビラ，ポスターその他これらに類似する物による広告をするときは，本件事実と同様の記載または写真を掲載することにより当該住宅用地の内容について，実際のものより著しく優良であり，その価格について実際のものよりも取引の相手方に著しく有利であると一般消費者に誤認される広告をしてはならない」旨及び「今後1年間，住宅用地の取引に関し，新聞，ビラ，ポスターその他これらに類似する物による広告をしたときは，ただちに，当該広告物を公正取引委員会に提出しなければならない」旨を命じる内容が含まれていた。

　三愛土地は，不服申立期間の経過によって本件排除命令が独占禁止法90条3号における確定した審決とみなされた後も，同様の誇大広告を繰り返す等し，また，業務停止命令を受けた期間内に，12回にわたり他人の名義を用いて住宅用地の販売を行った。公正取引委員会は，独占禁止法73条1項（現74条2項に相当）及び96条に基づいて刑事告発をし，三愛土地及び同社の代表取締役であるAが，独占禁止法及び宅地建物取引業法（昭和27年法律第176号）違反として起訴された。

No.47 排除命令違反に対する罰則の適用　255

◆ 判決要旨

〈主文〉

　三愛土地を罰金 20 万円に，A を懲役 1 年及び罰金 10 万円に処する。ただし，本裁判確定の日より 3 年間懲役刑の執行を猶予する。

〈理由〉

　三愛土地は東京都知事の免許を受けて宅地建物取引業を営むもの，A は，三愛土地の代表取締役として同会社の業務全般を掌理しているものである。

　A は三愛土地の業務に関し，千葉県松戸市所在の住宅用地の分譲につき昭和 43 年 10 月 12 日付日刊スポーツ新聞に全頁広告をなすとともに同月 11 日から同月 14 日までの間広告ビラ約 31 万枚を読売新聞に折り込み東京都及び千葉県下の同新聞購読者である一般消費者に配布した際，右全頁広告及び広告ビラに，右住宅用地が実際には国鉄常磐線松戸駅から徒歩約 1 時間 47 分，最寄駅からでも徒歩約 17 分を要する位置に所在するのにこれが国鉄常磐線松戸駅から徒歩 7 分の位置に所在する旨，またその分譲価格も 3.3 平方メートルあたり 25,000 円ないし 35,000 円であるのに 17,000 円ないし 25,000 円・特選地 35,000 円である旨等を記載するなどして，誇大広告をし不当に顧客を誘引し公正な競争を阻害するおそれがあると認められたため，昭和 44 年 1 月 17 日付をもって公正取引委員会から「今後，住宅用地の取引に関し，新聞，ビラ，ポスター，その他これらに類似する物による広告をするときは，本件事実と同様の記載または写真の掲載をすることにより当該住宅用地の内容について実際のものよりも著しく優良であり，その価格について実際のものよりも取引の相手方に著しく有利であると一般消費者に誤認される広告をしてはならない」旨並びに「今後一年間，住宅用地の取引に関し，新聞，ビラ，ポスターその他これらに類似する物による広告をしたときは，ただちに，当該広告物を同委員会に提出しなければならない」旨の排除命令を受けた。同排除命令は同年 4 月 5 日確定した審決とみなされるにいたったものであるにもかかわらず，A は三愛土地の業務に関し右排除命令に違反して住宅用地の分譲につき上記広告と同様の不当表示をしようと企ていずれも住宅用地の取引に関しビラによる広告をするに際し，上記排除命令の事実と同様の記載をすることにより当該住宅用地の内容について実際のものよりも著しく優良であり，その価格についても実際のものよ

りも取引の相手方に著しく有利であると一般消費者に誤認される広告をした。

上記排除命令に違反し，昭和44年1月17日以降1年以内に各住宅用地の取引に関し配布した広告ビラを，いずれも公正取引委員会に提出せず，もって確定した審決に従わなかった。

Aは，三愛土地の業務に関し，三愛土地が宅地建物取引業法20条3項に基づき昭和45年1月5日から6カ月間神奈川県内における業務の停止を命ぜられたにもかかわらず，これに違反し，Bから設計事務所の名義を借り受けたうえ同事務所の名義を用いて昭和45年1月11日から同月18日までの間，前後12回にわたり，上記業務停止命令に違反して業務を営んだ。

◆ 解 説

1 排除命令（措置命令）違反に対する罰則の適用関係

新聞報道等によれば，本事案は，独占禁止法違反で不動産業者の刑事責任が追及された初めての有罪判決とされており[131]，確定した排除命令違反に対して罰則が適用された代表例といえる。

前提として，当時，不当表示等に関して公正取引委員会が行うこととなっていた排除命令は，不服申立期間経過後に独占禁止法90条3号の規定の適用について確定した審決とみなされ（当時の9条1項），これに従わない者に罰則が適用されることになっていた。その後，平成21年に景品表示法が改正され，排除命令は措置命令に改称され，命令の主体は公正取引委員会から消費者庁長官に変わった。また，景品表示法に措置命令違反の罰則規定が新たに設けられるとともに，独占禁止法90条3号も適用されなくなった。

なお，現行の景品表示法において，措置命令に違反した者については，2年以下の拘禁刑又は300万円以下の罰金が科され，情状によって，懲役と罰金が併科される（46条）。両罰規定として法人等にも3億円以下の罰金が科され（49条1項1号，2項），また，三罰規定として措置命令違反の計画を知り，その防止に必要な措置を講ぜず，又はその違反行為を知り，その防止に必要な措置を講

---

[131] 「不動産業者の誇大広告につき，私的独占の禁止及び公正取引の確保に関する法律違反等を認定した事例」（判例タイムズ257号）114頁。

じなかった当該法人の代表者（当該法人で事業者団体に該当するものを除く）に対しても，300万円以下の罰金が科される（50条）。

2 不当表示に係る直罰

　これまでは，事業者による不当表示が行われたとしても，措置命令に違反して初めて景品表示法における罰則が適用されることとなっていたが，抑止力をさらに強化する観点から，令和5年改正により，優良誤認表示又は有利誤認表示をした者であれば，100万円以下の罰金に処されることとなった（48条）。

　したがって，本件のように措置命令違反がなされた後も同様の行為を行った場合に限らず，不当表示が行われたことをもって直ちに罰則が適用される可能性があることに今後は留意すべきといえる[132]。

One Point

　従来，不当表示に対して罰則が適用される場面は，排除命令（措置命令）を受けたことを前提として，同命令に違反した場合（いわゆる間接罰）に限定される形となっていたが，令和5年改正によって直罰規定が設けられたこともあり，今後の運用を注視する必要がある。

---

[132] 表示内容について何ら根拠を有していないことを認識したまま表示を行うなど，表示と実際に乖離があることを認識しつつ，これを認容して違反行為を行うような者が適用対象の一例として想定されていると考えられる。南雅晴ほか『逐条解説　令和5年改正景品表示法』（商事法務，2023）104頁。

| No.48 | 適格消費者団体による差止請求と立証責任 |
| | 広島高判令和5年12月7日（令和4年（ネ）第191号）
広告表示差止請求控訴事件[インシップ事件] |

※条数は当時のものである。

◆ 事 案

　特定非営利活動法人消費者ネットおかやま（以下「消費者ネットおかやま」という）は，株式会社インシップ（以下「インシップ」という）が新聞広告において行う「ノコギリヤシエキス」と称するサプリメント（以下「本件商品」という）に係る表示（以下「本件表示」という）について，本件商品は医薬品として承認されていないにもかかわらず，頻尿の改善という医薬品的な効能効果等を表示しており優良誤認表示に当たるとして，インシップに対して，30条1項1号（現34条1項1号）に基づき本件表示の差し止めを求めた。

　一審判決（岡山地判令和4年9月20日（令和2年（ワ）第144号））が，消費者ネットおかやまの請求を棄却したところ，消費者ネットおかやまは，広島高等裁判所岡山支部に控訴した。

　控訴審では，①適格消費者団体による差止請求における，優良誤認表示ではないことの立証責任の所在（以下「争点①」という），②事業者が合理的な根拠を備えていない場合には，優良誤認表示を行っていると事実上推定されるべきか（以下「争点②」という），③インシップが訴訟に提出した証拠が，表示の裏付けとなる合理的な根拠と認められるか，④本件表示が優良誤認表示でない場合でも，インシップが本件商品やその原材料のノコギリヤシエキスについて頻尿改善効果のあることを裏付ける合理的な根拠を示す資料を備えていないことから，優良誤認表示を行うおそれがあるといえるかの4点が争点となっているが，以下，争点①及び争点②について解説していく。

◆ 判決要旨

控訴棄却。

1 争点①について

消費者庁長官の立証責任は景品表示法の明文の規定（7条2項，8条3項）をもって転換されているが，適格消費者団体による差止請求については，同様の規定はない。そうすると，適格消費者団体が差止請求を行う場合には，原則に従って，当該表示どおりの効果，性能がないことの立証責任を適格消費者団体自身が負うというべきである。また，適格消費者団体が，事業者に対し，表示の裏付けとなる合理的な根拠を示す資料の提出を要求できる法的根拠はなく，事業者において，合理的な根拠を示す資料を提出しなければならないというわけでもない。

2 争点②について

景品表示法の定めに照らすと，事業者が合理的な根拠を備えていない場合に，優良誤認表示を行っていると事実上推定されるべきであるとはいえない。

◆ 解説

1 消費者団体訴訟制度

内閣総理大臣が認定した消費者団体が，消費者に代わって事業者に対して訴訟等をすることができる制度を消費者団体訴訟制度という。

具体的には，事業者の不当な行為に対して，適格消費者団体（消費者契約法2条4項）が，不特定多数の消費者の利益を擁護するために，差し止めを求めることができる制度（適格消費者団体による差止請求制度）と，不当な事業者に対して，適格消費者団体の中から内閣総理大臣が新たに認定した特定適格消費者団体（消費者裁判手続特例法2条10号）が，消費者に代わって被害の集団的な回復を求めることができる制度（特定適格消費者団体による被害回復請求制度）に分けることができる。

このうち，適格消費者団体による差止請求において対象となる事業者の不当な行為としては，消費者契約法のほかに，景品表示法，特定商取引法及び食品

表示法に規定されている[133]。

差止請求の対象となる行為は，景品表示法に関しては，優良誤認表示を行う行為及び有利誤認表示を行う行為である（34条1項1号及び2号）。なお，差止請求における根拠法令別の件数を見てみると，景品表示法に基づく差止請求は，令和3年3月時点で150件である[134]。

2　争点①及び争点②について

本判決は，適格消費者団体による差止請求において，立証責任を転換する明文の規定がないことから，表示どおりの効果，性能がないことの立証責任を適格消費者団体が負うとしている。また，適格消費者団体は，表示の裏付けとなる合理的な根拠を示す資料の提出を要求できる法的根拠がなく，事業者は合理的な根拠を示す資料を提出しなければならないというわけではないと判示したうえで，なお書きとして，令和5年改正後（現）35条1項も，適格消費者団体は，事業者のする表示が優良誤認表示に該当すると疑うに足りる「相当な理由」があるときは，事業者に対し，その「理由を示して」表示の裏付けとなる合理的な根拠を示す資料を開示するよう要請できるにすぎず，無条件に資料開示要請ができるわけではないことについても言及している。

さらに，景品表示法の定めに照らすと，事業者が合理的な根拠を備えていない場合に，優良誤認表示を行っていると事実上推定されるべきであるとはいえないと判示する。

現行の法体系からすれば，いずれも上記のとおり解することとなると考えられ，本判決はこれらの結論について再確認したものといえるだろう。

One Point

35条は，所定の要件を満たした場合に，適格消費者団体が，事業者に対して資料の開示を要請することができ，事業者は，正当な理由がある場合を除き，この要請に応じる努力義務がある旨を規定している。実務において具体的にどのような運用がなされるか，注目されるところである。

[133] 令和6年12月時点。
[134] 消費者庁「消費者団体訴訟制度の現状と課題」（令和3年4月22日）4頁（https://www.caa.go.jp/policies/policy/consumer_system/meeting_materials/assets/consumer_system_cms101_210421_04.pdf）。

	事業者団体による景品表示法違反に基づく損害賠償請求
No.49	東京高判平成 19 年 3 月 30 日（平成 17 年（ワ）第 2 号） 損害賠償請求事件[高山茶筌事件]

※条数は当時のものである。

◆ 事 案

　株式会社中田喜造商店（以下「中田喜造商店」という）は，茶筌の製造販売業等を営む事業者であるところ，昭和 56 年頃以降，裏千家流の茶筌 5 品目（以下「茶筌 5 品目」という）について，韓国において中田喜造商店代表者の技術指導により製造されたものを輸入し，当該輸入品の品質を検査したうえ，輸入に用いた容器から自社のプラスチック製の透明な容器に移し替えて包装し，直営店舗において直接又は販売業者を通じて一般消費者に販売していた。

　中田喜造商店は，遅くとも平成 12 年 1 月以降，茶筌 5 品目について，その容器に貼付したラベルに「大和高山特産　嬉撰　茶筌諸流儀製造元」，「伝統工芸　高山茶筌　技術保存」及び「伝統工芸品　高山茶筌　技術保存　大和高山茶筌茶道具販売組合」と記載することにより，あたかも，当該茶筌が，伝統的工芸品として指定を受けている「高山茶筌」であるかのように表示しているが，実際には，奈良県生駒市の区域において製造された伝統的工芸品として指定を受けたものではなく韓国において製造されたものであり，茶筌 5 品目の原産国について，4 条 3 号に違反する表示をしているとして，公正取引委員会は排除命令を行った（平 14 年（排）第 13 号。以下「本件排除命令」という）。

　高山町において茶筌を販売する業者の集まりであり，中小企業等協同組合法により設立された奈良県高山茶筌生産協同組合（以下「本件組合」という）は，本件排除命令の確定後，中田喜造商店に対し，高山茶筌のブランド力，信用及び名誉が毀損されたことにより，多大の無形損害等を被ったとし，独占禁止法 25 条に基づく損害賠償請求訴訟を提起した。なお，当時，本件組合に中田喜造商店は加入していなかった。

262　第2章 景品表示法　重要判例・命令

◆ 判決要旨

一部認容。

1　不当な表示の有無について

原産国告示では，「原産国」とは，その商品の内容について実質的な変更をもたらす行為が行われた国をいうとしている。中田喜造商店は，茶筌の製造工程のうち仕上げの一部までが韓国で行われたものを輸入し，仕上げ（最終的な穂先の修正・製品の調整等）のみを高山地区で行っているところ，仕上げの工程は茶筌について実質的な変更をもたらす行為とはいえないから，中田喜造商店の製品の原産国は韓国であると認められる。

中田喜造商店は，中田喜造商店の販売する茶筌5品目がその原産国（韓国）で生産されたものであることを一般消費者が判別することが困難であると認められる表示をしたものというべきであるから，原産国告示2項の商品の原産国に関する不当な表示をしたものと認めるべきである。したがって，中田喜造商店は4条3号の不当な表示をしたものと認められる。

そして，景品表示法は，4条に反する行為を不法行為であるとみなしているとみられるが，実質的にも原産国に関する不当な表示は，その被害者を何者とみるかは別として，違法な行為であり，不法行為に該当するものと認められる。

2　損害の発生について

景品表示法が不当な原産国の表示等を規制するのは，商品の原産国等を明らかにさせ，一般消費者に誤認が生じないようにするとともに，公正な競争を阻害しないようにする点にあるが（4条），ひいては，商品の規格・品質・信用等を保護しようとする趣旨をも包含しているものと考えられる。また，不当表示の規制は，一般消費者の利益を保護することを目的とするが（1条），公正な競争を確保することは，同時に，競争関係に立つ事業者をも保護する結果をもたらすものであり，また，商品の信用等を保護することは競争関係に立つ事業者を保護する趣旨を含むものと考えられる。

そして，中田喜造商店の景品表示法違反行為によって，生駒市高山地区で製造される高山茶筌についても，実際は韓国で製造されたものではないかとの疑義を生じたものというべく，一般消費者の誤認を招いたというべきであるが，同時に，高山地区における高山茶筌の製造事業者も公正な競争を阻害されたと

いうべきである。また，中田喜造商店の不当表示により，高山茶筌の信用・ブランドとしての価値ないし信用性が損傷され，低下したものと認められ，高山茶筌の製造事業者は，自らの製造する高山茶筌の信用・ブランドとしての価値が低下したことによる影響を受けたものというべきである。したがって，中田喜造商店の不当表示により，高山茶筌の一般消費者が被害を受けたのと同時に，高山茶筌を高山地区で製造してきた事業者が被害を受け，損害を被ったことも明らかである。

本件組合は，高山茶筌の製造販売業者で構成される組合であり伝統に根ざした工芸品である高山茶筌を守り育てること，あるいはその保存・普及・発展を重要な目的として設立され，これを重要な事業内容として活動している団体であるということができる。

したがって，本件組合は，単なる事業者の団体というにとどまらず，高山茶筌の原産国の表示について深い関係を有し，その不当表示により被害を受ける事業者団体であるということができる。そうとすると，高山茶筌の製造販売業者のみならず，本件組合も，原産国告示に係る不当表示の被害者と認めるべきことは明らかである。

中田喜造商店が相当長期にわたって韓国産の茶筌を高山茶筌であると表示してきたことにより，高山茶筌の保存・普及・発展のために活動してきた本件組合が多大の無形損害を被ったものと認められる。他方，中田喜造商店は本件排除命令を確定させ，これに従って命じられた措置を採ったこと，また，中田喜造商店は，不当表示によって相当の利益を得ていることが認められるものの，韓国の製造者に対しては技術指導をしており，その品質には一定の配慮をしていることなどの事情も認められる。

以上に鑑み，その他本件に現れた事情を総合考慮すると，本件組合の受けた無形損害に対する賠償としては80万円をもって相当とする。

◆ 解 説

1　景品表示法違反に基づく損害賠償請求の方法

平成21年改正法による改正前の景品表示法において，同法の違反行為は，独占禁止法25条に基づく損害賠償請求の関係では，不公正な取引方法（同法19

条）とみなされていた。本件組合も，中田喜造商店に対して，独占禁止法25条に基づいて損害賠償請求を行っている。

　もっとも，平成21年改正法により，上記のようなみなし規定はなくなったことから，景品表示法の違反行為について，独占禁止法25条に基づく損害賠償請求を行うことはできない。そのため，現在は民法上の不法行為に基づく損害賠償請求等によることとなる。

2　景品表示法違反と競争事業者における損害

　景品表示法違反に基づく競争事業者の損害の有無が争われた先例としては，ヤマダ対コジマ事件　☞*No. 9*　）があげられる。同判決においては，5条2号に該当する有利誤認表示がなされたとしても，ことさらに競争事業者に損害を与えることを目的としてなされたような特段の事情が存在しない限り，直ちに競争事業者に対する不法行為を構成するものではない旨が示されている。

　一方で，本判決では，不当表示の規制の趣旨には競争関係に立つ事業者を保護する趣旨が含まれる旨の解釈が示され，中田喜造商店の不当表示により，高山茶筌の信用・ブランドとしての価値が損傷され低下し，高山茶筌の製造事業者のみならず，高山茶筌の保存・普及・発展をも目的とする事業者の団体であってそのための活動を行ってきた本件組合にも損害が生じたと認定されている。判示の限りでは，少なくとも中田喜造商店が本件組合や高山茶筌の製造事業者に損害を与えることを目的としていたか否かは上記認定に当たって考慮されておらず，本判決は，ヤマダ対コジマ事件の判断枠組みとは異なった考えを示したものといえるだろう。

One Point

　本判決は，ある事業者が不当表示を行った場合において，当該事業者と競争関係にある事業者が損害賠償請求を行うにあたり，損害や損害額をどのように捉えるべきかについて示している。事例判決ではあるが，ヤマダ対コジマ事件 ☞ *No. 9* とともに参考となるものである。

	景品表示法違反の調査の結果に関する情報の不開示情報該当性
No.50	最高裁令和4年5月17日（令和2年（行ヒ）第340号） 行政文書不開示処分取消請求事件[安愚楽牧場事件]

※条数は当時のものである。

◆ 事 案

　株式会社安愚楽牧場（以下「安愚楽牧場」という）は，和牛預託商法[135]を展開していた。

　平成 21 年 1 月，農林水産大臣は，特定商品等の預託等取引契約に関する法律（平成 21 年法律第 49 号による改正前のもの。以下「預託法」という）の主務大臣として，安愚楽牧場の事業所への立入検査を行い，同年 3 月，安愚楽牧場に対し，財務諸表等を適切に作成し，その結果を定期的に報告するよう指示した。平成 23 年 8 月，安愚楽牧場は民事再生手続開始の申立てをした。

　同年 11 月，消費者庁長官は，安愚楽牧場に対して，同社による和牛預託商法に関する雑誌広告における表示が景品表示法に違反するものである旨を一般消費者へ周知徹底することを命ずる措置命令（平成 23 年 11 月 30 日（消表対第 535 号））を行った（以下，預託法と景品表示法を併せて「預託法等」という）。

　平成 23 年 9 月，安愚楽牧場が行政機関の保有する情報の公開に関する法律（平成 26 年法律第 67 号による改正前のもの。以下「情報公開法」という）に基づき，消費者庁長官に対し，安愚楽牧場に関する行政文書の開示を請求したところ，消費者庁長官は，開示請求に係る文書の一部を開示する旨の決定を行ったため，安愚楽牧場は，国を相手として，各決定のうち不開示部分の取消しを求める訴訟を提起した。

　第一審は，本件各決定において不開示とされた部分の一部を取り消す判決がなされたところ，原審は，別紙目録 3 〜 11 の文書に記録されている情報（3 〜

---

[135] 繁殖牛を販売したうえ，その買主からその飼養を受託して繁殖した子牛を買い取り，買主に利益金を年 1 回支払いながら所定の期間経過後に買主から繁殖牛を買い戻すという仕組みによる商法のことをいう。なお，現在は預託等取引に関する法律（昭和 61 年法律第 62 号）の改正により，販売預託は原則として禁止されている。

10 は預託法 10 条 1 項に基づく立入検査や定期報告，11 は景品表示法 6 条（現 7 条）に基づく措置命令前になされた事情聴取の概要に関するもの。以下，これらをまとめて「本件情報」という）については，本件情報が客観的な事実に関する情報であることから，情報公開法 5 条 6 号イ所定の不開示情報に該当しないと判断した。

◆ 判決要旨

　一部破棄差戻，一部上告棄却。

　消費者庁は，預託法等に関する事務をつかさどるところ，預託法等は，預託者又は一般消費者の利益の保護を図ることを目的として（預託法 1 条，景表法 1 条），預託等取引業者又は事業者（以下，併せて「預託等取引業者等」という）の一定の行為の制限及び禁止等を規定するとともに，消費者庁長官等は，上記の規定に違反する行為がある預託等取引業者等に対して業務停止命令等の行政処分をすることができる旨を規定する。預託法等違反に係る調査は，預託等取引業者等が上記行為をしたか否か，それをしたとして預託法等に基づく行政処分をするか否か，行政処分をする場合にいかなる行政処分を選択するかなどの預託法等の執行に係る判断の前提となる事実を把握する目的で行うものであって，これに係る事務を迅速かつ適正に遂行することは，上記の制限等に係る規定の実効性を担保し，もって上記の預託法等の目的を達成し，消費者庁の事務を遂行するために必要不可欠なものであるといえる。

　他方，このような預託法等違反に係る調査の位置付け等からすれば，預託法等の規制の潜脱を図ろうとするような預託等取引業者等においては，消費者庁長官等が上記判断をするにあたり，いかなる事実関係をいかなる手法により調査を行い，調査により把握した事実関係のうちいかなる点を重視するかなどの着眼点や手法等に高度の関心を寄せ，他の預託等取引業者等に対する調査に係る情報の積極的な収集，分析等を試み，上記着眼点や手法等を推知したうえで，将来の調査の実効性を失わせるためその対象となり得る資料等を隠蔽し，又は改ざんすることなどがあり得るものといえる。

　預託法等違反に係る調査の結果に関する情報は，それが客観的な事実に関するものである場合には，必ずしも上記着眼点等自体を直接的な内容とするもの

No.50 景品表示法違反の調査の結果に関する情報の不開示情報該当性　267

であるとはいえない。もっとも，預託法等違反に係る調査の担当者が調査の過程において調査の結果をまとめた報告書等の行政文書に記録された上記情報の内容には上記の調査目的が反映されていると考えられるから，これが開示された場合，預託法等の規制の潜脱を図ろうとするような預託等取引業者等において，当該行政文書に調査に係る事実関係のうちいかなるものに重点が置かれて記載されているかなどを分析することにより，上記着眼点や手法等を推知し得る場合があることは否定できない。そうすると，預託法等違反に係る調査の結果に関する情報については，それが客観的な事実に関するものであったとしても，当該情報を公にすることにより，将来の調査に係る事務に関し，正確な事実の把握を困難にするおそれ又は違法若しくは不当な行為を容易にし，若しくはその発見を困難にするおそれがあるといえる場合があり得るというべきである。

　したがって，上記の観点から審理を尽くすことなく，別紙目録記載3から11までの部分に記録されている情報について，当該情報が預託法等違反に係る調査の結果に関するものであることから直ちに情報公開法5条6号イ所定の不開示情報に該当しないとした原審の判断には，判決に影響を及ぼすことが明らかな法令の違反がある。

◆ 解 説

　本判決は，本件情報を開示することが「監査，検査，取締り，試験又は租税の賦課若しくは徴収に係る事務に関し，正確な事実の把握を困難にするおそれ又は違法若しくは不当な行為を容易にし，若しくはその発見を困難にするおそれ」（情報公開法5条6号イ）に該当するか否かが争われた事案である。

　この点について，原審は，預託法等違反に係る調査の結果の内容やその報告等の客観的な事実に関する情報は，これが開示されることにより，将来の調査に備えてあらかじめ資料の隠蔽又は改ざんがされ，監督機関がする検査に係る事務の適正な遂行に支障を及ぼす蓋然性があるとはいえないから，情報公開法5条6号イ所定の不開示情報に該当しないと解すべきであるところ，本件情報は，預託法等違反に係る調査の結果に関するものであるから，同号イ所定の不開示情報に該当しないと判断した。

これに対し，本判決は，客観的な事実に関するものであれば直ちに不開示情報に該当しないわけではなく，詳細な検討を要すると判断した。

すなわち，本判決は，預託法等違反に係る調査の位置付け等からすれば，預託法等の規制の潜脱を図ろうとするような預託等取引業者等が，当該調査における着眼点や手法等に高度の関心を寄せ，他の預託等取引業者等に対する調査に係る情報の積極的な収集，分析等を試み，上記着眼点や手法等を推知したうえで，調査対象となり得る資料等を隠蔽し，又は改ざんすることなどがあり得るとして，本件情報は，客観的な事実に関するものであったとしても，当該情報を公にすることにより，将来の調査に係る事務に関し，正確な事実の把握を困難にするおそれ又は違法若しくは不当な行為を容易にし，若しくはその発見を困難にするおそれがあるといえる場合があり得るとしている（そして，このような観点から審理を尽くすことなく情報公開法5条6号イ所定の不開示情報に該当しないとした原審の判断を不十分としたものである）。

このように，客観的な事実であったとしてもなお，同号イ所定の不開示情報に該当する場合があり得るとして，個別の判断を要すると判断したことに特徴があるといえるだろう。

> **One Point**
>
> 　本判決は，情報公開法5条6号イの該当性に関する判断を最高裁として初めて示したものであるとされている。争点となった情報の中には景品表示法違反の調査の結果に関する情報も含まれており，情報公開法に基づく開示請求を検討する場面は決して多くはないかもしれないが，参考になるものと思われる。

	ステマ告示の要件該当性
No.51	医療法人社団祐真会に対する措置命令 （消表対第523号（令和6年6月6日））

◆ 事 案

〈対象となる商品・役務〉

・診療サービスに係る役務（以下「本件役務」という）

〈前提事実等〉

・医療法人社団祐真会（以下「祐真会」という）は，医科診療所を運営する事業者である。

〈違反事実〉

　祐真会は，本件役務を一般消費者に提供するにあたり，インフルエンザワクチン接種のためにクリニックに来院した者（以下「第三者」という）に対し，「Googleマップ」と称するウェブサイト内の祐真会が開設し運営するクリニックの「プロフィール」と称する施設情報を示す表示における「クチコミ」と称する当該施設の口コミ投稿欄のクリニックの評価として「★★★★★」または「★★★★」の投稿をすること（以下「本件星投稿」という）を条件に，当該第三者がクリニックに対して支払うインフルエンザワクチン接種費用から割り引くことを伝え，これに応じて当該割引を受けた第三者が投稿したことから，祐真会は，当該投稿に係る表示内容の決定に関与しているものであり，当該投稿による表示は，祐真会が供給する本件役務の取引について行う表示（以下「事業者の表示」という）であると認められる。

　当該表示は，表示内容全体から一般消費者にとって事業者の表示であることが明瞭になっているとは認められないことから，当該表示は，一般消費者が事業者の表示であることを判別することが困難であると認められる表示に該当するものであった（ステマ告示違反）。

〈本事案で問題となった表示(抜粋)〉

◆ 解　説

1　はじめに

　広告であるにもかかわらず広告であることを隠すことをいわゆる「ステルスマーケティング（ステマ）」という[136]。本事案は、令和5年10月1日にステマ告示が施行されてから初の違反事例である。ステマ告示の内容は以下のとおりである（番号は筆者が付したもの）。

> ①　事業者が自己の供給する商品又は役務の取引について行う表示であって
> ②　一般消費者が当該表示であることを判別することが困難であると認められるもの

　一般消費者は、事業者の行った表示であれば、その表示内容に、ある程度の誇張・誇大が含まれることはあり得ると考え、そのことを考慮に入れて商品を選択する。一方、実際には事業者の表示であるにもかかわらず、第三者の表示であると誤認する場合、その表示内容にある程度の誇張・誇大が含まれること

---

[136] 消費者庁「景品表示法とステルスマーケティング〜事例で分かるステルスマーケティング告示ガイドブック」6頁。

はあり得るとは考えないため，この点において，一般消費者の商品選択における自主的かつ合理的な選択が阻害されるおそれがある。そのため，ステマ告示は，一般消費者に事業者の表示ではないと誤認される，又は誤認されるおそれがある表示を，不当に顧客を誘引し，一般消費者による自主的かつ合理的な選択を阻害するおそれがある不当な表示として規制するものである（ステマ告示運用基準1）。

2　本事案の検討

(1)　「事業者が自己の供給する商品又は役務の取引について行う表示」（事業者の表示）であること

まず，①の要件すなわち「事業者が自己の供給する商品又は役務の取引について行う表示」（事業者の表示）であることについては，ステマ告示では外形上第三者の表示のように見えるものを対象としているところ，外形上第三者の表示のように見えるものが事業者の表示に該当するとされるのは，事業者が表示内容の決定に関与したと認められる，つまり，客観的な状況に基づき，第三者の自主的な意思による表示内容と認められない場合をいうとされている（ステマ告示運用基準第2柱書）。

本事案においては，事業者は，本件星投稿を条件に，クリニックに対して支払うインフルエンザワクチン接種費用について割り引くことを伝えて，これに応じて当該割引を受けた第三者が，投稿（表示）をしたとの認定がなされている。このように，事業者は，第三者に対して特定の表示（本事案でいうところの本件星投稿）を行うよう明示的に依頼・指示しており，実際に，当該第三者もこれに応じて割引を受けて本件星投稿を行っている。これらの事実からすれば，事業者が第三者の表示内容の決定に関与したと認められる（客観的な状況に基づき，第三者の自主的な意思による表示内容とは認められない）ものと考えられる。

(2)　「一般消費者が当該表示であることを判別することが困難であると認められるもの」であること

次に，②の要件すなわち「一般消費者が当該表示であることを判別することが困難であると認められるもの」であることについては，一般消費者にとって

事業者の表示であることが明瞭となっているかどうか，逆にいえば，第三者の表示であると一般消費者に誤認されないかどうかを表示内容全体から判断することになる。

そして，一般消費者にとって事業者の表示であることが明瞭となっているものの例としては，例えば，「広告」，「宣伝」，「プロモーション」，「PR」といった文言による表示を行う場合や，「A社から商品の提供を受けて投稿している」といったような文章による表示を行う場合が挙げられる（ステマ告示運用基準第3，2(1)）。

本件における事業者の表示にはそのような文言や文章は付されておらず，表示内容全体から判断して，②の要件を満たすこと（すなわち，一般消費者が事業者の表示であると判別することが困難であること）は明らかであろう。

One Point

上記のとおり，本事案はステマ告示が施行されてから初めての違反事例であり，実務上その注目度は非常に高いものといえる[137]。消費者庁や都道府県は近時ステマ（告示違反）の問題に積極的に取り組んでいるものと考えられ，今後もその運用に留意する必要があるだろう。

---

[137] なお，ステマ告示に関してはその後も違反事例が続いており，令和6年8月8日にはRIZAP株式会社に対する措置命令（消表対第748号）が，同年11月13日には大正製薬株式会社に対する措置命令（消表対第1034号）がなされている。

■ 編著者紹介

渡辺 大祐 (わたなべ・だいすけ)　弁護士・上級食品表示診断士

【執筆箇所】第1章・第2章

【略歴】2007年早稲田大学法学部中退（同法科大学院に飛び入学），2010年早稲田大学法科大学院卒業，2012年弁護士登録（65期），2018年公正取引委員会事務総局審査局 訟務官付審査専門官，2020年消費者庁表示対策課 景品・表示調査官，2022年消費者庁景品表示法検討プロジェクトチーム 室長補佐（併任），2022年消費者庁消費者制度課（併任），現在 光和総合法律事務所

【専門分野】広告法（景品表示法等），食品に関する法律（食品表示法，健康増進法等），競争法（独占禁止法，下請法等），危機管理（調査対応，第三者委員会業務その他の調査委員会業務）

【主な著作】『法律要件から導く論点整理　景品表示法の実務』（単著）（第一法規，2023年12月），『逐条解説　令和5年改正景品表示法』（共著）（商事法務，2023年12月），『景品表示法〔第6版〕』（共著）（商事法務，2021年6月），「No.1表示の最新実務―実態調査報告書を読み解く」ビジネス法務2025年1月号（中央経済社，2024年11月），「いま知りたい！ 食品業界の法律 第1回 産地偽装問題と企業の対応」（共著）ビジネス法務2024年9月号〜（中央経済社，2024年7月〜）（連載），「買取りサービスと景品表示法－運用基準改正を契機に―」ジュリスト第1601号（有斐閣，2024年8月），「その広告大丈夫？法務部が知っておくべき景表法の最新論点 第1回 No.1表示」ビジネス法務2023年11月号〜（中央経済社，2023年9月〜）（連載），「令和5年景品表示法改正法及びステルスマーケティング告示・運用基準の概要－近時の景品表示法の諸問題への取り組みー」現代消費者法No.60（共著）（民事法研究会，2023年9月），「『不当景品類及び不当表示防止法の一部を改正する法律』（令和5年景品表示法改正法）の概要」NBL第1246号（商事法務，2023年7月），「株式会社gumi及び株式会社スクウェア・エニックスに対する措置命令について（事件解説）」公正取引第860号（共著）（公正取引協会，2022年6月）等多数

■ 著者紹介

石塚 幸子 (いしづか・ゆきこ)　弁護士

【執筆箇所】第1章・第2章

【略歴】2015年中央大学法学部卒業，2017年中央大学法科大学院卒業，2018年弁護士登録（71期），2018年光和総合法律事務所，2022年消費者庁表示対策課　景品・表示調査官，現在 ライオン株式会社

【専門分野】広告法（景品表示法等），企業法務一般，訴訟，M&A，危機管理（調査対応），その他一般民事

【主な著作】「二酸化塩素による空間除菌を標ぼうする商品の製造販売業者2社に対する措置命令及び課徴金納付命令について（事件解説）」公正取引第885号（共著）（公正取引協会，2024年7月），「大幸薬品株式会社に対する措置命令及び課徴金納付命令について（事件解説）」公正取引第884

号（共著）（公正取引協会，2024年6月），「株式会社ビックカメラ及び株式会社ビック酒販に対する景品表示法に基づく措置命令について（事件解説）」公正取引第862号（共著）（公正取引協会，2022年8月）

佐藤 敬太（さとう・けいた） 弁護士

【執筆箇所】第2章

【略歴】2013年中央大学法学部卒業，2014年東京大学法科大学院 司法試験合格により中退，2016年弁護士登録（68期），現在 光和総合法律事務所

【専門分野】企業法務一般（上場・非上場会社双方），企業を当事者とする訴訟（企業間及び企業対個人・役員），M&A，その他一般民事

【主な著作】『ビジネス法文書の基礎知識と実務』（共著）（民事法研究会，2021年4月），「いま知りたい！食品業界の法律 第5回 食にまつわる最新動向—フードロス食品リサイクル，賞味期限」ビジネス法務 2025年3月号（共著）（中央経済社，2025年1月），「いま知りたい！食品業界の法律 第2回 健康食品に関する法律と近時の動向」ビジネス法務 2024年10月号（共著）（中央経済社，2024年8月），「契約解除時の実務ポイント 最終回 各契約類型の解除その他終了時の留意点②」ビジネス法務 2019年3月号（中央経済社，2019年1月），「契約解除時の実務ポイント 第3回 各契約類型の解除その他終了時の留意点①」ビジネス法務 2019年2月号（中央経済社，2018年12月），「契約解除時の実務ポイント 第2回 解除に関するドラフト上の注意点」ビジネス法務 2019年1月号（中央経済社，2018年11月），「契約解除時の実務ポイント 第1回 初期対応とその他基本事項」ビジネス法務 2018年12月号（中央経済社，2018年10月）

岡本 健太（おかもと・けんた） 弁護士

【執筆箇所】第2章

【略歴】2013年金沢大学法学部卒業，2015年慶應義塾大学法科大学院卒業，2016年弁護士登録（69期），2019年総務省情報流通行政局 課長補佐，2019年内閣官房デジタル市場競争本部 参事官補佐（併任），現在 光和総合法律事務所

【専門分野】IT関連法（特に，デジタルプラットフォームに関する知的財産法・個人情報保護法・消費者法・競争法），外国人雇用の企業法務・労務対応，企業間紛争対応，不動産関連紛争対応，倒産法，スポーツ法

【主な著作】『デジタルプラットフォームの法律問題と実務』（共著）（青林書院，2021年8月），『オンラインビジネスにおける個人情報&データ活用の法律実務』（共著）（ぎょうせい，2020年11月），「いま知りたい！食品業界の法律 第3回 外食産業の事業運営に必要な法律知識」ビジネス法務 2024年12月号（共著）（中央経済社，2024年10月），「スポーツ界におけるフェイクニュース・誹謗中傷」（新日本法規，2022年7月），「『デジタルプラットフォーム取引透明化法』施行による影響を考える」企業実務 2021年5月号（841号）（日本実業出版社，2021年5月），「デジタルプラットフォームの透明性及び公正性の向上に向けた共同規制の創設」時の法令 2021年1月15日

号（2113 号）（共著）（朝陽会，2021 年 1 月），「特定デジタルプラットフォームの透明性及び公正性の向上に関する法律の概要」NBL 1174 号（共著）（商事法務，2020 年 7 月），「プラットフォーマー型ビジネスの台頭に対応したルール整備の最新動向」ITU ジャーナル 2019 年 8 月号（共著）（日本 ITU 協会，2019 年 8 月）等

櫻井　駿（さくらい・しゅん）　弁護士・情報処理安全確保支援士

【執筆箇所】第 2 章

【略歴】2015 年中央大学法学部卒業，2017 年中央大学法科大学院卒業，2018 年弁護士登録（71 期），現在 光和総合法律事務所

【専門分野】争訟・紛争対応，IT 関連法，知的財産権法，倒産法，その他一般民事

【主な著作】『Q&A IT 化社会における企業の情報／労務管理の実務』（共著）（新日本法規出版，2024 年 11 月），『第 2 版 デジタル証拠の法律実務』（共著）（日本加除出版，2023 年 9 月），『データ戦略と法律 改訂版』（共著）（日経 BP，2021 年 8 月），『改正資金決済法対応 仮想通貨はこう変わる !! 暗号資産の法律・税務・会計』（共著）（ぎょうせい，2019 年 8 月）「いま知りたい！食品業界の法律 第 3 回 外食産業の事業運営に必要な法律知識」ビジネス法務 2024 年 12 月号（共著）（中央経済社，2024 年 10 月）等

水村　優太（みずむら・ゆうた）　弁護士

【執筆箇所】第 2 章

【略歴】2015 年中央大学法学部卒業，2017 年中央大学法科大学院卒業，2018 年弁護士登録（71 期）現在 光和総合法律事務所

【専門分野】企業法務一般（上場・非上場会社双方），企業を当事者とする訴訟等

【主な著作】『ビジネス法文書の基礎知識と実務』（共著）（民事法研究会，2021 年 4 月），「いま知りたい！食品業界の法律 第 4 回 食中毒・食品の異物混入問題に関する法律と企業の対応」ビジネス法務 2025 年 2 月号（共著）（中央経済社，2024 年 12 月），「いま知りたい！ 食品業界の法律 第 1 回 産地偽装問題と企業の対応」ビジネス法務 2024 年 9 月号（共著）（中央経済社，2024 年 7 月）

実務の勘所をおさえる
景品表示法重要判例・命令

2025 年 3 月 20 日　第 1 版第 1 刷発行

編著者	渡	辺	大	祐子
著 者	石	塚	幸	太
	佐	藤	敬	太
	岡	本	健	太
	櫻	井		駿
	水	村	優	太
発行者	山	本		継

発行所　㈱中央経済社
発売元　㈱中央経済グループ
　　　　パブリッシング

〒101-0051　東京都千代田区神田神保町 1-35
電　話　03 (3293) 3371 (編集代表)
　　　　03 (3293) 3381 (営業代表)
https://www.chuokeizai.co.jp
印刷／三英グラフィック・アーツ㈱
製本／㈲井上製本所

©2025
Printed in Japan

※　頁の「欠落」や「順序違い」などがありましたらお取り替えいた
　しますので発売元までご送付ください。(送料小社負担)

ISBN978-4-502-53851-3　C3032

JCOPY〈出版者著作権管理機構委託出版物〉本書を無断で複写複製 (コピー) することは，
著作権法上の例外を除き，禁じられています。本書をコピーされる場合は事前に出版者著作
権管理機構 (JCOPY) の許諾を受けてください。
　　　JCOPY〈https://www.jcopy.or.jp　e メール：info@jcopy.or.jp〉